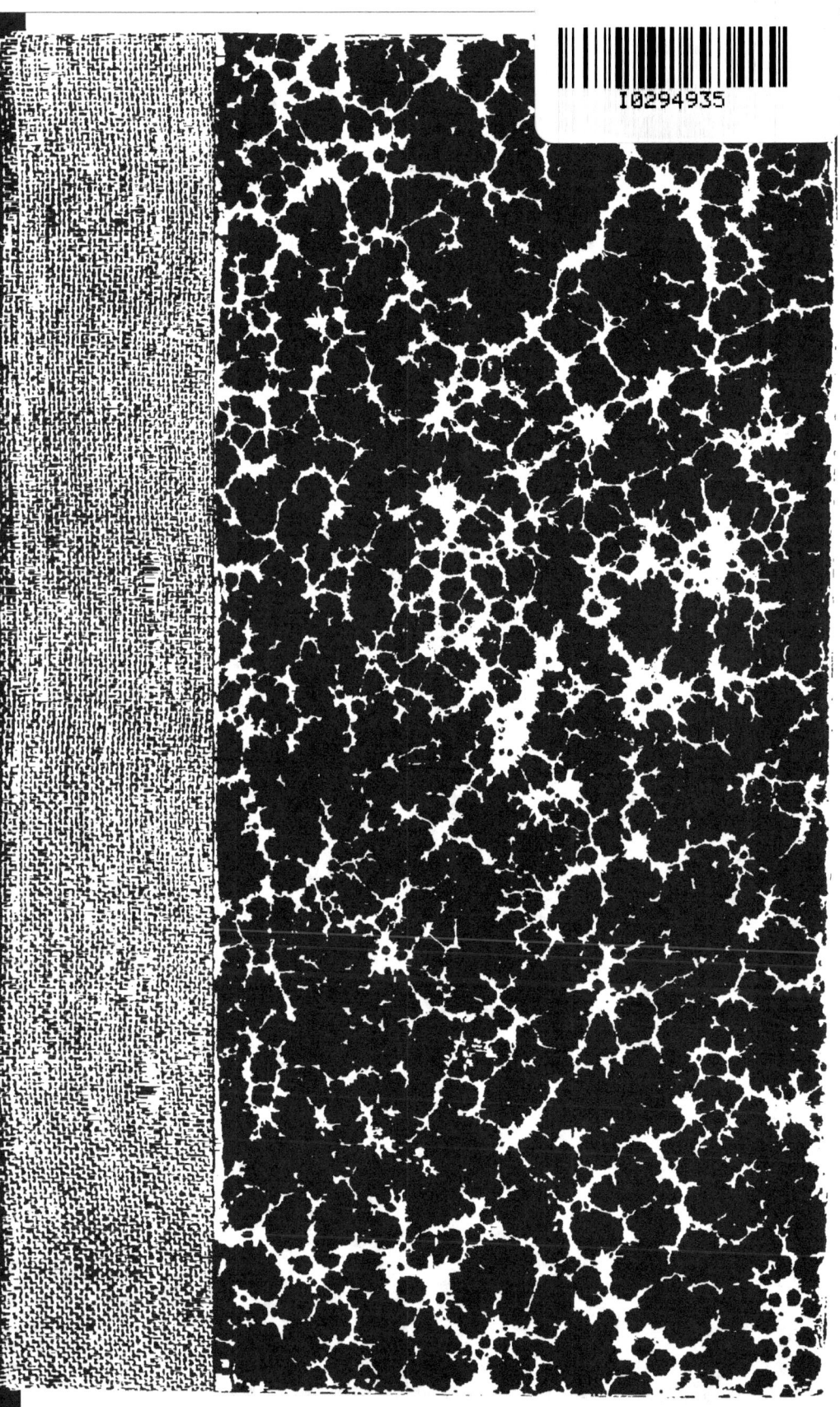

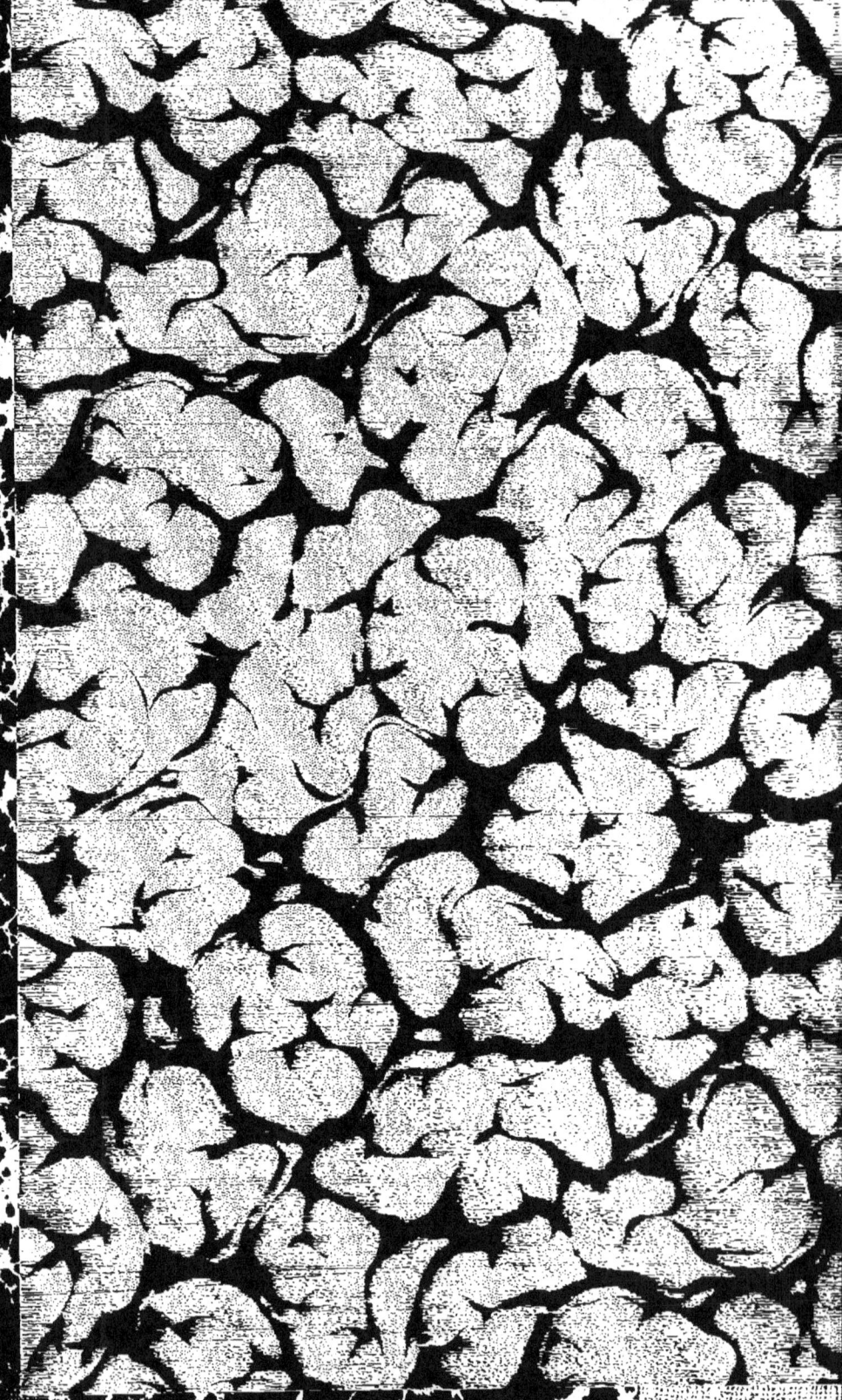

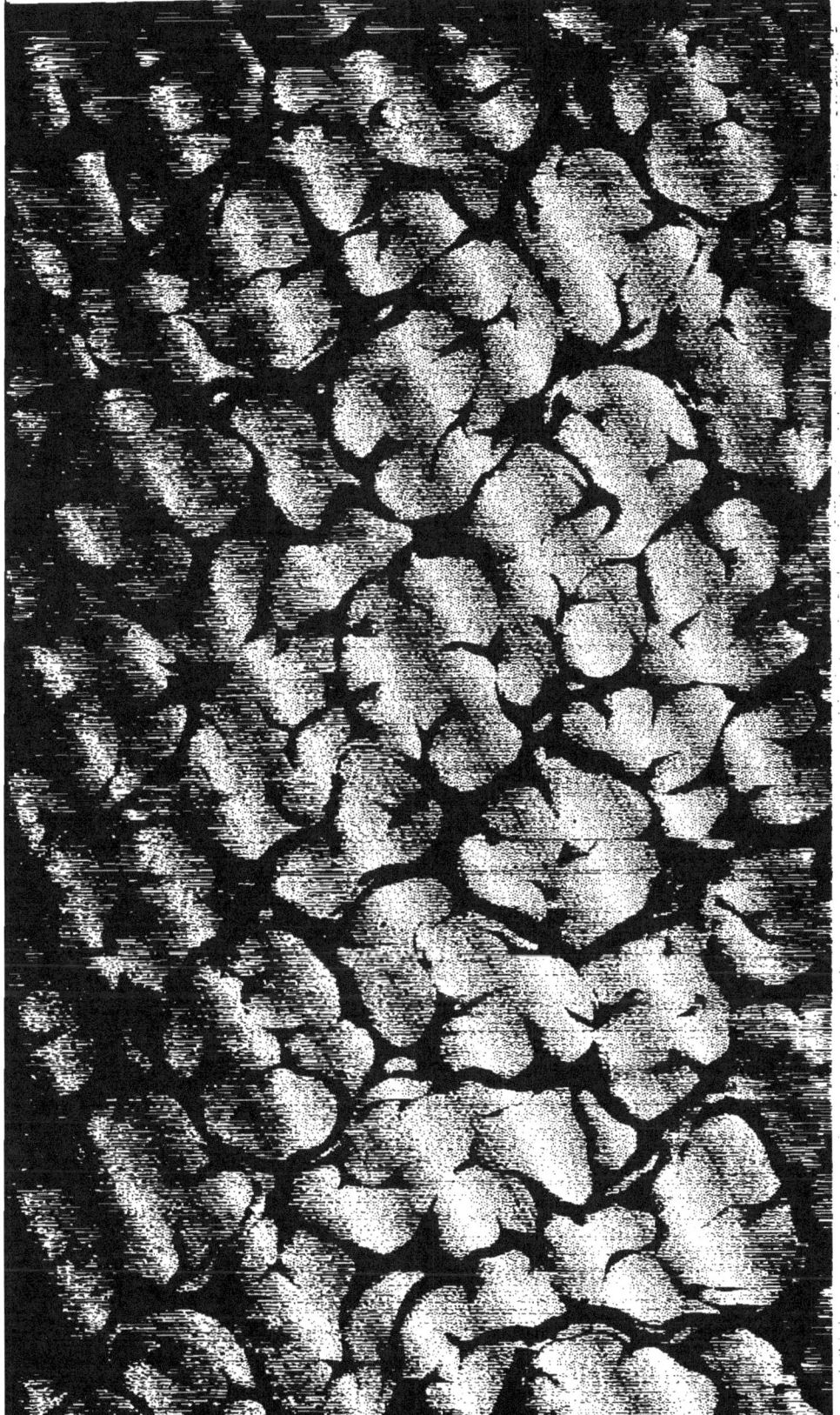

STEMPFER-REL

LE
SIÈGE DE SOISSONS

ET

L'OCCUPATION ALLEMANDE

 LE SOISSONNAIS

1870-1871

PAR EMILE COLLET

MEMBRE DE LA SOCIÉTÉ HISTORIQUE ET ARCHÉOLOGIQUE
DE SOISSONS
CONSERVATEUR DU MUSÉE DE CETTE VILLE

Deuxième Edition

SOISSONS
IMPRIMERIE ET LIBRAIRIE EUG. EBEL, ÉDITEUR
Place Saint-Gervais (derrière la Cathédrale)

1901

LE SIÈGE DE SOISSONS

ET

L'OCCUPATION ALLEMANDE

DANS LE SOISSONNAIS

1870-1871

LE
SIÈGE DE SOISSONS

ET

L'OCCUPATION ALLEMANDE

DANS LE SOISSONNAIS

1870-1871

PAR EMILE COLLET

MEMBRE DE LA SOCIÉTÉ HISTORIQUE ET ARCHÉOLOGIQUE
DE SOISSONS
CONSERVATEUR DU MUSÉE DE CETTE VILLE

Deuxième Edition

SOISSONS

IMPRIMERIE, LIBRAIRIE ET PAPETERIE EUG. EBEL, ÉDITEUR
Place Saint-Gervais (derrière la Cathédrale)

—

1901

PRÉFACE

J'ai publié, dans le courant de l'année 1871, LE SIÈGE DE SOISSONS EN 1870, et au cours de l'année 1884, L'OCCUPATION ALLEMANDE DANS LE SOISSONNAIS EN 1870-1871.

Depuis longtemps ces deux ouvrages sont épuisés en librairie. Aujourd'hui ils sont encore demandés, et c'est pour satisfaire à ces demandes que je les réunis en un seul volume.

LE SIÈGE DE SOISSONS est écrit sous la forme d'un journal et sous la dictée, pour ainsi dire, des événements. Il commence à la date du 15 juillet 1870, jour où le ministre des affaires étrangères (M. le duc de Gramont) et le ministre de la justice et des cultes (M. Emile Ollivier) annoncèrent aux Chambres françaises la déclaration de guerre avec la Prusse ; et il prend fin le 15 octobre suivant, jour où, hélas ! la place de Soissons dût capituler. En traçant mes premières lignes, je ne savais trop où j'allais être conduit. Si nous étions vainqueurs (ce que j'espérais) je me faisais naturellement l'écho heureux de nos succès ; si nous étions vaincus (ce que je craignais) je devais être forcément l'organe ému de nos malheurs. Mais, dans un cas comme dans l'autre, je me promettais de rester constamment dans le vrai, de remonter aussi souvent que possible à la source des faits, de m'appuyer sur des documents authentiques et de recourir à la production de pièces officielles ; car j'étais à même, par la position administrative que j'occupais alors, de connaître les principales choses de l'intérieur de la ville et je pouvais recueillir, dans un rayon extérieur embrassant notamment les communes du canton de Soissons, de nombreux matériaux.

L'histoire générale est une belle chose : elle chante nos gloires, elle pleure nos revers, elle frappe l'esprit, élève la pensée, élargit les sentiments ; elle éclaire, elle instruit et on lui doit de grands écrivains. Pour moi, en travaillant à celle particulière du siège de Soissons, je n'affichais aucune prétention littéraire, ni surtout aucune intention mercantile ; je n'avais qu'un seul but, celui de contribuer simplement et patriotiquement à l'histoire locale.

Quant à L'Occupation allemande, elle fut documentée de la même façon, conçue dans les mêmes vues, également rédigée sans phrases, sans atteinte à la vérité.

Et comme aujourd'hui mes deux ouvrages n'existent plus dans le commerce, et comme aussi en commémoration des événements de guerre soissonnais, on érige ici un nouveau monument spécial (1), il importe encore, à mon avis, de dire au juste ce que furent le siège de Soissons en 1870 et l'occupation étrangère qui suivit.

Je viens en conséquence de revoir mes deux publications sur ce double sujet, pour la présente édition. Je les ai augmentées sérieusement, corrigées comme il convenait, et je les livre au lecteur avec l'assurance que rien de plus complet et de plus exact n'a été écrit sur les faits aussi multiples que douloureux qui se sont passés dans le Soissonnais en 1870 et 1871.

2ᵉ semestre 1901.

LE SIÈGE DE SOISSONS

en 1870

LE SIÈGE DE SOISSONS.

15 JUILLET

La France en général et Paris en particulier semblent avoir la fièvre. La guerre avec la Prusse va être déclarée ; deux ministres en informent les Chambres ; et le *Journal officiel de l'Empire français* l'annoncera demain au public.

Qu'y a-t-il donc entre ces deux grands pays, la France et la Prusse ? On peut, pour le moment, répondre à cette question, par les paroles de notre gouvernement.

La Prusse ayant autorisé le prince Léopold de Hohenzollern à monter sur le trône d'Espagne, la France s'oppose à l'avènement de ce prince, pour des raisons politiques d'un haut intérêt ; elle demande, en conséquence, au roi de Prusse de conseiller et même d'imposer à Léopold une renonciation au trône d'Espagne.

Sur ces entrefaites, le prince signe cette renonciation de son chef. Mais cela ne nous suffit pas. Nous demandons au roi de s'associer au désistement et de déclarer, afin de clore définitivement le débat, que si la couronne était de nouveau offerte au prince Léopold, il ne l'autorisera plus à l'accepter.

Le roi consent à approuver le désistement, mais refuse de déclarer ce qu'on lui demande. Il fait notifier ensuite, par un aide de camp, à notre ambassadeur Benedetti, qu'il ne le recevra plus. Puis, nous apprenons que des armements s'opèrent en Prusse (2).

Dans ces circonstances, disent nos ministres, tenter davantage pour la conciliation eût été un oubli de dignité et une imprudence. Nous n'avons rien négligé pour éviter une guerre ; nous allons nous préparer à soutenir celle qu'on nous offre, en laissant à chacun la part de responsabilité qui lui revient.

Ainsi, il n'y a plus de doute possible : la guerre est déclarée à la Prusse, et c'est aux cris de : « Vive la France ! Vive l'Empereur ! » D'ailleurs, depuis quelque temps, cela se lisait dans tous les regards, cela était dans l'air, cela se voyait dans tous les esprits.

Déjà M. de Noüe, commandant la place de Soissons, prévoit le départ précipité du 15ᵉ régiment de ligne qui compose la garnison de cette ville : il demande que des dispositions soient prises pour que la garde nationale fournisse d'urgence le nombre d'hommes nécessaires à l'occupation des postes de la poudrière Saint-

Léger, de la poudrière de l'Arsenal, ainsi que de la Grand'Place. Et satisfaction lui sera donnée par la ville.

16 JUILLET

Un mariage vient d'avoir lieu à la mairie de Soissons, entre une jeune fille de cette ville et un jeune homme de Villers-Cotterêts. On sort, on est radieux, on va monter en voiture pour aller recevoir la bénédiction du prêtre ; mais alors la gendarmerie se présente munie d'un ordre de départ pour le jeune marié ; le malheureux appartenait à la réserve !

Oh ! la guerre, que nous ménage-t-elle, mon Dieu ?

Le *Progrès de l'Aisne* paraît. Il est plein d'ardeur. « La nouvelle de la guerre a été accueillie patriotiquement à Soissons, dit-il. Chacun est profondément blessé de l'outrecuidance prussienne. Le sang français bout dans les veines ; on a confiance dans le succès de nos armes. »

17 JUILLET

Le journal *L'Argus soissonnais* vient également d'être distribué en ville. Il contient la déclaration de guerre. Il est chaleureux. Il est entraînant.

« La victoire ne saurait être incertaine, dit-il ; l'excellent esprit qui anime l'armée, notre admirable armement, notre artillerie sans rivale, notre flotte cuirassée nous rassurent pleinement sur l'issue de la prochaine lutte. Mais la grosse question pour nous n'est pas là ; elle est tout entière dans ce que nous aurons à faire de la victoire. Prendrons-nous les frontières du Rhin, ou établirons-nous, de la Belgique à la Suisse, un rempart d'Etats neutres ? »

Et dire que moi, simple mortel, je ne suis point complètement rassuré par tout cela.

— Vous avez peur, me dit même un ami.
— Peur ? non ; mais je me souviens.
— Et de quoi donc, s'il vous plaît ?
— De Sadowa !

18 JUILLET

Par décret du 17, paru au *Journal officiel* du 18, la garde nationale mobile est appelée à l'activité.

Le maréchal Bazaine vient, dit-on, à Soissons qu'il prend pour quartier général d'un grand corps d'armée de réserve dont il a le commandement. Mais ne croyez rien de cela. Dans les principaux bureaux de la ville, où l'on devrait le savoir, on l'ignore complètement.

Ce soir, les conseillers d'arrondissement, avec des autorités de Soissons, dînent à la sous-préfecture. Les lumières brillent aux fenêtres. Un toast est porté à nos succès, et l'enthousiasme gagne jusqu'aux serviteurs de la maison.

Déjà, dans la journée, et avant de clore leur session, MM. les conseillers avaient envoyé à l'empereur leurs vœux pour la gloire et le succès de nos armes.

19 JUILLET

Les petits-fils des vainqueurs d'Iéna vont prendre dans les champs de l'Allemagne la revanche de Waterloo, dit l'*Argus*. Et, à l'exemple d'autres journaux, il ouvre une souscription nationale en faveur des armées de terre et de mer.

On me remet le *Journal officiel* d'il y a deux jours. J'y lis que le Sénat s'est rendu à Saint-Cloud, à l'issue de la séance du 15 juillet, qu'il s'est présenté devant l'empereur et l'impératrice, et que M. Rouher, président de la haute assemblée, s'est exprimé en ces termes :

« Sire,...

« Se refusant à des impatiences hâtives,
« animé de cette calme persévérance qui est la
« vraie force, l'empereur a su attendre ; mais,
« depuis quatre années, il a porté à sa plus

« haute perfection l'armement de nos soldats,
« élevé à toute sa puissance l'organisation de
« nos forces militaires.

« Grâce à vos soins, la France est prête,
« Sire, et, par son enthousiasme, elle prouve
« que, comme vous, elle était résolue à ne
« tolérer aucune entreprise téméraire. »

20 JUILLET

Le 15ᵉ régiment de ligne est parti de notre ville ce matin, par une chaleur tropicale. Il était à Soissons depuis plusieurs années. Une foule compacte l'a accompagné jusqu'à la gare. Les souhaits les plus ardents et les meilleurs lui ont été adressés par la population. La musique de ce régiment a joué *La Marseillaise* pour la première fois devant nous. Nous l'avons répétée en chœur au milieu des flots de poussière de l'avenue de la Gare. Puis, *Le Chant du Départ* a eu son tour. Puis encore les poignées de mains, les embrassements, les adieux en larmes ont eu lieu ; et tout ce cher 15ᵉ a disparu à nos yeux, emporté, comme un trait, par la puissante vapeur des chemins de fer.

21 JUILLET

La ville de Soissons étant désignée pour être le point de concentration de la troisième division du sixième corps d'armée, le Mail et les glacis qui l'avoisinent sont choisis comme emplacement de campement.

On attend quatre régiments d'infanterie et un bataillon de chasseurs, au total 8,000 hommes environ, dont le général Lafond de Villiers, commandant la division, et les généraux Becquet de Sonnay et Colin, commandant chacun une brigade.

22 JUILLET

Le vétérinaire de la ville, M. Cordier, va examiner avec M. Leconte, inspecteur des viandes, les animaux de boucherie qui seront amenés à Soissons, pour la consommation de la garnison et aussi de la population civile.

Des troupes arrivant en ville sans être annoncées positivement, la mairie fait appel au patriotisme des habitants pour qu'ils veuillent bien les loger.

Immédiatement, depuis le plus grand jusqu'au plus petit, depuis l'évêque jusqu'à l'ouvrier, chacun offre avec un empressement sans égal, les locaux dont il dispose.

Déjà on voit des espions prussiens partout. On assure en avoir remarqué deux à Soissons ; mais... autant en emporte le vent !

23 JUILLET

La souscription ouverte par l'*Argus* prend des proportions importantes et, de son côté, le *Progrès de l'Aisne* vient d'en ouvrir une qui reçoit bon accueil.

Il est vraiment agréable de lire toutes ces listes de noms appartenant à des gens qui sentent la gravité de la situation et qui comprennent qu'ils doivent, sinon payer de leurs personnes, au moins de leurs bourses, dans de pareils temps.

D'autres habitants songent à fuir. Ceux-là manquent de confiance et redoutent les dangers. Il en est même, parmi eux, qui ne verseront pas un sou dans la souscription ouverte. Oh ! les ingrats, oh ! les égoïstes, n'est-ce pas ?

Hier, il nous est arrivé des troupes ; il nous en arrive encore aujourd'hui. Nous avons notre général de division, qui est M. Lafond de Villiers, et nos deux généraux de brigade, qui sont MM. Colin et Becquet de Sonnay. En outre, les villages voisins reçoivent aussi des soldats, et là-bas comme ici, l'accueil est sympathique, empressé, cordial.

24 JUILLET

Le *Journal officiel* d'hier nous arrive. Il contient une proclamation de Napoléon III au peuple français :

« Il y a dans la vie des peuples, dit notamment l'empereur, des moments solennels où l'honneur national, violemment excité, s'impose comme une force irrésistible, domine tous les intérêts et prend seul en mains la direction des destinées de la patrie. Une de ces heures décisives vient de sonner pour la France.

« La Prusse, à qui nous avons témoigné, pendant et depuis la guerre de 1866, les dispositions les plus conciliantes, n'a tenu aucun compte de notre bon vouloir et de notre longanimité. Lancée dans une voie d'envahissement, elle a éveillé toutes les défiances, nécessité partout des armements exagérés et fait de l'Europe un camp où règnent l'incertitude et la crainte du lendemain.

« Un dernier incident est venu révéler l'instabilité des rapports internationaux et montrer toute la gravité de la situation. En présence des nouvelles prétentions de la Prusse, nos réclamations se sont fait entendre. Elles ont été éludées et suivies de procédés dédaigneux. Notre pays en a ressenti une profonde irritation, et aussitôt un cri de guerre a retenti d'un bout de la France à l'autre. Il ne nous reste plus qu'à confier nos destinées au sort des armes...

« Français, je vais me mettre à la tête de cette vaillante armée qu'anime l'amour du devoir et de la patrie. Elle sait ce qu'elle vaut, car elle a vu dans les quatre parties du monde la victoire s'attacher à ses pas.

« J'emmène mon fils avec moi, malgré son jeune âge. Il sait quels sont les devoirs que son nom lui impose, et il est fier de prendre sa part dans les dangers de ceux qui combattent pour la patrie.

« Dieu bénira nos efforts. Un grand peuple qui défend une cause juste est invincible. »

Le même numéro du *Journal officiel* contient, en outre, un décret impérial portant principalement :

« Napoléon, empereur,...

« Voulant donner à notre bien-aimée épouse l'impératrice des marques de la confiance que nous avons en elle, et attendu que nous sommes dans l'intention de nous mettre à la tête de l'armée,

« Nous avons résolu de confier, comme nous conférons par ces présentes, à notre bien-aimée épouse l'impératrice le titre de régente, pour en exercer les fonctions dès que nous aurons quitté notre capitale, en conformité de nos instructions et de nos ordres, tels que nous les aurons fait connaître dans l'ordre général du service que nous aurons établi et qui sera transcrit sur le livre d'État ;

« Entendons qu'il soit donné connaissance à nos ministres desdits ordres et instructions, et qu'en aucun cas l'impératrice ne puisse s'écarter de leur teneur dans l'exercice des fonctions de régente... »

25 JUILLET

Les troupes vont être campées sous les murs de la place.

La viande est d'un prix élevé ; c'est la principale nourriture du soldat. La municipalité améliorera l'ordinaire en faisant la concession du droit d'entrée que les bouchers lui paient, lequel droit est de 2 fr. 75 c. par 100 kilogrammes.

La grande agglomération de militaires dans la ville et ses environs entraînera un débit de boissons considérable. Ces boissons seront alors l'objet d'examens de la part d'une commission spéciale.

26 JUILLET

Le général de division Lafond de Villiers informe que, sur des observations qui lui ont été faites par la municipalité, il a ordonné que les troupes logées jusqu'à ce jour chez l'habitant seront campées au Mail et sur les glacis des fortifications, le 29 de ce mois.

Il faut le dire, l'habitant aime le soldat sous son toit, mais il l'aimera encore mieux au Mail et sur les glacis.

27 JUILLET

Les 91ᵉ et 93ᵉ de ligne sont à Soissons. Le général Lafond de Villiers donne l'ordre aux musiques de ces régiments de jouer alternativement, le jeudi sur la place de la Cathédrale et le dimanche au rond-point du Mail, de cinq heures et demie à six heures et demie du soir.

Satisfaction parmi les amateurs de musique ; mais pour combien de temps ?

La mesure de franchise des entrées de viande destinée aux troupes stationnant à Soissons est mise à exécution. C'est patriotique et cela vaut un compliment à l'administration municipale.

28 JUILLET

Nos deux journaux ont déjà recueilli de fortes sommes qui profiteront à nos armées de terre et de mer. En général chacun donne selon ses ressources ; et, dans les écoles, les élèves demandent que le prix des livres qu'on leur distribue aux vacances soit ajouté au chiffre des souscriptions ouvertes.

Il est aussi une autre façon de témoigner son patriotisme, c'est celle de notre compatriote, le docteur Marchand : on songe à établir ici des services hospitaliers pour les blessés et pour les malades de l'armée. Eh bien, il demande qu'il lui soit fait l'honneur d'être mis à contribution dans la plus large limite possible.

Bravo, docteur.

Pendant que les choses se passent chez nous de cette manière, l'empereur quitte Saint-Cloud, s'installe à Metz et lance une proclamation à l'armée du Rhin.

29 JUILLET

Le camp, ou le campement si l'on veut, s'installe et s'organise, comme par enchantement, sur les glacis nord des fortifications et dans le Mail.

Le public va voir nos soldats, s'amuse des cuisiniers en plein vent, des barbiers en plein air, des dessins grotesques se trouvant sur les tentes, des jardinets microscopiques et surtout des inscriptions dont voici un petit échantillon :

« Estaminet Bismarck.

« On y mange à toute heure des oreilles
« prussiennes assaisonnées à la chassepot et à
« la mitrailleuse, et servies par Guillaume Ier. »

« Accourons vers le roi de Prusse,
« Qui demande à grands cris
« Que nous allions chasser la puce
« Qui dévore ses favoris. »

Plus sérieusement parlant, voici, à peu près complète, la proclamation que Napoléon III, arrivé hier au quartier impérial de Metz, a adressée à l'armée :

« Je viens me mettre à votre tête pour défendre l'honneur et le sol de la patrie.

« Vous allez combattre une des meilleures armées de l'Europe, mais d'autres, qui valaient autant qu'elle, n'ont pu résister à votre bravoure. Il en sera de même aujourd'hui.

« La guerre qui commence sera longue et pénible, car elle aura pour théâtre des lieux hérissés d'obstacles ; mais rien n'est au-dessus des efforts persévérants des soldats d'Afrique, de Crimée, de Chine, d'Italie et du Mexique...

« La France entière vous suit de ses vœux ardents et l'univers a les yeux sur vous. De nos succès dépend le sort de la liberté et de la civilisation.

« Soldats, que chacun fasse son devoir, et le Dieu des armées sera avec nous. »

30 JUILLET

La guerre est-elle pour quelque chose dans ce fait ? Consignons-le toujours :

Cette nuit, à une heure, le cadavre d'un homme d'environ 65 ans a été découvert au milieu de la descente du rempart Saint-Remy, côté gauche. Il a été conduit à l'Hôtel-Dieu, mais la porte n'en a point été ouverte à cause du décès même de l'individu. On l'a alors transporté au poste de la Grand'Place ; bientôt le docteur Billandeau, appelé là, constatait un coup bleuâtre à l'œil gauche, et ce coup venait entourer la mort d'un certain mystère.

On a trouvé sur l'individu dont il s'agit, dans un porte-monnaie, une somme de 112 fr. 75 c. ; on a trouvé aussi sur lui une montre et plusieurs autres objets. S'il y a crime, le vol doit donc être écarté du mobile.

Cet individu, inconnu à Soissons, était descendu hier, à six heures et demie du soir, à l'hôtel du *Soleil-d'Or*, où il avait dîné et d'où il était sorti après avoir payé la carte et promis de revenir passer la nuit.

La justice informe : tel est pour le moment le mot final de l'événement du jour.

31 JUILLET

Par ordre de l'autorité militaire, il est expressément défendu de monter sur les remparts de la ville.

Des rondes sont faites afin de maintenir cette défense, et, en cas de contravention, il sera verbalisé.

Ce soir il y avait fête à la porte de Paris, ou Saint-Christophe, sur les talus situés à droite, en sortant par cette porte.

Vers dix heures, une patrouille composée d'une quinzaine d'hommes de la garnison, et commandée par un gendarme, s'est présentée sur l'emplacement de la fête, pour faire évacuer les militaires et saisir ceux d'entre eux qui s'y trouvaient sans permission. Elle a été (voyez la belle discipline française !) elle a été huée par les militaires de la fête, ainsi que par beaucoup de jeunes gens. On a crié : « A bas le gendarme ! A bas la patrouille ! » Et la patrouille est rentrée en ville, en s'emparant de quelques soldats qui se trouvaient sur son passage.

Une heure après, une seconde patrouille, conduite par un autre gendarme, est arrivée sur le lieu de la fête. Elle a été également huée par des militaires et des jeunes gens. Elle a alors disparu, et elle est revenue presque aussitôt sous les ordres d'un brigadier de gendarmerie. A sa réapparition sur la fête, des cris sont partis de la foule : « Tapez sur les gendarmes ! » a-t-on dit. Quelques soldats, prenant la recommandation à la lettre, ont essayé aussitôt de terrasser le brigadier. Ce dernier a été atteint par une pierre et un coup de bâton. Se voyant ainsi maltraité, il a mis l'épée à la main.

Une lutte allait certainement s'engager et 200 soldats environ se massaient même dans les remblais, prêts à frapper, lorsqu'un agent de police, M. Hanon, intervenant activement, a empêché l'orchestre de jouer, fait éteindre les lumières, fermer les boutiques, et a mis fin de la sorte à la scène qui se préparait.

Dans son numéro de ce jour, l'*Argus* parle du camp du Mail et des glacis. A part cette scène fâcheuse, il rend hommage à nos soldats et termine en disant : « Non, les Prussiens ne sont pas de taille à soutenir longtemps le choc d'une armée composée de tels hommes. »

M. Deviolaine, qui a été conseiller municipal pendant plusieurs années, adjoint au maire pendant deux ou trois ans et qui est maire de la ville depuis 1853, annonce à ses concitoyens, dans une lettre rendue publique, qu'il quittera l'administration municipale à l'expiration de son mandat, c'est-à-dire lors de prochaines élections au conseil, voulant, dit-il, prendre un repos nécessaire.

Nos regrets bien sincères accompagnent dans sa retraite M. Deviolaine, qui est âgé de 71 ans.

C'est un homme très remarquable, qui a couronné sa carrière administrative par une excellente chose : la distribution d'eaux de sources dans toute la ville et les faubourgs. La prospérité du pays, l'embellissement des rues, l'amélioration des établissements communaux, l'instruction publique, le bien-être des masses, tout cela l'a beaucoup occupé et préoccupé. Accessible pour tous, on allait le voir et consulter tous les jours avec fruit à l'Hôtel de Ville.

Le camp est décidément fort gai : j'y suis allé ce matin, et ce n'était pas pour la première fois. Entre autres particularités dont j'ai été le témoin, je note celle-ci : deux sergents viennent de recevoir une carte du théâtre de la guerre, éditée par le *Courrier de l'Aisne*. Ils la déplient, l'étendent et cherchent Berlin : Ah ! le bougre d'animal, dit l'un, en mettant le doigt dessus ; qu'il est donc loin ! — C'est égal, répond l'autre, il faudra y aller tout de même.

L'empereur des Français avait adressé, le 24 juillet, la proclamation qu'on lit à cette date.

Le 31 du même mois (nous l'avons su depuis par un journal officiel prussien) le roi Guillaume écrivait à ses sujets quelque chose qui était comme la contre-partie, comme la réfutation de la proclamation du 24 :

« Je me rends aujourd'hui à l'armée, dit le roi. Je vais partager ses combats pour l'honneur de l'Allemagne, pour la conservation de nos biens les plus précieux. A ce moment, et en considération de l'élan unanime de mon peuple, je veux accorder une amnistie pour les crimes et délits politiques. J'ai donné l'ordre au ministère d'Etat de me soumettre une ordonnance conçue en ce sens.

« Mon peuple sait comme moi que la rupture de la paix et l'hostilité ne sont véritablement pas de notre côté.

« Mais, provoqués, nous sommes résolus, comme nos pères, et dans une ferme confiance en Dieu, à soutenir le combat pour le salut de la patrie.

« Berlin, le 31 juillet 1870.

« GUILLAUME. »

1ᵉʳ AOUT

La division Lafond de Villiers quittera Soissons demain. Dès lors, plus de camp, plus de drôleries, plus de musique.

Les postes vont être relevés par la garde nationale ; et les jeunes gens qui doivent faire partie de la classe de 1870, c'est-à-dire ceux qui sont nés en 1850 et ceux qui ont été omis jusqu'à ce jour sont prévenus qu'ils ont à se faire inscrire pour la formation des tableaux de recensement.

2 AOUT

M. Ferrand, préfet de l'Aisne, prescrit les mesures nécessaires pour le maintien de l'ordre, ainsi que pour la garde des magasins à poudre et d'autres approvisionnements.

Le départ des troupes qui occupaient les postes de la ville de Soissons et composaient le camp impose à la garde nationale de cette ville un service exceptionnel et dont la durée peut être assez longue.

Le maire demande au patriotisme des gardes nationaux d'assurer ce service avec la plus grande régularité, et de satisfaire, par conséquent, à toutes les exigences de la situation.

Ce même service nécessitant actuellement la présence de trente-cinq hommes par jour pour les différents postes, les habitants qui ne sont point portés sur les contrôles de la garde nationale et ceux qui peuvent faire quelque chose momentanément, même sans uniforme, sont engagés à demander leur inscription à la mairie, dans un bref délai, afin d'alléger la charge trop lourde qui incomberait à leurs concitoyens.

Napoléon III ayant, le 29 juillet, adressé à l'armée la proclamation que l'on connaît, aujourd'hui, 2 août, le roi Guillaume Ier semble y répondre (nous voyons cela plus tard dans son journal) comme il a répondu à celle du 24 :

« A l'armée, dit-il.

« L'Allemagne unie tout entière est en armes pour combattre un État voisin qui nous a, par surprise et sans motif, déclaré la guerre. Nous avons à défendre la patrie menacée, notre honneur et nos foyers. Je prends aujourd'hui le commandement de toutes nos armées et m'engage avec confiance dans une lutte que jadis nos pères, en pareille situation, soutinrent glorieusement. Avec moi, la patrie entière, pleine de confiance, a les yeux fixés sur vous. Dieu sera avec notre juste cause.

« Mayence, le 2 août 1870.

« Guillaume. »

3 AOUT

Soissons est pavoisé : il a reçu la dépêche suivante, et sa joie est grande :

« Sarrebruck occupé hier par les Français.
« Prussiens repoussés après deux heures d'en-
« gagement auquel assistaient l'empereur et le
« prince impérial. »

Donc, victoire ! victoire !

Mais ce n'est pas tout : une autre dépêche arrive qui ajoute encore à l'allégresse ; c'est celle qui annonce que le jeune prince a reçu le baptême du feu, et qu'il a été admirable de sang-froid.

Et puis, voilà le *Journal de l'Empire* distribué en ville, et on se jette sur ce récit officiel :

« Aujourd'hui, à onze heures du matin, les troupes françaises ont eu un sérieux engagement avec les troupes prussiennes.

« Notre armée a pris l'offensive, franchi la frontière et envahi le territoire de la Prusse.

« Malgré la force de la position ennemie, quelques-uns de nos bataillons ont suffi pour enlever les hauteurs qui dominent Sarrebruck, et notre artillerie n'a pas tardé à chasser l'ennemi de la ville. L'élan de nos troupes a été si grand que nos pertes ont été légères.

« L'engagement, commencé à onze heures, était terminé à une heure.

« L'empereur assistait aux opérations, et le prince impérial, qui l'accompagnait partout, a reçu, sur le premier champ de bataille de la campagne, le baptême du feu.

« Sa présence d'esprit, son sang-froid dans le danger ont été dignes du nom qu'il porte.

« A quatre heures, l'empereur et le prince impérial étaient rentrés à Metz. »

Il n'y a absolument, à Soissons, qu'une petite tache dans ce glorieux tableau militaire, c'est l'arrestation d'un caporal et d'un soldat du 93e de ligne, inculpés d'avoir donné la mort, du côté de la rue Saint-Remy, à l'inconnu de la nuit du 30 juillet.

4 AOUT

Le *Progrès* annonce un prochain concert au collège de notre ville, en faveur des blessés de l'armée du Rhin.

Et l'*Officiel*, qu'il faut toujours lire en ces temps plus que troublés, écrit ceci :

« Ce n'est pas à l'Allemagne que nous faisons la guerre, c'est à la Prusse, ou, pour mieux dire, c'est à la politique du comte de Bismarck. »

5 AOUT

Le conseil municipal se réunit : le maire lui communique une circulaire qui invite les communes à consacrer au soulagement de nos soldats blessés les fonds destinés aux réjouissances du 15 août, sans toutefois retirer aux indigents la part des crédits qui sont votés en leur faveur. Il déclare ensuite qu'il lui paraît opportun d'ajouter à la somme de 1,200 francs, qui est votée annuellement pour la fête de l'empereur, une autre somme qui viendrait aussi en aide au soulagement de nos blessés.

Le conseil, après délibération, décide, à l'unanimité, qu'indépendamment de la somme habituelle de 1,200 francs, une autre somme de 1,800 francs, en tout 3,000 francs, sera consacrée cette année, par la ville, à des soins à donner aux blessés de l'armée.

6 AOUT

D'après l'*Officiel*, « la nouvelle de la prise de de Sarrebruck a jeté la consternation parmi les populations de la rive droite du Rhin ; elle a produit, au contraire, la joie et l'enthousiasme dans nos communes frontières, et on peut ajouter que ce sentiment a été partagé par la majeure partie des habitants de Bâle (3). »

A Soissons, on procède aux élections municipales ; mais l'esprit est tendu sur un autre sujet : la guerre ; et d'ailleurs, ces élections devant se continuer demain, l'empressement des électeurs laisse à désirer aujourd'hui.

7 AOUT

Un décret de ce jour décide qu'il sera pourvu immédiatement à l'organisation de la garde nationale sédentaire, ou au complément de celle qui peut déjà exister. Et, dans un rapport à l'impératrice-régente, le général Dejean, pour l'instant ministre de la guerre, ose ajouter : « La France peut encore armer deux millions de défenseurs ; leurs fusils sont prêts ; il en restera encore un million en réserve. » Au fait, précédemment, le général Lebœuf n'était-il pas allé jusqu'à dire qu'il ne manquait pas un bouton de guêtre à notre armée, fît-on la guerre un an ?

Mais poursuivons. Nos élections municipales se complètent, et, pendant ce temps, arrive la triste nouvelle de la bataille de Wissembourg.

« Trois régiments de la division du général Douay et une brigade de cavalerie légère, dit en effet l'*Officiel*, ont été attaquées à Wissembourg par des forces très considérables, massées dans les bois qui bordent la Lauter. Nos troupes ont résisté pendant plusieurs heures aux attaques de l'ennemi, puis se sont repliées sur le col du Pigeonnier qui commande la ligne de Bitche. Le général Douay a été tué. »

L'*Officiel* dit encore :

« Les troupes françaises qui, au nombre de sept à huit mille soldats, ont été engagées devant Wissembourg, ont eu affaire à deux corps d'armée parmi lesquels se trouvaient des troupes d'élite appartenant à la garde prussienne.

« Malgré l'infériorité du nombre, nos régiments ont résisté pendant plusieurs heures avec un héroïsme admirable, et, lorsqu'ils se sont repliés, les pertes de l'ennemi étaient si considérables qu'il n'a pas osé les suivre.

« Tandis qu'à Sarrebruck nous avons coupé la ligne prussienne, la nôtre n'a pas été coupée. »

L'émotion est navrante à Soissons ; aussi, vers la fin du jour, des gardes nationaux demandent-ils à voler au secours de nos armées ; mais ils oublient une chose, c'est qu'ils ne savent pas suffisamment se servir de leurs armes ; et, du reste, la garde nationale, ici, manque de munitions.

Il devait y avoir ce soir, au théâtre, représentation d'un vieux drame ayant pour titre : *Les Prussiens en Lorraine* ; mais un honorable citoyen (M. le docteur Billaudeau) se rend dans la salle des élections, où se trouvent le maire et d'autres autorités civiles ; il propose, en présence des malheurs de la France, d'empêcher cette représentation et de faire disparaître les affiches qui l'annoncent. Sa proposition est non-seulement acceptée à l'unanimité, mais, par ordre municipal, elle est exécutée immédiatement (4).

8 AOUT

Cette dépêche de l'empereur figure à l'*Officiel* sous la rubrique « Proclamation » :

« Le maréchal Mac-Mahon a perdu une bataille ; sur la Sarre, le général Frossard a été obligé de se retirer ; cette retraite s'opère en bon ordre ; tout peut se rétablir... »

Il s'agit là de la bataille de Wœrth (5).

Éplorée, l'impératrice adresse cette autre proclamation :

« Français,

« Le début de la guerre ne nous est pas favorable : nous avons subi un échec. Soyons fermes dans ce revers et hâtons-nous de le réparer.

« Qu'il n'y ait parmi nous qu'un seul parti, celui de la France ; qu'un seul drapeau, celui de l'honneur national.

« Je viens au milieu de vous, fidèle à ma mission et à mon devoir ; vous me verrez la première au danger pour défendre le drapeau de la France.

« J'adjure tous les bons citoyens de maintenir l'ordre. Le troubler serait conspirer avec nos ennemis.

« Fait au palais des Tuileries, le 7 août 1870, onze heures du matin.

« *L'impératrice régente,*

« EUGÉNIE. »

Ces trois mauvaises dépêches se succèdent aussi et sont rendues publiques :

La première s'exprime ainsi :

« Metz, 7 août, 8 h. 30 matin.

« Pour nous soutenir ici, il faut que Paris et la France consentent à de grands efforts de patriotisme. Ici on ne perd ni le sang-froid, ni la confiance ; mais l'épreuve est sérieuse. — Mac-Mahon, après la bataille de Reischoffen, s'est retiré en couvrant la route de Nancy. — Le corps de Frossard a été fortement atteint. — On prend des mesures énergiques pour se défendre. — Le major général est aux avant-postes. »

La deuxième dépêche est plus brève :

« 7 août.

« Le maréchal Mac-Mahon a éprouvé un sérieux échec à Reischoffen. Il se replie et couvre Nancy... »

Et la troisième dit :

« Metz, 7 août, 9 h. 30 soir.

« Dans la bataille de Freischwiller, près Reischoffen, le maréchal Mac-Mahon a eu son chef d'état-major, le général Colson, tué à ses côtés. Le général Raoult a disparu. Notre artillerie a beaucoup souffert. Le maréchal est en communication avec le général de Failly... »

M. Possoz, commandant de la garde nationale de Soissons, lance alors un ordre du jour aux hommes qu'il commande : « Veillons, dit-il notamment, veillons à la sûreté de la ville et à la conservation des approvisionnements de guerre qui nous sont confiés. N'ayons qu'une pensée, le salut de la patrie ! »

La liste de souscription ouverte dans le *Progrès de l'Aisne*, pour les blessés, s'élève à ce jour à 4,894 fr. 38 c. et n'a certainement pas dit son dernier mot.

Le département de l'Aisne fait partie de la quatrième division militaire. Il est déclaré, ainsi que d'autres, en état de siège, par un décret de l'impératrice régente.

Il ne faut point s'abuser, les choses vont affreusement mal (6).

9 AOUT

Le préfet de l'Aisne écrit dans les diverses municipalités de son ressort :

« Mettons-nous en mesure de pouvoir aller,
« au premier appel, soutenir de toutes nos
« forces l'armée, l'empereur et la France. »

Les premier et deuxième bataillons de la garde mobile doivent arriver à Soissons les jeudi 11 et vendredi 12 de ce mois, pour y stationner.

Afin d'assurer le logement en ville d'une partie des hommes de ces bataillons, il devient nécessaire d'avoir recours à des moyens exceptionnels. En conséquence, les habitants qui sont compris dans les première et deuxième classes des logements militaires recevront chez eux deux hommes en supplément à ceux qui sont envoyés chez les logeurs pour leur compte. Par extraordinaire, les pompiers logeront également, suivant leur classe.

Quant aux habitants qui font partie de la troisième classe et qui n'ont pas de logeurs, ils sont invités à se mettre en mesure de recevoir les hommes qui leur seront adressés par billet.

Les opérations électorales des 6 et 7 août n'ayant donné la majorité qu'à dix-neuf candidats, et quatre conseillers restant à élire afin de porter au nombre légal de vingt-trois les membres du conseil municipal de Soissons, les électeurs sont convoqués pour les 13 et 14 de ce mois.

10 AOUT

J'ai rencontré aujourd'hui un de mes vieux amis. Il avait l'air abattu, chagrin, inquiet.

— Qu'avez-vous et où allez-vous ainsi ? lui demandai-je.

— J'étais bien jeune en 1814, me dit-il, j'ai vu ici l'invasion. Si la fatalité m'oblige à la revoir, je ne veux pas loger de soldats : ils ne peuvent être que des brutes. Eh bien ! je vais à la mairie demander, hélas ! à recevoir des officiers prussiens.

— Mais vous allez trop vite, répliquai-je, nous ne sommes point perdus ; il est encore permis d'espérer.

— Je le désire vivement, me répondit-il. Seulement je frémis en voyant nos revers se multiplier.

Et il me quitta.

11 AOUT

Les souscriptions en faveur de nos armées marchent toujours avec un élan admirable. Cela tient à ce que nous sommes bien malheureux depuis huit jours et à ce que la position s'aggrave encore.

A la suite d'une séance orageuse à la Chambre des députés, le 9 août, au sujet de la guerre, le ministère est tombé. Un autre est constitué et est à l'*Officiel* de ce jour, 11 août. Le général comte de Palikao remplace le maréchal Lebœuf, et le procureur général Grandperret succède à Emile Ollivier.

Les détails manquent encore sur la bataille de Freischwiller, dit une dépêche d'hier soir. On sait pourtant que le maréchal Mac-Mahon a eu un cheval tué sous lui.

« L'heure de l'impéritie et de l'incurie est-elle passée ? demande l'*Argus*. Nous voulons le croire et ne pas désespérer. Mais si le sort des armes trahissait encore le courage de nos soldats, la victoire que remporteraient nos ennemis serait tellement sanglante, que nous les écraserions dans la vallée de la Meuse ou dans les plaines de la Champagne, s'ils avaient l'audace de s'y risquer. Quant aux rares survivants qui marcheraient sur Paris, ils seraient massacrés avant d'avoir pu tenter l'assaut.

Courage donc, Dieu n'abandonnera pas la France ! »

De son côté M. le commandant de la garde nationale, juge opportun d'écrire de nouveau à son bataillon : « Les circonstances graves dans lesquelles se trouve le pays nous commandent à tous un entier dévouement, dit-il... Deux fois par semaine, le jeudi et le dimanche, la garde nationale fera l'exercice jusqu'à nouvel ordre. »

12 AOUT

Le commandant de Noüe réclame le concours patriotique des administrations civiles, pour la mise en état de défense de la place. Il demande l'adjonction, à l'entrepreneur des fortifications, de tous les ouvriers dont ce dernier pourrait avoir besoin, dût-on suspendre les travaux ordinaires.

D'autre part, le ministre de l'intérieur écrit aux préfets :

« Faites appel au dévouement patriotique des populations, et encouragez-les à former des compagnies de gardes nationaux volontaires, ou de francs-tireurs, pour marcher à l'ennemi. Agissez sans relâche. Que l'armement du pays soit votre constante occupation. »

A son tour, le préfet jette son cri d'alarme :

« Je fais un nouvel appel à l'énergie de tous, dit-il. Redoublons d'efforts et de dévouement. »

Chacun répond à tout cela comme il le doit, comme il le peut, ou comme il l'entend ; mais un nommé Joseph Dumont, âgé de 41 ans, domestique depuis vingt-quatre ans dans une même maison, a pris, lui, un parti tout-à-fait extrême dans les circonstances si graves qui se produisent : il s'est précipité dans la rivière, au pont qui sépare la ville de Soissons du faubourg Saint-Waast.

Les événements avaient, depuis quelques jours, ébranlé sa raison ; il a alors terminé une existence que rien ne ternissait, à ce que je sache.

13 AOUT

Par décret du 9, officiellement connu le 13, le maréchal Bazaine est nommé commandant en chef des 2e, 3e et 4e corps de l'armée du Rhin.

On requiert, pour le service du génie, des charpentiers qui devront mettre en place les barrières des portes de Reims ou Saint-Martin, de Laon ou de Crouy, et de Paris ou Saint-Christophe.

On va fermer la tranchée de l'avenue de la Gare, au sortir de la porte de Reims. Il en coûtera à la ville une dépense inutile de 4,258 fr.

C'est encore la mise en état de défense de la place qui nécessite ces choses.

14 AOUT

Dimanche dernier, sur vingt-trois membres qu'il y avait lieu d'élire pour composer le conseil municipal, dix-sept seulement ont été nommés.

Depuis hier, il est procédé à une élection complémentaire, et, à la fin du jour, cette élection se trouve terminée.

Un décret du 12, paru à l'*Officiel* d'aujourd'hui 14, porte : « La garde nationale est rétablie dans tous les départements. »

15 AOUT

Un décret antérieur, du 8 août 1870, a mis en état de siège la quatrième division militaire dont le département de l'Aisne fait partie.

Aujourd'hui 15 août, signification de cet état de siège est faite à la mairie de Soissons, par le commandant de place.

Toutefois les autorités civiles continueront d'exercer les pouvoirs dont elles sont investies.

On demande quels sont les approvisionnements de la ville. Et l'Etat ayant décidé de ne plus donner de pain à la garde mobile, les boulangers sont prévenus qu'ils doivent avoir un approvisionnement d'un mois en plus de leurs besoins ordinaires.

Le ministre de la guerre prend une mesure de circonstance.

« Faites venir immédiatement à Paris par les
« voies ferrées, dit-il, toutes les compagnies
« organisées de pompiers, moins les hommes
« au-dessus de 40 ans. Faites-les vivre en route
« par des réquisitions. Prévenez-moi de leur
« arrivée. »

En temps ordinaire, il y aurait ici fête de l'empereur avec danses, illuminations, jeux, etc.; mais, cette fête est contremandée. A la joie a succédé la douleur, aux rires ont succédé les larmes. Cependant, suivant un tailleur inoffensif de la rue Saint-Martin, M. Kurtz, originaire des environs de Mayence, s'il n'y a point de fête impériale aujourd'hui, il peut y avoir fête de la Vierge. Le fait est qu'à l'angle de sa maison, se trouve, dans une niche azurée, une petite madone en plâtre ; il la pare tous les ans, à pareil jour, et lorsque la nuit répand son ombre, il illumine quelque peu. Son nom allemand, écrit en lettres dorées au-dessus de la porte de sa demeure, brille alors de plus belle, et les passants peuvent admirer. Mais présentement nous sommes excessivement malheureux, et dans la rue Saint-Martin il y a des mobiles, et puis des mobiles et encore des mobiles.

Donc tous ces mobiles remarquent non-seulement l'illumination intempestive, mais le nom Kurtz qui brille si bien, qui brille de trop. Or, comme on avait rapporté en ville la pitoyable nouvelle de la prise de Nancy par quatre uhlans, voilà nos mobiles qui s'en prennent au tailleur (lequel, soit dit en passant, est établi à Soissons depuis 1846).

« A bas le Prussien ! A bas le Prussien ! » crient-ils.

Puis, ils s'avancent sur le seuil de la porte de M. Kurtz, s'excitent l'un l'autre, pérorent, menacent, lancent des pierres, cassent les vitres, détruisent l'illumination.

M. Kurtz, cependant, reste calme, digne, dévorant cet affront, buvant cette honte. Il ne répond qu'à peine. La police arrive. Elle dissipe la foule, saisit un garde mobile du nom de Naudet, je crois, et ainsi se termine cette journée du 15 août.

16 AOUT

Contrairement à ce qui a été arrêté hier, les boulangers sont avertis qu'à partir du 20 de ce mois, les hommes de la garde mobile toucheront leur pain à la manutention.

Et pour tout ce qui se rattache aux pompiers demandés par le ministre de la guerre, il faut faire pour le mieux, selon les besoins, et prendre beaucoup sur soi. Il s'agit d'un service de bonne volonté et de dévouement, en vue d'assurer, à Paris, la défense du territoire.

Le *Progrès de l'Aisne* pousse un cri désespérant : « Debout, dit-il, debout les jeunes, les vieux, tout le monde !... Sautez sur vos tridents, sur vos fourches... L'insolence prussienne doit être châtiée. Elle le sera ! »

Mais je suis bien sûr que s'il ne fallait pas absolument relever les courages qui tombent devant nos désastres, il écrirait d'une encre plus incolore ; son style, comme celui de l'*Argus*, du reste, est donc souvent tout de circonstance et de nécessité.

17 AOUT

Le maréchal Bazaine télégraphie au ministre de l'intérieur qu'hier 16, pendant toute la journée, il a livré bataille à l'armée prussienne, entre Doncourt et Thionville, que l'ennemi a été repoussé, et que nous avons passé la nuit sur les positions conquises.

Et lui, le ministre de l'intérieur, nous informe que le nombre des pompiers arrivés à Paris suffit pour le moment.

Des gardes mobiles vont entrer en ville. Ils sont invités à se présenter devant leur commandant, aujourd'hui même, à partir de midi, à la grande caserne (7).

Les 1er et 2e bataillons de la garde mobile devaient déjà quitter Soissons dans la journée; mais ils restent en ville jusqu'à nouvel ordre. En outre, le 6e bataillon de la même garde devant arriver de Vervins dans le courant de ce jour, les habitants appartenant aux trois classes des logements militaires sont prévenus qu'ils vont encore recevoir deux hommes en supplément à ceux qu'ils logent ou font loger en ce moment.

Les mobiles de Vervins arrivent en effet, mais le soir, et trop tard pour être logés chez l'habitant. Ils sont au nombre de 1,800 et commandés par M. de Fitz-James, chef de bataillon.

L'effectif des troupes à Soissons devient lourd pour la ville. Les fournitures à la caserne sont d'ailleurs incomplètes; il n'y existe que 650 lits, et il a fallu les dédoubler.

Il est alloué aux hommes une somme pour la nourriture, mais cette somme est mal employée par eux : ils achètent de la charcuterie et des fruits ; les obliger à se procurer de la viande et à faire de la soupe seraient choses préférables.

L'équipement est loin d'être confortable. Il faut surtout des souliers. La plupart des mobiles, croyant en trouver ici, n'ont que des pantoufles, et c'est vraiment insuffisant.

18 AOUT

« Qu'on hâte l'instruction des hommes », écrit le préfet.

Oui, qu'on hâte leur instruction, car il y a urgence, et ils sont bien en retard.

Incident. — L'un de ces hommes, jeune garde mobile du nom de Madelon, et domicilié à Landouzy-la-Ville, tombe sur la Grand'Place, près de la fontaine. Sa défaillance est complète ; mais il est bientôt confié aux bons soins de M. le docteur Marcotte, qui le tire de là, et on ne parle plus de lui, tant les choses et les faits se succèdent vite en ces tristes temps.

Le conseil municipal est réuni. Il y a lieu par lui de désigner la moitié de ses membres pour composer, avec un nombre égal d'habitants de la ville indiqués par le sous-préfet, le conseil de recensement de la garde nationale de Soissons. Cette désignation est immédiatement faite.

19 AOUT

A partir de ce jour, les portes de la ville seront fermées à dix heures du soir et ouvertes à quatre heures du matin, à l'exception de la porte de Reims ou Saint-Martin. Une demi-heure avant la fermeture, la retraite sera battue au-dessus de chaque porte. Un roulement annoncera ensuite la levée des ponts et la fermeture des portes. Trois tambours de la ville exécuteront cette batterie.

Tous les postes sont relevés par la garde mobile ; et la garde nationale, qui faisait le service, se trouve, par cela même, complètement libre.

Le général de division Trochu avait été nommé, le 12 août, général commandant en chef du 12e corps d'armée, en voie de formation à Châlons-sur-Marne ; mais un décret du 17, légalement publié aujourd'hui 19, lui confère le titre de gouverneur de Paris et commandant en chef de toutes les forces chargées de pourvoir à la défense de la capitale. Il adresse alors une proclamation chaleureuse aux Parisiens, et la termine en disant : « Pour accomplir mon œuvre, après laquelle, je l'affirme, je rentrerai dans l'obscurité d'où je sors, j'adopte une des vieilles devises de la province de Bretagne, où je suis né : « Avec l'aide de Dieu, pour la patrie. »

20 AOUT

Par les soins de notre consul à Palerme, une souscription a été ouverte en cette ville, en faveur des blessés de l'armée française, et d'après l'*Officiel*, elle a produit 1,972 francs.

Une souscription semblable vient d'être mise en circulation à Londres, sous les auspices de notre ambassadeur.

En France, tous les hommes des deuxièmes portions du contingent, qui, sans avoir été définitivement appelés à l'activité, ont été exercés dans les dépôts d'instruction et qui avaient, au 10 août, vingt-cinq ans accomplis et moins de trente-cinq ans, sont appelés sous les drapeaux.

Maintenant, à Soissons, un petit drame intime dans le grand drame public qui se déroule, hélas ! non loin de nous :

Vers cinq heures du soir, les corps d'un jeune homme et d'une jeune femme sont trouvés flottant sur la rivière d'Aisne, au lieudit l'*Ile-Crinon*, terroir de Soissons, entre la distillerie de Bucy-le-Long et l'écluse de Villeneuve-Saint-Germain.

Aidé de M. Josse, cultivateur à Saint-Médard, l'éclusier de Villeneuve (M. Houtelette) se dirige vers eux, en barque, les prend avec lui et constate qu'ils sont, au moyen d'une corde, attachés ensemble par le milieu du corps. On les transporte ensuite dans le caveau de la chapelle du cimetière de Soissons. Le docteur Billaudeau, les ayant examinés, ne remarque sur eux ni plaie, ni contusion, rien en un mot d'anormal.

L'homme paraît avoir 26 à 28 ans et est assez bien mis.

La femme semble être âgée de 18 à 20 ans, et sa toilette annonce une certaine situation.

Mercredi dernier, 17, ils avaient loué une barque pour, avaient-ils dit, faire une promenade sur l'eau, et s'étaient dirigés du côté de Villeneuve et de Bucy.

Le lendemain, la barque n'était pas rentrée chez son propriétaire ; celui-ci s'était mis à sa recherche et l'avait retrouvée contenant des vêtements d'homme et de femme, mais rien de plus.

Avec une toque, une voilette, un péplum, une jupe à volants, etc., se trouvait un chapeau noir de haute forme. Dans ce chapeau, on lisait un nom de député. Dès lors on allait pouvoir constater l'identité des cadavres. Du reste, en même temps, arrivait de Paris une lettre du député, annonçant que son secrétaire lui avait écrit de Soissons qu'il allait mettre fin à ses jours.

On attribue ce double suicide aux événements qui se produisent.

21 AOUT

Vu les circonstances, et conformément aux prescriptions du service des places de guerre, il devient urgent d'assurer la subsistance des habitants de Soissons pendant vingt jours et la réunion des ressources que le pays peut fournir pour les besoins de la garnison.

Il est question de loger en plus chez l'habitant 1,500 hommes du dépôt du 15e de ligne qui vont être envoyés de Laon à Soissons. Le commandant de place écrit que ce logement est impossible. Le sous-intendant de Laon lui répond que le matériel de campement lui fait défaut, et qu'il y a lieu de forcer le logement chez l'habitant. Le général commandant le département et le préfet de l'Aisne trouvent que l'on ne peut, à raison de l'état de guerre, loger des troupes sous les murs de Soissons. Il faudra donc loger ou camper les 1,500 hommes du 15e de ligne dans l'intérieur de la ville.

22 AOUT

1,600 hommes du dépôt du 15e, et non 1,500 hommes, sont annoncés aujourd'hui. On en logera décidément 700 dans les casernes, et la ville assurera le logement des 900 autres ; on occupera, au besoin, le collège communal, dont le principal est M. Migneaux, et le séminaire Saint-Léger, dont le supérieur est l'abbé Dupuy.

Les anciens militaires de 25 à 35 ans, non mariés ou veufs sans enfants, qui sont appelés d'urgence à l'activité et qui n'auraient pas encore été dirigés sur Laon, sont invités à se mettre, sans aucun retard, en route pour cette ville. Là, aussitôt après leur arrivée, ils se présenteront au commandant de recrutement.

La loi et le devoir leur imposent ce départ immédiat. Ils n'ont point à attendre de feuilles de route. Que les besoins du pays, que le patriotisme pressent chacun d'eux.

Vers deux heures et demie de l'après-midi, un militaire du 15e de ligne, nommé Arsène Bernot et venant aussi de Laon, pour tenir garnison à Soissons, a été retiré de la rivière d'Aisne, près de la passerelle du Mail, dans les circonstances suivantes :

Le vicomte de Rouget, lieutenant du premier bataillon de la garde mobile de Château-Thierry, passait sur le chemin du Mail, avec sa compagnie, qui est la 4e. Il vit de l'autre côté, dans la rivière, un soldat se renversant en arrière et disparaissant sous l'eau. Il se jeta alors dans l'Aisne et nagea vers le soldat. Deux hommes de la même compagnie, MM. Joseph Bouré et Balthazar Delahaigue, s'engagèrent, de leur côté, sur la passerelle, se jetèrent également à l'eau, et le malheureux soldat fut sauvé.

Interrogé, ce dernier déclara qu'il était tombé dans l'Aisne en voulant boire ; mais sa déclaration ne trouva aucun écho parmi les personnes présentes, on ne le crut pas, et il fut conduit à l'Hôtel-Dieu, bien que sa situation n'inspirât aucune crainte.

23 AOUT

Les cultivateurs et les propriétaires sont informés que le ministre du commerce achète les blés, farines, fourrages et pailles, ainsi que les bestiaux, qui seront livrés à Paris dans le courant de la semaine.

On apprend avec plaisir en ville qu'un Soissonnais, M. Pillot-Conseil, lieutenant au 78e de ligne, vient d'être décoré pour s'être vaillamment conduit à Reischoffen. On assure que de son régiment, qui se composait d'environ 2,000 hommes, il ne reste malheureusement que 400 braves (8).

24 AOUT

On est averti que le conseil de défense a décidé qu'il y avait lieu de reconnaître tous les terrains à un kilomètre, ou à un kilomètre et demi autour de la ville.

Cette mesure est commandée par la position de Soissons, qui n'a plus devant lui aucune troupe, et qu'il serait du dernier ridicule de laisser surprendre par quelques maraudeurs, pour sauvegarder des intérêts privés, quand surtout nous avons à notre disposition des troupes dont on doit faire l'apprentissage par l'application suivie et réitérée du service d'une place en état de siège.

25 AOUT

Il est signifié à plusieurs détenteurs de souterrains, voûtes ou casemates appartenant à l'Etat, d'avoir à les évacuer sous deux jours.

Les receveurs d'octroi aux portes de la ville donnent asile aux officiers qui commandent les postes.

On demande toujours des charpentiers pour travailler sous la surveillance du génie militaire.

On demande aussi des artilleurs volontaires. La place compte cent vingt pièces d'artillerie de diverses époques, de différentes formes, de plusieurs calibres, et ces pièces sont desservies par un nombre d'artilleurs comparativement très faible.

En exécution d'une décision du comité de défense, l'heure de l'ouverture des portes de la ville est retardée à partir d'aujourd'hui et sera fixée aussitôt que possible par l'autorité militaire.

Les habitants sont prévenus que M. le maire s'est entendu avec les boulangers de Soissons pour assurer un approvisionnement de farine pendant un mois.

Ils sont engagés à s'approvisionner par eux-mêmes, de tout ce qui, en dehors du pain, peut être nécessaire pour leur alimentation pendant le même temps au moins : beurre salé, graisse, riz, légumes secs, viandes fumées, etc.

S'ils veulent quitter la ville, il y a nécessité absolue pour eux, en vue des logements militaires, de laisser leurs maisons ouvertes et de faire connaître de suite à la mairie le nom des personnes chargées de les représenter, afin d'éviter l'ouverture par réquisition.

La petite caserne (9), changée depuis quelque temps en ambulance par les soins empressés des administrateurs des hospices, notamment de M. le baron de Tugny et de M. Beuvart, est maintenant occupée par quelques blessés et par un certain nombre de malades militaires.

On croit toujours tenir des espions prussiens quand on voit des étrangers ou des hommes dont l'attitude n'est point ordinaire. Un chanoine appartenant au chapitre de la cathédrale de Soissons, a même eu le désagrément d'être pris pour un de ces misérables, par un soldat de notre garnison.

Le 1er bataillon de la garde mobile, celui de

Château-Thierry, nous quitte aujourd'hui et se rend d'abord à Villers-Cotterêts, puis à Paris, avec son commandant M. le comte de Puységur. En moins ici, 1,680 hommes.

A partir de ce jour, il est crié toutes les nuits, à haute et intelligible voix, par la sentinelle placée à la porte du Mail : « Sentinelle, prenez garde à vous ! » Ce cri d'avertissement est répété successivement par toutes les sentinelles de la droite à la gauche, et de la porte de Laon à la porte de l'Echelle-Saint-Médard.

26 AOUT

Environ 140 cavaliers ennemis, dit l'*Officiel* de ce jour, se sont montrés hier à Châlons ; ils sont partis précipitamment vers six heures, rebroussant chemin.

Un conseil de surveillance se réunit chez le commandant de place. Le maire et le docteur Missa en font partie.

Le maire ayant demandé de faire surveiller par des troupes les voies ferrées, il lui est répondu qu'il est impossible de distraire, des immenses travaux de défense qui s'effectuent, des hommes de la garnison ; mais des cartouches sont mises à sa disposition pour la première fois depuis les événements.

27 AOUT

Le chef de gare est requis de ne laisser partir aucune farine. Des ordres dans le même sens sont donnés aux chefs des postes des trois principales portes de la ville.

Le départ des vins ordinaires est aussi arrêté ; et les ouvertures de la place vont être fermées une heure après le coucher du soleil.

Les cultivateurs sont avertis qu'ils peuvent faire entrer en ville, pour l'approvisionnement, les bestiaux propres à la boucherie, tels que bœufs, vaches et moutons. Les bestiaux parqueraient dans Soissons, et les cultivateurs y transporteraient les fourrages nécessaires à l'alimentation pour un mois.

Autre mesure plus grave :

Le conseil de défense vient de décider que, dès demain, il sera procédé à l'abatage des arbres et des haies, et à la démolition de tous les obstacles qui existent autour de la place et gênent la défense.

L'ennemi s'approche de nous. Notre état de défense laisse à désirer. Nos artilleurs ne sont pas nombreux. Il est en conséquence demandé aux habitants qui ont servi dans l'artillerie et à d'autres de prêter leur bon concours dans les tristes circonstances que nous traversons.

Plusieurs de nos concitoyens (une quarantaine) vont se présenter, et dès lors une compagnie d'artilleurs volontaires sera créée sous la direction de MM. Ernest Ringuier et Quemet (10). Elle occupera principalement le bastion de l'Arquebuse, où sont placées sept pièces de canon, et s'y conduira vaillamment, j'en suis sûr.

28 AOUT

« L'ennemi est signalé aux portes de Reims », dit l'*Officiel*.

On vient de rechercher dans la ville s'il s'y trouve des officiers en retraite ayant occupé des emplois de majors, capitaines d'habillement, trésoriers, officiers d'administration de divers services, qui pourraient, le cas échéant, être employés, aux conditions anciennes, soit dans les bureaux de l'intendance, soit dans tous les autres services administratifs de la guerre.

Mais un seul ancien officier est trouvé : c'est M. Duplan. Il offre ses services (11).

Par suite d'une heureuse erreur que je suis condamné à ne pas expliquer, notre garde nationale reçoit pour armes des fusils à tabatière. Grande satisfaction. Les Prussiens peuvent venir maintenant, se dit-on. On saura les recevoir, et ils se souviendront de Soissons.

29 AOUT

L'*Officiel* nous alarme encore : 20,000 hommes, dit-il, auraient traversé Châlons hier. De la cavalerie marche sur Epernay.

Il est défendu aux débitants de boissons d'accueillir dans leurs établissements, une demi-heure après la retraite, les militaires de la garnison.

Quiconque contreviendra à cette mesure aura son établissement fermé pour un temps déterminé.

En vue de besoins pressants, des lits sont offerts par des habitants aisés de la ville, pour les blessés de nos armées. Ces offres sont faites depuis quelque temps. Je les enregistre aujourd'hui avec plaisir.

« L'ennemi a paru dans les départements voisins, écrit le préfet de l'Aisne à ses subordonnés. Le moment est venu de nous préparer à défendre nous-mêmes nos foyers, notre honneur, notre patrie... L'ennemi se brisera devant l'énergie et le patriotisme de tous. Il n'est pas d'épreuves qu'un peuple viril ne puisse surmonter. »

L'*Officiel* ajoute : « Les troupes prussiennes qui, sous les ordres du prince royal, avaient occupé Châlons, semblent se diriger sur Suippes... »

30 août

On apprend en ville la mort, à Paris, où il se trouvait momentanément, de M. Wateau, banquier, président du tribunal de commerce, membre du conseil municipal, âgé de 71 ans.

Mais, faut-il le dire ? cette mort, qui eût fait du bruit en temps ordinaire, n'est guère qu'un détail dans notre existence agitée, tourmentée, pénible.

Le général de Wimpffen, arrivant d'Afrique, pour aller succéder au général de Failly, est passé à la gare de Soissons, où il a serré la main de M. Deviolaine, l'honorable maire de notre ville.

On lit aujourd'hui, dans le *Progrès*, une proclamation que M. de Wimpffen adresse aux habitants du département de l'Aisne, dans lequel il est né :

« L'ennemi, écrit-il, ne pourra, je l'espère, arriver jusqu'à vous avec les masses qui ont envahi les provinces de l'Est ; mais des fractions de corps, quelques cavaliers peuvent venir insulter vos villes et vos villages.

« C'est à vous de savoir les repousser et leur faire payer cher leur audace. Que chaque haie, que chaque fossé, que chaque maison vous servent de remparts.

« Aux armes donc, braves habitants de mon département, et prouvez que partout les envahisseurs de la France trouveront de vigoureux adversaires. »

31 AOUT

Les propriétaires des prés et des jardins situés dans la première zone des servitudes militaires sont prévenus de raser les haies et clôtures de leurs propriétés, et d'abattre les massifs d'arbustes et les arbres pouvant porter préjudice à la défense de la place.

Ceux qui ne se conformeraient pas, dans les vingt-quatre heures, à cet ordre du conseil de défense mettraient l'autorité militaire dans l'obligation de faire exécuter ce travail par la garnison.

Un service de patrouille surveille maintenant la voie ferrée de Soissons à Braine ; mais, au château de Ciry-Salsogne, trois gardes mobiles s'oublient, dit-on, jusqu'à menacer pour avoir des vivres ; et, sur plusieurs endroits du chemin de fer, d'autres gardes mobiles brûlent inutilement leurs cartouches.

Le commandant de place entend que de pareils faits ne se renouvellent pas.

1ᵉʳ SEPTEMBRE

On commence à tendre les eaux de la rivière d'Aisne, de manière à noyer la place dans un grand, dans un vaste rayon ; et aucun bateau ne devra stationner entre le pont de la ville et la passerelle du Mail.

Je lis dans le *Journal officiel* de ce jour :

« Par ordre de M. le ministre de la guerre, cent mille gardes mobiles des départements sont appelés dans la capitale pour concourir à sa défense. »

C'est sans doute par anticipation sur cet ordre qu'un bataillon de nos mobiles (celui de Château-Thierry) est parti il y a cinq jours.

En prévision d'une prise d'armes et afin d'éviter l'encombrement et le désordre qu'engendre toujours un rassemblement spontané, et aussi pour que longtemps d'avance chacun connaisse la place qu'il doit occuper et se rende compte de l'importance de ses devoirs, les dispositions suivantes sont arrêtées :

Aussitôt que le rappel sera battu, et conformément aux règlements sur l'état de siège, la compagnie de pompiers devra se réunir sur la place Saint-Pierre, avec tout son matériel de pompe, pour se porter, le plus promptement possible, aux endroits où se déclareraient des incendies, qu'il est de la dernière importance de ne pas laisser s'étendre. Si le cas se présentait, le lieutenant-colonel commandant la place ne doute pas du concours de toute la population, à laquelle il adresse un appel chaleureux pour faire la chaîne et s'abstenir de tout tumulte et tout désordre qui sont quelquefois plus préjudiciables que l'incendie lui-même, lequel, pris avec ordre et sang-froid dès le début, peut facilement et promptement être éteint.

Les pompes sont réparties ainsi dans Soissons : une à l'Hôtel de Ville, une à l'abattoir, une à l'hôpital, une à la place Saint-Pierre, une au théâtre, une à la place de la Cathédrale.

La première compagnie de la garde nationale se réunira sur la Grand'Place, comme réserve du 2ᵉ bataillon de la garde mobile, qui occupera les courtines depuis la rue Saint-Remi jusqu'à la poudrière Saint-Léger.

La deuxième compagnie se réunira dans la rue de l'Hôpital, la droite à la hauteur de la rue de Panleu, à la portée du 15ᵉ de ligne, qui occupera les courtines depuis l'Arquebuse jusqu'à la rue Saint-Remi.

La troisième compagnie se réunira rue Messire-Pierre-Leroy, faisant face à l'église Saint-Waast, comme réserve du 6ᵉ bataillon de la garde mobile, qui occupera toutes les courtines de Saint-Waast.

La quatrième compagnie se rendra sur la

place de la Cathédrale pour se porter où sa présence deviendra nécessaire, mais principalement pour maintenir l'ordre, s'il y avait des incendies.

Afin de donner à tout le monde la facilité de prendre un repos nécessaire, le service doit être établi par tiers : le premier tiers sous les armes, le deuxième tiers de piquet, prêt à marcher, le troisième tiers au repos complet.

Et une fois la ville investie, la batterie de rappel de la garde nationale n'aura jamais lieu sans un ordre du commandant de place.

2 SEPTEMBRE

Dans sa séance de ce jour, et par suite de nouveaux ordres du ministre de la guerre, le conseil de défense a décidé que tous les propriétaires des maisons situées dans la première zone, à la queue des glacis, et sur une distance d'environ cent cinquante mètres, devaient être invités à opérer immédiatement leur déménagement et à déblayer de tous matériaux l'intérieur de leurs cours, jardins et hangars, à cause de la démolition possible de ces maisons.

Il est rappelé que les propriétaires des prés, jardins, cours et enclos quelconques, situés dans la première zone, doivent raser les haies, clôtures à claire-voie, clôtures en maçonnerie, massifs d'arbustes et arbres quelconques. En dehors de la première zone jusqu'à l'extrémité de la troisième, on devra faire disparaître tous les massifs d'arbres et dépôts de toutes sortes, ainsi que les excavations pouvant porter préjudice à la défense.

La population est prévenue que ces mesures sont prises par précaution et non dans la crainte d'un péril ou d'un danger immédiat ; il convient, dès à présent, de faire disparaître les obstacles qui pourraient donner de graves inquiétudes pour la défense et dont on n'aurait pas le temps d'opérer le rasement dans une circonstance donnée.

3 SEPTEMBRE

Le fonctionnement du barrage militaire ayant élevé considérablement les eaux de la rivière d'Aisne, la chute d'eau et la force motrice de l'usine hydraulique de Villeneuve qui alimentent la ville d'eaux de sources sont supprimées.

A partir de ce jour, et provisoirement, l'eau de rivière est en conséquence substituée aux eaux de sources de Villeneuve, au moyen d'une machine installée en ville, près le pont ; mais onze fontaines publiques continuent à distribuer de l'eau de Sainte-Geneviève.

C'est aujourd'hui samedi, jour de marché, et, comme d'habitude, il y a en ville beaucoup d'habitants de la campagne. Une panique stupide met en émoi tout Soissons : « Les uhlans sont à la gare », dit-on. Alors on court, on s'enfuit, on se presse aux portes ; des militaires qui sont occupés aux travaux de défense abandonnent également leur besogne ; et puis, voici ce que l'on apprend :

Des soldats du 15ᵉ de ligne étaient en reconnaissance sous Sainte-Geneviève. L'un d'eux déchargea inutilement et maladroitement son fusil. Les autres firent de même et vraiment sans raison. Le bruit de la détonation parvint à la gare. Là on crut à l'arrivée de nos ennemis. De la gare cette erreur gagna la ville, avec une promptitude que l'on devine, et aussitôt toute la population d'être en émoi.

Une souscription ouverte à Soissons, depuis quelque temps, pour offrir une épée au maréchal Mac-Mahon, élève le chiffre des dons à 725 francs. C'est fort bien ; mais quand trouvera-t-on une heure de répit afin de pouvoir atteindre le but que l'on se propose ? Je l'ignore absolument. Je ne sais plus qu'une chose aujourd'hui, et je la mentionne : c'est que trois officiers, tout particulièrement et avantageusement connus ici, viennent de recevoir la récompense de bons et grands services qu'ils ont rendus au pays : M. Bréger, colonel du 18ᵉ de ligne, est nommé commandeur de la légion d'honneur, et les capitaines de Tugny et Abadie, blessés, sont fait chevaliers du même ordre.

4 SEPTEMBRE

Un ordre de la place, dont voici un extrait, est porté à la connaissance des troupes :

« L'alerte d'hier a donné lieu à un tumulte et à un désordre qu'il est de la dernière importance d'éviter à l'avenir.

« Il faut, en premier lieu, que chacun se pénètre bien que les troupes chargées de la défense d'une place à l'état de siège n'ont pas pour mission de défendre les alentours à une certaine distance ; ce qui pourrait les entraîner fort loin et priver la place de ses défenseurs.

« Si une des patrouilles qui éclairent les approches de la place, rencontre un parti ennemi, il faut, avant de se replier, qu'elle se rende bien compte de sa force et de sa direction et fasse suivre de loin ses mouvements, tout en se retirant sur son poste, dont elle a fait prévenir le chef, lequel envoie de suite la moitié de son monde en troupe de soutien.

« L'officier de garde fait avertir le commandant de place, sans répandre l'alarme dans la ville, toujours si facile à émouvoir ; il fait avertir aussi le chef de poste de la place d'armes, de renforcer son poste, et se tient toujours prêt à fermer les barrières et à lever les ponts-levis.

« Sous aucun prétexte que ce soit, à moins d'un ordre bien formel du commandant de place ou du commandant du génie, les travailleurs ne doivent quitter leurs chantiers.

« Tous ces travaux sont de la dernière importance, et tous les retards qu'on apportera à l'exécution peuvent avoir des conséquences excessivement graves pour la ville que nous devons défendre avec la plus grande énergie. »

Le général d'Exéa, commandant la première division du troisième corps d'armée, passe à Soissons, venant de Reims. On requiert pour lui, à la mairie, une voiture de place, et on demande aux bouchers d'abattre immédiatement, pour sa division, des animaux pouvant produire ensemble onze mille rations de viande à raison de trois cents grammes l'une.

Les charrons et charpentiers de la ville et des environs sont requis de travailler aux palissades qui doivent garnir les abords de la place.

Par décision du conseil de défense, les autorités civiles sont autorisées à donner toutes garanties à la charge de l'Etat aux cultivateurs qui feront entrer dans Soissons les animaux nécessaires à l'approvisionnement en viande de la garnison pendant trois mois, pour cinq mille hommes.

On va en conséquence presser l'entrée des bestiaux dans la ville, et M. Demoncy, ancien boucher, en fera la réception et l'estimation. Les états qu'il dressera à ce sujet serviront de base à la délivrance des mandats de paiement du prix.

De bien tristes nouvelles sont arrivées cette nuit (les désastres de Sedan), et notre douleur est extrême. Pour se renseigner aussi amplement que possible, on se visite, on s'aborde ; on se groupe sur le seuil des habitations, dans les rues, sur les places publiques ; on raisonne, on s'anime. Et, d'autre part, le gouvernement, par l'organe de son *Journal officiel*, confirme notre défaite en ces termes :

« Français,

« Un grand malheur frappe la patrie !

« Après trois jours de luttes héroïques soutenues par l'armée du maréchal Mac-Mahon contre trois cent mille ennemis, quarante mille hommes ont été faits prisonniers.

« Le général Wimpffen, qui avait pris le commandement de l'armée en remplacement du maréchal Mac-Mahon, grièvement blessé, a signé une capitulation.

« Ce cruel revers n'ébranle pas notre courage.

« Paris est aujourd'hui en état de défense.

« Les forces militaires du pays s'organisent.

« Avant peu de jours, une armée nouvelle sera sous les murs de Paris ; une autre armée se forme sur les rives de la Loire.

« Votre patriotisme, votre union, votre énergie sauveront la France.

« L'empereur a été fait prisonnier dans la lutte.

« Le gouvernement, d'accord avec les pouvoirs publics, prend toutes les mesures que comporte la gravité des événements.

« *Le conseil des ministres,*

« Comte DE PALIKAO, *ministre de la guerre ;* — Henri CHEVREAU, *ministre de l'intérieur ;* — Amiral RIGAULT DE GENOUILLY, *ministre de la marine ;* — GRANDPERRET, *ministre de la justice ;* — MAGNE, *ministre des finances ;* — Baron Jérome DAVID, *ministre des travaux publics ;* — Prince DE LA TOUR D'AUVERGNE, *ministre des affaires étrangères ;* — BRAME, *ministre de l'instruction publique ;* — Clément DUVERNOIS, *ministre de l'agriculture et du commerce ;* — BUSSON-BILLAULT, *ministre président le conseil d'Etat.* »

Cela s'appelle une proclamation ; c'est vraiment épouvantable ; aussi, de nombreux habitants vont-ils fuir la ville pour éviter les dangers qui s'annoncent.

Mais (est-ce pour nous rassurer ?) le commandant de place fait savoir que sous quelques jours nous allons recevoir trois batteries d'artillerie, que la place va être dans un état parfait de défense, que la troupe, comme la garde nationale, est animée d'un élan vraiment remarquable, qu'il faut donc que la population envisage avec sang-froid et surtout avec courage la position de l'état de siège, et que, par son attitude énergique, la ville voit son nom placé à la suite de ceux de Strasbourg, Phalsbourg, Verdun, Thionville, qui ont été acclamés comme ayant bien mérité de la patrie.

Il recommande d'éviter les attroupements inutiles, qui présentent non seulement des dangers, mais qui sont très nuisibles à l'exécution des ordres.

Il demande qu'on éloigne de la ville les gens susceptibles de troubler la tranquillité publique, tels que les repris de justice, les individus reconnus comme n'ayant pas ou n'ayant que peu de moyens d'existence par suite d'inconduite.

Et à partir d'aujourd'hui les personnes étrangères à Soissons ne pourront être admises dans la ville, si elles n'ont un logement assuré et des approvisionnements complets pour trente jours.

Bien plus, les habitants de Soissons qui ont recueilli des étrangers doivent en faire la déclaration immédiatement à la mairie, et prouver que ces étrangers sont pourvus d'approvisionnements pour un mois.

Le conseil de défense n'a pas encore arrêté l'abatage des maisons qui sont dans la première zone, mais de nouveau on prévient les habitants de ces maisons de commencer leur déménagement le plus tôt possible.

Le commandant de place promet d'informer le maire de la mesure de démolition aussitôt qu'elle sera prise. En attendant, les arbres, les arbustes, les haies, les cloisons, tout est abattu, terrassé, brisé autour de Soissons.

O mon pauvre pays, que t'est-il réservé ? que vas-tu devenir ? Les uns admettent ce sacrifice sans mot dire ; mais ce matin j'ai vu des jardiniers pleurer amèrement sur ce qu'ils perdaient. Ah ! c'est que ces pauvres gens ne possèdent pas autre chose. On leur promet bien une indemnité, mais qu'elle sera-t-elle, et quand la toucheront-ils ?

Enfin, le soir de ce jour, on proclame la république, à son de caisse. Je me rends à l'une des stations du crieur public, ou plutôt de l'agent de police qui fait la publication, et je constate dans cet endroit (près de l'église Saint-Léger) que la lecture des noms des membres du gouvernement parisien est loin d'exciter l'enthousiasme.

5 SEPTEMBRE

On apprend avec regret que M. le baron de Barral, sous-préfet de l'arrondissement depuis 1863, recevant hier une dépêche qui lui annonçait la proclamation de la république à Paris, a pris immédiatement la résolution de se retirer. Nommé par le gouvernement impérial, il estime qu'il ne peut pas être l'homme du gouvernement naissant, mais il prend place dans les rangs de la garde nationale de Soissons.

Le conseil de défense, considérant que l'ennemi a été signalé à Reims et qu'il pourrait se présenter devant la place de Soissons dans un court délai, décide qu'à compter d'aujourd'hui, six heures du soir, les ponts-levis resteront constamment levés et que le service journalier des travailleurs se fera par les poternes.

Cette mesure est annoncée par le maire aux habitants, et il est enjoint à la population flottante d'avoir à quitter la place aujourd'hui pour cinq heures de l'après-midi, délai de rigueur.

Ordre est aussi donné d'abattre une balustrade qui est au-dessus de la porte dite de Reims et qui ne me paraît pourtant gêner en rien la défense.

Le commandant de place fait appel aux sentiments d'honneur et de loyauté de la garnison. « Nous avons tous pour le moment un devoir à remplir, dit-il, c'est celui de nous opposer à la marche triomphante de l'ennemi ; réunissons donc tous nos efforts pour ne pas manquer à la confiance que le gouvernement met en nous. »

M. Carpentier étant nommé, depuis quelques jours, lieutenant-colonel du 17e régiment de marche, ou plutôt lieutenant-colonel commandant en chef des 2e et 6e bataillons de la garde mobile, M. d'Auvigny, son neveu, capitaine de la même arme, est nommé commandant aux lieu et place de M. Carpentier, c'est-à-dire commandant du 2e bataillon de la garde mobile.

Le *Journal officiel* — hier *de l'Empire français*, aujourd'hui *de la République française* — parvient à Soissons. Daté du lundi 5, il porte, sous la date du 4, deux proclamations :

« Français, dit la première,

« Le peuple a devancé la Chambre, qui hésitait. Pour sauver la patrie en danger, il a demandé la république.

« Il a mis ses représentants, non au pouvoir, mais au péril.

« La république a vaincu l'invasion en 1792. La république est proclamée.

« La révolution est faite au nom du droit, du salut public.

« Citoyens, veillez sur la cité qui vous est confiée ; demain vous serez, avec l'armée, les vengeurs de la patrie.

« Emmanuel ARAGO, CRÉMIEUX, DORIAN, Jules FAVRE, Jules FERRY, GUYOT-MONT-PAYROUX, Léon GAMBETTA, GARNIER-PAGÈS, MAGNIN, ORDINAIRE, A. TACHARD, E. PELLETAN, E. PICARD, Jules SIMON.

Quant à la seconde proclamation, elle se compose de ces quelques lignes :

« Citoyens de Paris,

« La république est proclamée.

« Le gouvernement est nommé d'acclamation.

« Il se compose des citoyens Emmanuel Arago, Crémieux, J. Favre, J. Ferry, Gambetta, Garnier-Pagès, Glais-Bizoin, Pelletan, Picard, Rochefort et J. Simon. »

6 SEPTEMBRE

La journée commence par un désastre. Deux détonations épouvantables retentissent dans la ville.

— C'est le canon, dit l'un.

— C'est l'ennemi, dit l'autre.

Non, rien de cela encore contre nous. C'est nous-mêmes qui continuons la belle œuvre de destruction que nous avons commencée il y a quelque temps, en brûlant et en démolissant nos faubourgs, en abattant et en déchirant çà et là la riante ceinture d'arbres verts qui nous entourait, pour ainsi dire ; c'est, en un mot, le beau pont du chemin de fer, jeté sur l'Aisne, à Villeneuve, qui saute de par ordre du conseil de défense, et c'est aussi, je crois, le petit pont de la même voie, situé dans la plaine Saint-Médard, qui subit pareil sort.

L'ennemi est d'ailleurs dans le département de l'Aisne. Il sera bientôt chez nous, à moins que la fière circulaire Jules Favre que le télégraphe nous apporte ne mette fin à l'horrible guerre que nous soutenons avec une insuffisance si désastreuse :

« Le roi de Prusse a déclaré qu'il faisait la guerre non à la France, mais à la dynastie impériale, dit le nouveau ministre des affaires étrangères. La dynastie est à terre ; la France libre se lève.

« Le roi de Prusse veut-il continuer une lutte impie qui lui sera au moins aussi fatale qu'à nous ?... Libre à lui... Nous ne céderons ni un pouce de notre territoire, ni une pierre de nos forteresses. »

Il est arrivé ici un général de division ; c'est

le marquis de Liniers. Il lance l'ordre du jour suivant :

« Le général commandant la 4ᵉ division militaire fait connaître aux troupes de la garnison et aux habitants de Soissons que, par ordre du ministre de la guerre, il prend le commandement supérieur de la place.

« Dans les circonstances graves où nous nous trouvons, le maintien de la discipline la plus sévère est avant tout un devoir impérieux pour lui : un conseil de guerre va être immédiatement organisé. Il sera appelé à juger, conformément aux lois militaires, tout individu qui se rendra coupable de déprédation ou d'indiscipline. Les décisions prises par ce conseil seraient immédiatement exécutées avec la dernière rigueur.

« Le général fait appel au patriotisme et au dévouement de tous pour éviter la sévérité des mesures devant lesquelles il ne reculerait pas.

« Au quartier général, à Soissons, le 6 septembre 1870.

« *Le général de division,*
commandant la 4ᵉ division militaire,

« Signé : Marquis DE LINIERS. »

Le général donne ensuite un autre ordre qui nécessite l'arrêté municipal que voici :

« Le maire arrête :

« A partir de ce jour, les cafés, cabarets et autres débits de boissons devront être fermés à 8 heures 1/2 du soir, sous peine de retrait d'autorisation et de suppression immédiate des établissements dont il s'agit. »

Puis, bientôt, il requiert que trois omnibus soient mis à la disposition de son quartier général pour le conduire, à trois heures et demie, à Compiègne, où il doit s'embarquer pour Paris, conformément à des ordres qu'il vient de recevoir du ministre de la guerre.

Et voilà la ville de Soissons, qui avait demandé, écrivons-le maintenant, qui avait demandé à cor et à cri un général à sa tête, voilà la ville retombée sous le gouvernement du commandant de Noüe !

Le maire, se faisant l'organe du conseil municipal et de ses concitoyens les plus dévoués, prie le commandant de place de réclamer, en sus de cent artilleurs que nous avons, deux bataillons au moins de soldats bien exercés et disciplinés, pour arriver à une défense plus complète et pour rassurer la population.

L'*Argus* paraît ; c'est son jour, c'est dimanche ; il annonce la république et ne perd pas l'espoir : « De la patience dans tous les cœurs, dit-il, une arme dans toutes les mains, et nous nous sauverons du désastre. »

Le ministre de l'intérieur télégraphie cependant aux préfets, sous-préfets et maires :

« L'ennemi se rapproche de plus en plus de Paris. » Et ce ministre ajoute : « Nos troupes se replient vers la capitale. Le gouvernement et la population déploient une égale activité pour préparer la résistance...

« La république a été acclamée avec enthousiasme. »

Des troupes du corps Vinoy étaient campées hier à la gare et sur l'avenue de la Gare. Elles venaient de Laon. Elles sont parties. Quelques scènes fâcheuses ont eu lieu. Le fait est expliqué dans cet ordre de la place qui m'est communiqué :

« Le commandant regrette les scènes de désordre qui ont eu lieu hier soir. Que les hommes aient confiance dans leurs officiers ; nous ne les abandonnerons jamais. La ville est approvisionnée pour trois mois en pain, viande, café, etc, et en munitions. La famine n'est donc nullement à craindre. Le départ de la division campée à la gare doit être considéré comme une cause de sécurité pour nous ; car cette troupe aurait pu nous priver d'une partie de nos vivres et de nos munitions. Nous sommes donc dans d'excellentes conditions pour résister à des forces considérables ; pour cela, il suffit que chacun fasse son devoir ; le commandant compte que personne n'y faillira. »

7 SEPTEMBRE

Aujourd'hui, 7 septembre, il nous est réservé de lire avec surprise ce second et dernier ordre du jour du général de Liniers :

« Ordre du jour.

« Le général commandant la 4e division militaire a reçu du ministre de la guerre l'ordre de se rendre immédiatement à Paris, au moment où il faisait appel au patriotisme des habitants de la ville de Soissons et où il s'apprêtait à concourir avec eux à la défense de la ville.

« Le général quitte avec beaucoup de regret cette brave et loyale population de Soissons, qui fera son devoir dans les graves circonstances que nous traversons et dont le dévouement sera certainement à la hauteur des épreuves qu'elle peut avoir à supporter.

« *Le général
commandant la 4e division militaire,*
« Signé : Marquis DE LINIERS. »

Par dépêche télégraphique, le ministre de la guerre annonce pour aujourd'hui l'arrivée d'une batterie d'artillerie venant de La Fère.

Enfin ! Nous aurons donc encore quelques vrais artilleurs.

Maintenant « il nous faut de la confiance, dit le commandant de place à ceux qui n'en ont pas en lui, et pas cette inquiétude vague qui perce et réagit sur la population, dont la masse est pleine d'énergie. Nous n'avons aucune sortie à faire ; la place est bien armée de bouches à feu, notre genre de défense est donc très facile. Appuyée par la garde nationale sédentaire, la garnison suffira. »

Le conseil de défense décide que remise lui sera faite d'une liste des ouvriers en bois et en fer pouvant être employés aux travaux de la mise en état de la place. On a l'intention de donner à forfait aux plus capables quelques ouvrages spéciaux, tels que les porte-barrières.

La poudrière n'est pas blindée. On s'occupe aussi de ce travail ; mais quel travail, mon Dieu, et qu'il va donc lentement ! M. Agnellet, ingénieur des ponts et chaussées à Soissons, s'en occupe pourtant, comme d'ailleurs des autres travaux de défense ; mais on dirait que l'on sent l'inutilité de ce que l'on fait, tant l'ardeur laisse à désirer.

Le maire a demandé et obtenu du commandant de place la protection la plus complète pour le commerce de Soissons et notamment le commerce alimentaire.

Mais en retour, comme il est indispensable que la troupe soit nourrie sainement, les fournisseurs sont invités à vendre, surtout à la garnison, aux conditions les plus modérées et eu égard aux prix d'achats.

Si, malgré cette invitation, les prix étaient reconnus excessifs, des mesures seraient prises immédiatement pour sauvegarder l'intérêt de tous.

8 SEPTEMBRE

Le commandant de Noüe porte à la connaissance de la garnison l'article 237 du règlement sur le service des places.

S'il se présente en vue de la ville un parlementaire signalé par un drapeau blanc, les sentinelles éviteront de tirer sur lui et préviendront le chef de poste.

Ordre sera donné au parlementaire de s'arrêter et d'attendre le commandant de place, qui devra être prévenu immédiatement.

Dans les vingt-quatre heures, la passerelle du Mail et les ponts de Pasly et de Pommiers seront minés et sauteront.

La garnison est prévenu de ce triple sacrifice, afin que les détonations qui en seront la conséquence n'amènent pas d'alertes.

Par décision ministérielle de ce jour, notre compatriote M. Adrien Gondallier de Tugny, capitaine d'infanterie démissionnaire, est nommé au commandement d'une compagnie provisoire créée au 15ᵉ de ligne.

M. Gondallier de Tugny prend immédiatement possession de son grade (12).

On est informé que le gouvernement autorise les médecins et infirmiers attachés aux ambulances organisées pour nos soldats, à porter le brassard blanc avec croix rouge, adopté par la convention de Genève, comme signe de neutralité.

Le préfet a donné sa démission ; mais il reste provisoirement à son poste, à cause de l'arrivée de l'ennemi à Laon. En effet une reconnaissance y a paru et un parlementaire prussien s'y est présenté.

Le télégraphe nous apprend ensuite que le général est dans la citadelle, et que tout ce qui était possible a été fait en vue de l'honneur et de l'intérêt du pays.

Quelques militaires échappés des mains de l'ennemi, à Sedan, nous sont arrivés. Ils se sont immédiatement rangés sous le drapeau du 15ᵉ de ligne et prendront part à la défense de notre ville.

9 SEPTEMBRE

Je me suis réveillé brusquement cette nuit. La cause en est encore aux destructions du génie ou du conseil de défense : la passerelle

du Mail était précipitée dans l'Aisne. Quelle..
J'allais dire : Quelle sottise ! mais je me retiens.
C'en est fait aussi du pont de Pasly, il vient
d'être détruit et je déplore amèrement sa perte.
Du reste, le 5, le pont de Condé-sur-Aisne ces-
sait d'être, et hier 8, le pont de Pommiers était
anéanti.

Déjà j'ai noté que les Prussiens avaient fait
invasion dans notre département. Pour notre
malheur, ils sont maintenant dans l'arrondissement de Soissons : on signale leur présence à
Vailly ; ils s'installent dans les habitations après
avoir indiqué sur les murs, sur les portes ou
sur les volets, le nombre des leurs qu'elles
peuvent recevoir.

Que dis-je, à Vailly ? Voici des uhlans sous
nos murs.

La nuit vient. Je me trouve dans une maison
du faubourg Saint-Waast. Une bonne femme y
accourt.

— Ils sont là, ils sont là ! dit-elle effarée.
— Qui ? Où ?
— Les uhlans, à la porte de Crouy !

Je vole vers la porte de Crouy ; mais, chemin
faisant, je remarque que des habitants du quartier s'enfuient vers la ville. « Comme on est
brave ! » me dis-je. Et le fait est que, ne pouvant rien, ces habitants ont raison de s'écarter
du danger, s'il y en a.

Nouvelle panique alors dans la ville.

Mais, renseignements demandés, on parvient à savoir que trois uhlans, suivis de cinq autres, ont été vus près des glacis de la porte de Laon ou de Crouy, par le poste de cette porte, que le chef de poste, M. Loncle, croyant à des parlementaires, leur a crié trois fois : « Qui vive ! » qu'au dernier cri ils ont fait prendre le galop à leurs chevaux, s'effaçant de leur mieux sur la selle, et qu'alors on a tiré sur eux, mais sans succès.

En conséquence de l'ordre du jour du général de Liniers, du 6 de ce mois, le conseil de guerre est ainsi composé :

Président : M. Carpentier, lieutenant-colonel de la garde mobile ;

Membres : MM. Denis, major ; Farjeon, capitaine ; Rousselle, capitaine ; Josset, lieutenant ; Didier, sous-lieutenant ; Cœur, sergent ;

Commissaire du gouvernement : M. Fabry ;

Rapporteur : M. Jacques ;

Greffier : M. Perrot.

Quant au conseil de défense dont il est et dont il sera souvent parlé dans ce journal, il se compose de MM. de Noüe, lieutenant-colonel commandant la place ; Roques-Salvaza, commandant d'artillerie ; Mosbach, commandant du génie ; le major Denis, commandant du

15ᵉ de ligne ; Carpentier, lieutenant-colonel de la garde mobile ; d'Auvigny, commandant du 2ᵉ bataillon, et Fitz James, commandant du 6ᵉ bataillon de la même garde.

10 SEPTEMBRE

Les Prussiens avancent sur nous. Notre investissement se prépare ; ensuite viendra probablement le bombardement de la ville ; et alors... à la grâce de Dieu ! En attendant, trois ambulances particulières viennent d'être organisées dans Soissons, près des trois portes principales de la ville. C'est l'œuvre de plusieurs habitants qui se sont assuré le concours de médecins, de religieuses et de prêtres.

Et puis, on remarque, sur la montagne de Sainte-Geneviève, quelques cavaliers ennemis.

Midi vient de sonner. Un parlementaire prussien, accompagné de trois ou quatre cavaliers, se présente à cheval, ici, à la porte de Reims. La foule s'amasse. Des soldats font la haie. Le parlementaire est mis en présence du commandant de Noüe et lui demande, de la part d'un maréchal qui commande le corps d'armée auquel il appartient, quelles sont les intentions de la place.

Le commandant lui répond que le maréchal ne doit pas ignorer qu'un officier n'a qu'une ligne de conduite et doit remplir jusqu'au bout la mission qui lui est confiée, que la place est bien armée, qu'elle a une garnison imposante et animée du meilleur esprit, que les habitants sont prêts à tous les sacrifices, que tout le monde, en un mot, est disposé à s'ensevelir sous les murs, plutôt que de se rendre.

Le parlementaire demandant ensuite si le passage dans les environs de la ville est libre, le commandant lui répond que les Prussiens exposent leur vie s'ils viennent sous le feu de nos canons ou à la portée de nos fusils.

Sur ce, le parlementaire salue et se retire avec son escorte. Le commandant de place écrit au maire une partie de ce qui vient de se passer, et le maire fait publier à son de caisse la lettre qu'il a reçue.

Grande est l'émotion publique. Le moment est grave. L'heure du siège semble sonnée, et des mesures en conséquence vont être prises. Ainsi le cimetière étant situé à une certaine distance de la ville, au-delà des fortifications, il est décidé que le jardin de l'hôpital, situé intra-muros, sera converti en cimetière provisoire. Plus que jamais il faut empêcher les rassemblements. Il est nécessaire d'avoir à tous les étages des maisons, et particulièrement dans les greniers, des récipients pleins d'eau, et d'être toujours prêts, en cas d'incendie, à faire la chaîne sans compter sur la troupe, qui ne peut quitter sa place de défense.

On continue les démolitions de par ordre du génie; et les eaux inondent la plaine depuis la route de Laon jusqu'à la route de Château-Thierry, côtés Est et Midi de la ville.

Une 5e compagnie de la garde nationale s'est formée. On l'appellera la compagnie des volontaires, car elle est composée d'environ deux cents hommes de bonne volonté et auxquels la mairie a distribué un insigne distinctif. Un lieu de réunion est assigné à cette compagnie, dans la ville, c'est la place du Cloître.

11 SEPTEMBRE

Toutes les communications postales avec nous vont être rompues. Un courrier nous arrive bien encore de Paris par la route de Compiègne, mais cette route est devenue dangereuse. Et si de cette direction nous devons recevoir encore quelques dépêches, ce sera grâce à l'habileté de certaines personnes. Nous allons vivre de notre propre vie ; les Prussiens vont nous tenir dans leurs serres puissantes, et notre situation sera telle jusqu'aux jours plus malheureux encore où sans doute ils nous écraseront.

Un nouveau sous-préfet, M. d'Artigues, nous est donné. Il s'annonce par une proclamation de laquelle je retiens ceci : « Ne discutez pas l'utilité plus ou moins grande d'une résistance désespérée ; laissez de côté tout intérêt personnel ; il ne s'agit plus aujourd'hui que de nous montrer dignes du nom de Français. » Et prochainement il se rendra à Villers-Cotterêts pour stimuler le zèle des patriotes, engager la garde nationale à mettre la gare en état de défense et à arrêter l'ennemi au passage. En outre, il demandera que le feu soit mis au port à bois. Mais ces idées, plus théoriques que pratiques, sont jugées inutiles, et le sous-préfet revient sans succès à Soissons.

12 SEPTEMBRE

On dit, depuis deux jours, que la citadelle de Laon est sautée, tuant mobiles et Prussiens, jetant la terreur dans la ville de Laon, dans le faubourg de Vaux, et ruinant les habitations. Les rapports à ce sujet sont des plus contradictoires ; les renseignements ne s'accordent pas du tout ; mais le fait en lui-même ne paraît pas douteux ; il impressionne, il inquiète douloureusement et il navre ceux qui ont plus particulièrement des rapports, des relations ou des liens de famille avec les habitants du chef-lieu du département de l'Aisne.

Les dépêches de Paris font défaut ce matin. L'investissement s'accentue. Notre ignorance des choses d'autrui prend des proportions imprévues.

Un jeune mobile de notre garnison tire sur un Prussien, entre Soissons et Crouy. Le Prussien, qui était à cheval, tombe à terre. Le mobile se jette sur lui. Le Prussien se débarrasse, laissant un pistolet aux mains du mobile. Celui-ci rentre en ville avec le témoin de son courage. On le nomme, on le désigne, il s'appelle Erigny, il est de Sains-Richaumont, arrondissement de Vervins.

Ovation méritée.

Cela se passe dans l'après-midi ; mais ceci se passe un peu avant le soir :

Quatre ou cinq Prussiens arrivent dans le faubourg de Reims, avec une charrette attelée. Ils se trouvent égarés, perdus. Ils se livrent à nous. Ils entrent par la porte de Reims. Il y a foule pour les voir : ce sont nos premiers prisonniers ; mais le commandant d'artillerie les consigne au poste, où, accablés de fatigue, ils tombent sur de la paille. On se dispute quelques bibelots qu'ils ont sur eux et qu'ils offrent à ceux qui peuvent les approcher. J'emporte pour ma part une capsule et je la montre triomphant, tandis que mon voisin exhibe complaisamment un thaler.

O bêtise humaine !

Une reconnaissance a lieu de la part de la

garnison de Soissons, sur plusieurs points environnants. Des hommes du 2ᵉ bataillon de la garde mobile sortent effectivement de la ville, avec leur commandant d'Auvigny, et se dirige sur Presles et Mercin. Deux compagnies, sous les ordres du lieutenant-colonel Carpentier, gagnent Vauxbuin. Et des hommes du 15ᵉ de ligne s'élancent sur la montagne de Sainte-Geneviève.

Résultat : plusieurs cavaliers prussiens ont été vus ; on a tiré sur eux ; ils ont pris la fuite.

13 SEPTEMBRE

Un ordre de la place est écrit par le commandant. Je le case ici, à sa date :

« Hier, à six heures, à l'arrivée de quelques déserteurs prussiens, des hommes logeant en ville sont sortis en armes ; le commandant de place le défend expressément. Lorsque les hommes sortent en armes, ils doivent se réunir aux points indiqués pour les réunions des compagnies ; puis ils sont rassemblés par leurs chefs.

« Des coups de feu ont été tirés cette nuit, près de la poudrière, en un point où l'ennemi ne peut arriver. Il est recommandé aux sentinelles de ne pas faire feu la nuit, sans aucun motif. »

Les grandes communications de la ville avec le dehors sont rompues par l'investissement de notre place à certaine distance. Il convient maintenant de faciliter les achats et paiements dans l'intérieur de Soissons. En conséquence, les commerçants sont invités à se présenter à la recette particulière, au moins tous les deux jours, pour y déposer la monnaie d'or ou d'argent qu'ils auront reçue et pour l'échanger.

D'un autre côté, la population est prévenue, afin de ne pas distraire les hommes des travaux de défense auxquels ils se livrent et afin de ne pas encombrer inutilement les remparts, que toute circulation est interdite dans ces endroits, de 6 heures du matin à 9 heures et de 12 heures à 4 heures 1/2.

Il est aussi interdit, d'une manière formelle, de vendre n'importe quelle boisson aux soldats établis dans les tentes, en dedans des fortifications.

Je me souviens des Prussiens faits prisonniers hier soir. Ils ont été conduits à la maison d'arrêt. J'obtiens une entrée pour cette maison. J'arrive devant nos ennemis. Je cause avec eux. J'apprends qu'ils ne se sont pas encore battus et qu'ils ont horreur de Paris. Je ne les crois pas braves, mais je les trouve convenables et cela me contrarie, car j'aurais voulu rencontrer en eux des types de bêtes féroces, pour pouvoir les bien maudire ; mais non, ils sont calmes, polis ; ils se lèvent même à mon approche, me démontent ainsi, et je finis (je le confesse) par leur promettre, sur leur demande, quelque ouvrage écrit en allemand qui pourrait adoucir leur captivité ; bien plus (je le confesse encore), je tiens ma promesse, et ils me témoignent leur reconnaissance.

14 SEPTEMBRE

Des soustractions de pain sont commises dans l'intérieur des corps de la garnison, par des hommes qui vendent ce pain pour se livrer à la boisson.

Les habitants sont prévenus qu'il est expressément défendu, sous peines très sévères, d'acheter du pain de munition, et, par la même occasion, il est interdit d'enlever, sur les glacis, des bois d'abatage ou provenant de démolitions.

Quarante dragons prussiens sont à deux kilomètres de Soissons, à la Chaumière. Ils boivent et mangent, puis emportent du vin pour des officiers qui se trouvent dans le voisinage. Préjudice pour le propriétaire, 60 fr. Et il en sera de la sorte bien souvent pour lui.

Notre canon a parlé ce matin, entre 9 et 10 heures, pour la première fois. M. Ernest

Ringuier, artilleur volontaire, autorisé par M. Josset, lieutenant d'artillerie, a tiré du rempart de la porte Saint-Martin, sur un groupe de cavaliers prussiens qui s'aventuraient en deçà du passage à niveau, à l'extrémité du faubourg de Reims.

Ils ont été balayés ; toutefois on ne croit pas qu'ils aient été tués, et à onze heures nous tirons de nouveau.

Mais un incident plus remarquable s'est produit dans la première partie de la journée.

Un second parlementaire s'est présenté devant la place, envoyé par le commandant du 4e corps prussien (13). Ce parlementaire ayant posé au commandant français la question de la reddition de la ville, ce dernier a répondu qu'elle était en parfait état de défense, et que la population, aussi bien que la garnison, était décidée à conserver à la France la place importante de Soissons.

Un ouvrier serrurier de Vignolles arrive en ville ; il raconte et chacun répète ce fait avec indignation :

Avant-hier, lundi 12, vers 3 heures de l'après-midi, revenant de Vignolles, j'ai vu, au lieudit *Le Clos-du-Collège*, dans un groupe de seize Prussiens, un braconnier de la pire espèce serrer la main à plusieurs de ces Prussiens qui lui demandaient le chiffre des troupes occupant

Soissons ; et je l'ai entendu leur dire : « Il n'y a que quatre mille hommes. Ce ne sont que des mobiles. L'endroit le plus convenable pour bombarber Soissons, c'est la montagne de Presles ; vous pouvez y aller. »

— Horreur ! infamie ! malédiction sur ce drôle, sur ce misérable, si le fait est certain.

Cet après-midi l'ennemi a répondu à notre feu. Il s'est arrêté sur la montagne de Sainte-Geneviève, et de là a lancé sur la ville trois projectiles dont j'aurai longtemps dans les oreilles le sifflement infernal. L'un d'eux a enfoncé le toit de la maison portant le n° 4 de la rue Frizebois. Les deux autres ont passé par dessus la ville et nous ont épargnés sans le vouloir.

Il est fait appel aux sentiments patriotiques des habitants pour les engager à verser dès à présent les contributions du restant de l'année, car nos communications avec Laon et Paris sont totalement interrompues, et il importe d'obtenir les fonds nécessaires au service de la troupe.

15 SEPTEMBRE

Le conseil de défense interdit toute batterie ou sonnerie pendant le jour, mais il décide que la retraite sera battue avec le concours de tous les tambours et clairons de la garde nationale.

Il faut bien imposer à l'ennemi, qui nous entend.

On enterre maintenant dans le jardin de l'hôpital, le cimetière ordinaire présentant des dangers qu'il est bon d'éviter.

Laon fait le sujet de la plupart des conversations depuis l'autre jour.

L'ancien séminaire, le palais de justice y attenant, le collège situé non loin de là seraient très éprouvés. La cathédrale n'a, dit-on, plus de vitraux. Décombres, ruines, cadavres, tout cela se voit dans notre chef-lieu de département et produit la plus vive émotion.

C'est au moment où la ville capitulait que l'événement a eu lieu. Six jours se sont écoulés depuis, et nous ne sommes encore renseignés qu'incomplètement, tandis qu'en temps de paix, et à l'aide du télégraphe, nous saurions tout en moins d'un quart d'heure.

Pour les besoins de la place de Soissons, trois stations télégraphiques sont établies : une à la porte de Reims, une à la porte de Laon, une chez le commandant de place même.

Les manuscrits de la bibliothèque de la ville, les tableaux de notre musée et les registres de l'état-civil viennent d'être mis à l'abri des projectiles prussiens, dans les souterrains de l'hôtel de la mairie. Bonne mesure.

Jusqu'à présent la garnison s'est quelque peu livrée au maraudage. Il est rappelé que le maraudage est formellement interdit et que les hommes qui s'y livreront seront traduits devant le conseil de guerre.

Il me parvient quelques détails rétrospectifs :

Dès le 9 de ce mois, dans l'après-midi, une dizaine de hussards prussiens s'étaient présentés à cheval à la ferme de la Chaumière. Ils avaient demandé et obtenu du pain et du vin ; ils ont absorbé ces choses sans mettre pied à terre et sont partis par la route de Reims.

Le 14, le parlementaire prussien nous est venu de cette ferme, et un lieutenant a emporté de notre premier coup de canon un projectile qu'il avait failli recevoir.

Dans l'après-midi du même jour, des détachements d'artillerie et de landwehr peuplaient les bois de Billy, de Bellevue et la route de Reims, traversaient la Chaumière, arrivaient jusqu'à Orcamp, puis se repliaient sur Venizel et Billy qu'ils envahissaient complètement et qu'ils dévalisaient affreusement.

Au château de Bellevue, ils fouillaient, furetaient partout, s'appropriaient le meilleur vin du propriétaire, M. de Viefville, et lui volaient un cheval, plus une voiture pour conduire ce vin ailleurs.

16 SEPTEMBRE

Malheureusement le temps est splendide. Aussi les Prussiens, ne pouvant prendre le chemin de fer à Soissons par suite de la rupture de la voie au tunnel (en partie détruit) de Vierzy, passent-ils en quelque sorte à travers champs pour se rendre à Paris. De Vailly, de Braine, ils se dirigent entre Soissons et Fère-en-Tardenois, gagnent des villages du canton d'Oulchy-le-Château et poursuivent leur route sans entrave. De Laon, d'Anizy, ils vont à Vic-sur-Aisne par Leuilly-sous-Coucy, par Tartiers, et de cette manière gagnent encore Paris en nous évitant.

« Chaque jour qui s'écoule, dit l'*Argus*, semble rendre de moins en moins probable un siège ou un bombardement sérieux de Soissons. En effet, l'ennemi a-t-il intérêt à laisser devant nous un corps d'armée relativement considérable pour essayer de prendre une ville qui ne se rendra pas, et cela au risque de perdre du monde, du temps et de la poudre ? »

Mais cela est un raisonnement personnel que je constate seulement, comme tant d'autres choses, en passant. De même je constate encore que l'*Argus* est imprimé aujourd'hui dans un format lilliputien. Les communications postales sont détruites. Il ne reçoit plus rien du dehors. Il ne paraîtra plus qu'au fur et à mesure que les nouvelles du dedans devront être portées à la connaissance de ses lecteurs.

On vient d'amener à la maison d'arrêt une dizaine de Prussiens, bravement faits prisonniers à Venizel, par MM. Caze, Delabeaume, Denis, Dumesnil, Lépine, Magueur, appartenant plus ou moins directement à notre garde nationale, et par d'autres Soissonnais dont les noms m'échappent, — tous partis en reconnaissance dans l'après-midi et qu'on disait cernés par un corps d'armée ennemie. Il ne faut donc se fier qu'aux faits mêmes, si l'on veut rester dans le vrai ; et c'est bien ce à quoi je m'attache toujours en écrivant cet humble recueil.

Voici maintenant six autres prisonniers qui nous arrivent de Laffaux ; ils ont été non moins bravement saisis par quelques-uns de nos compatriotes et riverains que je me plais à nommer : MM. Lefèvre, de Juvigny ; Marcel Champion, de la Chaumière ; Chauvin frères, de Laffaux ; Chapelet, de Vauxrains, et Dumont, de Chavignon.

MM. Lefèvre et Champion se rendaient à Laon, pour juger par eux-mêmes de l'étendue de la douloureuse catastrophe que j'ai indiquée il y a quelques jours.

Tout en cheminant, ils virent une voiture chargée de matériel de guerre, attelée de deux chevaux et conduite par une demi-douzaine de soldats de la garde royale.

Immédiatement il leur vint à l'idée de faire un coup de maître et de s'emparer de tout cela pour Soissons. Ils agirent alors en conséquence ; ils allèrent s'armer de fusils à Vauxrains ; ils revinrent sur leurs pas avec M. Chapelet ; ils suivirent la trace des Prussiens et ils les retrouvèrent à Laffaux, chez le maire de la commune, M. Bruneteaux.

A Laffaux, ils communiquèrent leur pensée à MM. Chauvin frères et à M. Dumont, qui l'approuvèrent ; puis, tous convinrent d'un rôle pour chacun d'eux, et bientôt les six Prussiens, couchés en joue, dans une écurie, par MM. Lefèvre, Champion et Chauvin aîné, se rendaient plus morts que vifs.

A ce moment survint M. de Courval fils, de Pinon. Il apprit le fait, le loua très fort et accourut tout heureux, à Soissons, pour prévenir le commandant de place de la capture qui venait d'avoir lieu, et qu'on allait lui présenter.

Tels sont les faits du jour, et je les complète par l'ordre suivant, que M. d'Auvigny, commandant du 2ᵉ bataillon, juge nécessaire de faire pour ses troupes :

« Le commandant rappelle au bataillon que les lois militaires punissent de peines sévères tout homme qui quitte un poste armé pour quelque motif que ce soit, même pour poursuivre l'ennemi. Cette disposition s'applique principalement aux éclaireurs qui ont surtout pour mission de prévenir la troupe qu'ils protègent ; s'ils sont attaqués, ils doivent se borner à répondre en faisant feu et en se repliant sur le gros de la troupe. »

17 SEPTEMBRE

Le conseil de défense a fait sauter hier le pont de Fontenoy et fera sauter aujourd'hui le pont de Vic-sur-Aisne. En outre, le conseil de défense a pris les décisions suivantes, qui sont portées à la connaissance du public par la voie de la presse et par une annonce officielle :

1° Le commissaire de police fera une visite dans tous les hôtels, auberges, cafés et autres lieux publics, pour expulser de la ville tous les individus des deux sexes n'appartenant ni à la population de Soissons, ni à celle de sa banlieue ;

2° Les portes de la ville et les poternes demeureront fermées en permanence au public, et nul ne pourra entrer ou sortir, les mercredis et samedis exceptés, jours pendant lesquels les portes de Soissons livreront passage aux personnes connues des environs et de la ville, le matin de 8 à 9 heures, et le soir de 3 à 5 heures.

3° L'exportation de toute denrée alimentaire ou de marchandise quelconque est formellement interdite sous peine de confiscation.

Encore des prisonniers prussiens : cinq ou six empoignés dans notre faubourg de Reims, où ils se sont aventurés, sont conduits à Saint-Léger, dans une cour, et sont gardés à vue. On dit qu'ils se sont livrés eux-mêmes. « Ce sont des traînards, dit-on aussi, c'est la queue de l'armée. » Et comme si ce n'était pas assez d'aveuglément, on ajoute à tort : « Nous allons être tranquilles. »

Il y a aujourd'hui conseil de guerre au palais de justice. M. Carpentier, lieutenant-colonel de la garde mobile, préside l'audience. Un artilleur du 8e régiment et trois gardes mobiles sont accusés.

L'artilleur s'appelle Louis-François Humbert ; il a tenté de tuer un de ses camarades avec un mousqueton, dans un moment d'emportement. Le conseil le condamne en dix ans de réclusion et à la dégradation.

L'un des mobiles se nomme Ferdinand Pamard et appartient au 6e bataillon. Étant ivre, il a menacé de mort un sergent-fourrier. Reconnu coupable, il est condamné à un an de prison.

Le deuxième mobile est Louis-Ernest Bocahu, également du même bataillon. Son crime serait d'avoir outragé par paroles et menaces un sergent-major ; mais, défendu par Mᵉ Choron, avoué, il est rendu à la patrie (14).

Le troisième et dernier mobile répond aux noms d'Isidore Richart et fait également partie du 6ᵉ bataillon. Il s'est montré indiscipliné et a injurié un caporal. Il s'entend en conséquence condamner à une année d'emprisonnement.

18 septembre

Certains sous-officiers ne se conduisent pas très bien à l'agence aux grains, où l'on fait la cuisine pour des mobiles.

Ailleurs des soldats ne se conduisent pas mieux.

Et ailleurs encore on jette la pierre à des officiers.

Il faut bien admettre pourtant qu'il y a quelque réciprocité de la part de plusieurs habitants.

Mais la discipline ou l'indiscipline de nos troupes est l'affaire du commandant de place ; pour moi je ne veux pas la souligner davantage. Nous pourrons (tout me le fait craindre) nous pourrons, dans un temps plus ou moins proche, avoir besoin de nos soldats tels qu'ils sont ; soyons donc indulgents à leur égard.

J'ouvre l'*Argus* du jour, et je remarque qu'il

voit nos choses de guerre tout autrement que moi :

« Quant au siège de Soissons, il n'en est guère question maintenant, dit-il, et quoique nous puissions encore avoir bien des surprises, nous persistons à croire que l'ennemi porte tous ses efforts sur Paris, sans se préoccuper d'une place comme la nôtre, qui immobiliserait un corps d'armée important sans chances réelles de succès. Nous sommes en parfait état de défense et nous ne redoutons pas une attaque. »

L'*Argus* dit également qu'un service postal aura lieu de Soissons par Coucy-le-Château. Est-ce que nous ne serions pas encore investis de ce côté ? Oh ! tant mieux. Mais, en vérité, le contraire était admissible.

Je sors en ville. Il y a rassemblement sur la Grand'Place. Un juif et une juive (une paire d'individus horribles) se sont fourvoyés jusqu'à Soissons, avec une charrette pleine d'objets de toutes sortes qu'ils ont dû voler sur leur chemin. On parle notamment d'un immense pot de beurre fondu qui recélerait un monceau d'or. Mais ils n'en profiteront pas, car on les emmène en prison et on va vendre à l'encan tout ce qu'ils ont soustrait.

Un petit détachement de notre garnison sous les ordres du capitaine Farjeon, vient de rentrer de Vic-sur-Aisne, où il est allé incendier le pont. Par malheur, un de nos soldats, appelé Félix-Eugène Coullaux, originaire de Maizières (Calvados), manque à l'appel : il s'est noyé par accident, tout en se livrant à la triste opération dont lui et ses camarades étaient chargés.

Le commandant du 2ᵉ bataillon adresse ses félicitations au mobile Andrieux, de la 2ᵉ compagnie, qui, ayant trouvé un porte-monnaie, n'a pas hésité à le remettre à son capitaine.

Cet exemple d'honnêteté mérite d'être encouragé, et le commandant espère que, le cas échéant, il serait suivi par tous les hommes du bataillon.

19 SEPTEMBRE

Les propriétaires des bestiaux qui ont été amenés en ville par suite de l'état de guerre sont requis de livrer les animaux nécessaires à l'alimentation de la troupe.

Ces bestiaux n'ont d'ailleurs été acceptés dans la place que pour l'alimentation. Si des propriétaires se montrent récalcitrants, on fera ouvrir les étables et on prendra les animaux.

MM. Poidevin, conseiller municipal, Boutroy, propriétaire, et Demoncy, ancien boucher, sont nommés experts, et tous trois fixent le prix des animaux livrés.

Pour faciliter l'entrée et la sortie de la ville aux jardiniers, possesseurs de troupeaux, cultivateurs, et à tous les habitants connus, des cartes vont être fournies au bureau de la place, sur la proposition de la municipalité, et il en sera fait usage aux portes, de 7 heures à 8 heures, de 12 heures à 1 heure et de 4 heures à 5 heures. Des gendarmes et des employés d'octroi seront désignés pour surveiller, pendant les heures précitées, l'exécution de cette nouvelle mesure que prend le conseil de défense.

Par suite d'observations de la mairie, des ordres sont donnés par la place pour que la circulation sur les promenades des remparts soit libre de 9 heures à 12 heures et de 4 heures et demie à la nuit. La chose avait été promise le 13 de ce mois, mais on oubliait de tenir la promesse.

20 SEPTEMBRE

Un décret en date de ce jour prononce la dissolution des conseils municipaux.

Le *Progrès de l'Aisne* n'est plus qu'un quart de journal : notre investissement est tel, qu'il n'a plus ou presque plus de nouvelles du dehors à publier.

Les bois de Sainte-Geneviève disparaissent en partie sous la fumée ; nous voulons les brûler, à l'aide de pétrole, pour dégager le sommet de la montagne ; mais la végétation est si belle encore qu'elle empêche l'incendie et qu'on sera obligé d'abattre les arbres qui gênent la défense.

Le colonel commandant la place fait connaître que les militaires du 2ᵉ bataillon et dont les noms suivent : Véron et Osselin, sergents, Bros et Picard, caporaux, se sont signalés hier en coopérant à l'arrestation, à Longpont, de l'individu soupçonné d'avoir donné, le 12 septembre courant, des renseignements à l'ennemi sur la place de Soissons. Le colonel leur en témoigne toute sa satisfaction.

21 SEPTEMBRE

Un arrêté de M. le préfet de l'Aisne nomme une commission municipale provisoire.

Et, comme dit le *Progrès* de ce jour : « A Soissons, rien de nouveau. Temps superbe, soleil éclatant, pas le moindre Prussien au bout de nos longues vues. »

Ajoutons toutefois que, depuis quelque temps, la population cache avec un empressement toujours croissant, son mobilier, ses valeurs, son bien.

Heureux celui qui peut trouver un maçon pour venir à son aide.

Passez le soir dans les rues, vous entendrez quelque bruit sourd, ou vous verrez quelque lumière s'échapper des soupiraux. Signe du temps !

Ajoutons encore que ce matin un jeune mobile soissonnais, du nom de Théry, est sorti de Soissons, avec sa sœur, par la porte de Reims, pour aller, sous le costume d'un soldat du 15e de ligne, faire une courte visite dans le voisinage de notre ville, et que des Prussiens se sont emparés de lui, laissant sa sœur en proie à la douleur la plus touchante.

22 SEPTEMBRE

L'artilleur Humbert, condamné le 17 de ce mois, à dix ans de réclusion et à la dégradation militaire, pour tentative de meurtre sur un de ses camarades, s'est pourvu devant le conseil de révision.

Aujourd'hui 22, le conseil de révision, approuvant le jugement du conseil de guerre, il est décidé que ce jugement recevra son exécution le 25.

En conséquence, dit un ordre du commandant de place, une grande parade d'exécution aura lieu dimanche prochain, à 4 heures 3/4, sur la place d'Armes. Toutes les gardes montantes et les hommes qui doivent être de service la nuit sur les remparts y assisteront. Les gardes montantes prendront la droite dans chaque corps, conformément à l'article 155 du règlement sur les places ; le 8ᵉ d'artillerie, corps du condamné, s'y trouvera en entier et prendra la droite des troupes. Il occupera la face perpendiculaire à la prison.

Les autres corps se placeront à la suite du 8ᵉ d'artillerie, faisant face au poste de la place dans leur ordre de bataillon :

Artillerie mobile du Nord, 15ᵉ de ligne, 2ᵉ bataillon de la garde mobile, enfin 6ᵉ bataillon de la garde mobile, qui se placera en équerre.

On se serrera de manière à tenir le moins de place possible.

Tous les tambours et clairons seront présents et se placeront face à la prison sous la direction du tambour-maître du 15ᵉ de ligne.

Le condamné sera à la hauteur du poste de la place, entre les tambours et le peloton d'ordre formé des adjudants, des sergents-majors, des sergents et des caporaux de semaine de chaque compagnie du bataillon, tous en armes.

Les troupes seront sous les ordres d'un officier supérieur de service qui prononcera la formule de la dégradation, conformément aux articles 190 du code de justice militaire et 155 du règlement sur les places.

Un ancien sous-officier le dégradera ; puis le condamné, conduit par un brigadier et quatre hommes du 8ᵉ d'artillerie, passera devant le front des troupes, qui seront au port d'armes.

Il sera ensuite saisi par la gendarmerie et livré à l'autorité administrative comme ne faisant plus partie de l'armée.

Les gardes rejoindront leurs postes, et les hommes de service sur les remparts seront conduits à leurs postes respectifs.

23 SEPTEMBRE

Deux décrets des 16 et 20 septembre courant, ayant prescrit une nouvelle élection des conseils municipaux, les électeurs de Soissons sont convoqués pour le 25 de ce mois.

M. Deviolaine, maire, cesse ses fonctions. Il y a quelque temps déjà qu'il a fait ses adieux à ses concitoyens. Depuis, un poids énorme a pesé sur lui et sur ses collègues de l'administration. C'est encore autant à ajouter à son avoir pour la ville.

Les trois premiers conseillers municipaux inscrits au tableau, ou, sur leur refus, les membres portés à la suite sont placés à la tête d'une commission municipale qui remplace le maire et les adjoints. En conséquence, MM. Dumont, Sugot et Choron, composent cette commission, et MM. Deviolaine, maire, Salleron et Fortin, adjoints, se trouvent remplacés.

M. Fortin était adjoint depuis 1853. Il n'est personne qui songerait à dire qu'il n'a pas bien mérité du pays, tant il a obligé d'habitants (15).

Quant à M. Salleron, en fonctions depuis cinq ans, il reparaîtra bientôt sur la scène administrative, sous un autre titre, et ce sera pour le plus grand bien de la ville.

En attendant, notre canon lance ses projectiles sur certains points occupés par l'ennemi ; puisse-t-il l'anéantir !

24 SEPTEMBRE

Nous apprenons, par un petit supplément à l'*Argus* de ce jour, que les délégués du gouvernement à Tours, adressent aux préfets une dépêche afin de leur dire que la Prusse, pour consentir à un armistice, a osé demander la reddition de Strasbourg, de Toul et du Mont-Valérien, et qu'à d'aussi insolentes prétentions on ne répond que par la lutte à outrance.

L'*Argus* fait suivre cette dépêche de ces paroles :

« La conscience publique est maintenant apaisée. La Prusse a pris sur elle la terrible responsabilité de la guerre.

« La guerre donc, la guerre à outrance, et concours énergique, absolu, au gouvernement de la défense nationale.

« Tel sera le cri de tous les Français. »

Nous continuons notre vandalisme autour de Soissons. Nous abattons des arbres à Sainte-Geneviève et à Villeneuve, dans une reconnaissance dirigée par le commandant de Fitz James et les officiers de Hédouville, Bodelot, Nachet, de Bignicourt et autres.

A Villeneuve, ou plutôt entre Villeneuve et le faubourg de Reims, cela se complique même d'un engagement de notre part avec les Prussiens, dans le but de leur reprendre la gare.

On se bat, en effet, de ce côté pendant tout l'après-midi, et avec le bon concours de M. Denis, lieutenant de la garde nationale. A en juger par la fusillade que l'on entend, la lutte doit être ardente.

Le soir, le commandant du 15e de ligne, M. Denis, un de nos meilleurs officiers et le frère de celui que je viens de nommer ; le commandant du 15e, dis-je, qui s'était mis à la tête de l'engagement, a été ramené gravement blessé au pied. M. Ernest Ringuier, un de nos plus vaillants artilleurs volontaires, déjà cité, a eu l'épaule traversé par une balle. M. Rousselle, autre artilleur volontaire très dévoué, a eu la poitrine également traversée par une balle. En outre, un sous-lieutenant du 15ᵉ, un mobile du 2ᵉ bataillon, plus trois sergents de la ligne, ont été blessés, et deux hommes ont disparu.

Les Prussiens, eux aussi, ont essuyé des pertes ; on ne peut les préciser, mais assurément elles doivent être supérieures aux nôtres.

Une chose positive, c'est que notre lieutenant Denis et nos artilleurs Quemet et Ringuier se sont distingués tout particulièrement.

Cette nuit, une partie de la compagnie de volontaires est allée à Beugneux. Elle y a fait, sous le commandement de M. Blanier, son chef, ainsi que de M. Guyot, de la garde nationale, une capture pleine de hardiesse ; il en revient à plusieurs volontaires divers objets et à moi-même, par ricochet, un affreux cachet aux armes d'un uhlan.

M. Guyot, un antiprussien comme il nous en faudrait beaucoup, était informé de la présence de quinze à vingt de nos ennemis en ce village de Beugneux. Il savait, de plus, que ces soldats s'y conduisaient mal, depuis trois jours, dans deux fermes exploitées par MM. Duval et Moussu. Il résolut alors de débarrasser ces derniers et se concerta dans ce but avec le commandant de Noüe (16).

32 hommes éprouvés, 32 volontaires quittèrent en conséquence notre place hier soir, et voici, me dit-on, ce qui se passa :

Arrivé en pleine nuit à Beugneux, avec les volontaires, M. Guyot, qui connaissait parfaitement la localité, fit cerner les deux fermes et plaça les hommes dans les positions les plus favorables.

Chez M. Duval, on se trouva devant un officier prussien qu'on somma de se rendre. L'officier répondit par trois coups de revolver qui n'atteignirent personne. On riposta sur lui par une décharge immédiate, et il tomba foudroyé avec un de ses soldats. Un vétérinaire était là aussi ; il demanda grâce à genoux, et on se contenta de le faire prisonnier.

Chez M. Moussu, les Prussiens, réveillés par les détonations parties de la ferme de M. Duval, se levèrent en toute hâte, virent ensuite près d'eux plusieurs de nos volontaires et les reçurent par un feu de peloton. Les Français se défendirent, tuèrent un Prussien sur place et en blessèrent deux autres mortellement.

En définitive, on saisit treize survivants de ce double fait d'armes. On s'empara d'environ cinquante chevaux et on ramena le tout à Soissons, sans rencontrer le moindre obstacle sur la longue route qui sépare la ville du village.

25 SEPTEMBRE

Sous cette date, trois ordres du jour sont rédigés par la place et je les transcris :

ORDRE DE LA PLACE

« Le commandant est heureux de remercier la garde nationale du concours qu'elle apporte à la défense de la place. Depuis quelques jours, trois reconnaissances ont été exécutées par la garde nationale : l'une d'elles (celle de Venizel) a ramené dix prisonniers. Dans celle exécutée dans la nuit du 23 au 24, par la compagnie de volontaires, à Beugneux, à 20 kilomètres de la place, il a été fait, à la suite d'une résistance énergique, une capture de près de cinquante chevaux, d'un vétérinaire, de deux sous-officiers et de dix soldats. L'officier prussien qui commandait le détachement a été tué, ainsi que deux autres militaires. Deux blessés ont été portés à l'hôpital.

« Le présent sera mis à l'ordre des troupes de la garnison et de la garde nationale.

« *Le commandant de place,*
« Signé : DE NOUE. »

AUTRE ORDRE DE LA PLACE

« Dans l'affaire qui a eu lieu hier 24, en avant du faubourg de Reims, M. le commandant Denis a été blessé, ainsi que 15 hommes de divers corps, dont plusieurs sous-officiers.

« Le commandant de la place ne saurait trop féliciter les différents détachements, de l'élan qu'ils ont montré, entraînés par leur chef, qui, dans toutes les circonstances, a toujours su payer de sa personne et imprimer une confiance et une résolution inébranlables.

« Le 15e de ligne, qui se trouvera sous le commandement de M. le capitaine Ballet, va être à même de prouver au major Denis sa reconnaissance, en maintenant une vigoureuse discipline, une obéissance ponctuelle aux ordres, et en un mot, une conduite exemplaire qui consolera son chef sur son lit de souffrance.

« Aussitôt les rapports venus, le lieutenant-colonel se fera un devoir de signaler les noms des hommes qui se sont le plus particulièrement distingués. »

3e ORDRE DE LA PLACE

« L'engagement qui a eu lieu hier dans l'après-midi, en avant du faubourg de Reims, a montré au colonel commandant la place que l'on ne tient pas compte des recommandations réitérées qu'il a faites précédemment sur les mesures à prendre en pareille circonstance.

« Pour éviter à l'avenir les conséquences fâcheuses qui peuvent résulter d'ordres mal interprétés, le commandant de place prescrit de nouveau et d'une manière formelle les dispositions suivantes :

« 1° A moins d'ordre contraire, chacun devra rester à son poste ;

« 2° Les travailleurs ne devront pas quitter leurs chantiers ; ceux qui se trouveraient sur les glacis en avant des ouvrages se replieraient dans les chemins couverts, sous le commandement de leur chef et avec leurs outils ;

« 3° En cas d'alerte, les hommes de service des vingt-quatre heures seront les premiers à prendre les armes ; ils se réuniront immédiatement sur les parties de l'enceinte qu'ils sont chargés de défendre. Les sentinelles des remparts seront doublées et en interdiront l'accès ; le colonel commandant la place appuie sur cette recommandation :

« 4° Les postes des portes seront sous les armes, particulièrement lorsque le pont-levis sera baissé, et les chefs des postes veilleront à ce que les rues avoisinantes demeurent complètement libres ;

« 5° Aucune reconnaissance ne devra se porter au dehors des portes sans un ordre formel du commandant de place, qui désignera le détachement ;

« 6° La garde nationale, les pompiers et la compagnie de volontaires se réuniront aux places qui leur seront assignées ; ils attendront des ordres pour se porter vers les points où leur présence sera jugée nécessaire.

« La garde nationale ne doit pas perdre de vue que son rôle principal est de maintenir l'ordre dans les divers quartiers où ont lieu les rassemblements. »

Indépendamment de ces ordres de la place, je dois enregistrer que non-seulement depuis quelque temps le canon tonne souvent de nos remparts, mais qu'aujourd'hui il frappe principalement sur la gare, où des Prussiens se sont réfugiés. Il protège ainsi utilement des travaux qui s'exécutent au pont de la Crise, sur l'avenue de la gare, pour étendre encore les eaux dans la plaine. Au cours de l'exécution de ces travaux, M. Massal, garde du génie, reçoit même une balle ; mais heureusement sa montre seule en souffre : elle est à peu près brisée ! (17)

On voit des cavaliers prussiens à Sainte-Geneviève. Nos artilleurs les ajustent et les terrassent. D'autres Prussiens sont vus se dirigeant sur Belleu et Chevreux. Notre canon les pourchasse encore.

Sur la butte de Villeneuve se trouvait un petit châlet. Un obus, dit-on, a été lancé dessus. Le châlet brûle. Il a coûté plus de 2,000 francs.

Sur la place d'Armes, ou Grand'Place de la ville, le jugement du conseil de guerre qui condamne le nommé Humbert à dix ans de réclusion et à la dégradation, reçoit son exécution avec le triste cérémonial prescrit.

Il n'y a pas que des militaires sur la place. Le public civil y est aussi. Ce qui va se passer est chose nouvelle pour lui. Il veut voir, il verra, il voit.

Le malheureux condamné se trouve entre les tambours et le peloton d'ordre. Lecture est donnée de la formule de dégradation. La dégradation elle-même a lieu. Humbert est remis à la gendarmerie et conduit en prison.

Justice est faite.

26 SEPTEMBRE

Un nouvel engagement a lieu dans le faubourg et à l'extrémité du faubourg de Reims, pour en éloigner l'ennemi, qui occupe surtout le jardin Bricogne, lequel jardin est clos de murs percés de meurtrières. Le capitaine de Tugny, le capitaine Lambert et le lieutenant Jacquelin ont sous leurs ordres chacun cent hommes dont ils tirent un bon parti. Le lieutenant Denis, de la garde nationale, guide sûrement les troupes. Les lieutenants Bodelot et Lemaire, de la mobile, opèrent très utilement. Les projectiles prussiens arrivent jusque dans la rue Saint-Martin, où se forment bien à tort des rassemblements de curieux qui attendent l'issue du combat. Le canon de la place vient en aide à nos troupes. Il gronde, il tonne, il éclate sur divers points, depuis Saint-Waast jusqu'à Saint-Jean, et les Prussiens sont fortement inquiétés pendant plusieurs heures ; mais on remarque qu'ils occupent de très bonnes positions à la gare, ainsi que près de la gare ; et, la nuit survenant, on ne peut les en déloger complètement. Nous avons notamment pour blessés les mobiles Gallu, Junier, Loillier, Renard, Berthaux, Richard, du 2e bataillon, et nous comptons, parmi les morts, les soldats Landrieux et Prévôt du 15e de ligne, plus le mobile Huet, du bataillon de Vervins.

On me rapporte un fait épouvantable qui s'est passé non loin de Soissons, il y a deux jours :

Le 24, du côté de la Chaumière, il y avait un calme assez rassurant pour que M. Champion père, l'un des maîtres de cette ferme, ait envoyé aux couvraines deux de ses domestiques, dont un nommé Arthur Soyer, âgé d'environ 27 ans, et un autre presque sexagénaire ; mais survint l'engagement dans lequel le commandant Denis fut blessé, et, dès lors, adieu la tranquillité apparente. Les Prussiens s'agitèrent en tous sens dans ces parages ; ils s'emparèrent de quatre chevaux qui appartenaient à M. Champion et qui étaient attelés à deux charrues ; ils emmenèrent les deux domestiques dont je viens de parler ; ils les conduisirent au bois des Arponts, sur le territoire de Villeneuve, et là, sans autre forme de procès, et par cela seul que Soyer leur parut être un soldat déguisé, ils le fusillèrent lâchement, cruellement, horriblement ! Quant à l'autre domestique, vu son âge avancé, ils le firent prisonnier et le dirigèrent sur Reims, avec de malheureux habitants de Villeneuve.

On me rapporte aussi qu'hier deux autres domestiques de M. Champion, voulant entrer à la Chaumière, ont été saisis, comme prisonniers, sous le pont de Belleu, et conduits on ne sait où. Les maîtres s'éloignent forcément de cette ferme. Les Prussiens s'installent à leur place, au nombre de 250. Ah ! Quels bons pillages ils vont faire ; que de bonnes visites à la cave ; que d'intéressants voyages du poulailler au colombier.

27 SEPTEMBRE

Dans l'intérêt, assure-t-on, de la défense de la place, des incendies sont allumés aux faubourgs de Reims et Saint-Christophe.

Le moulin Dehaître, la fonderie Dehaître, l'école communale de Saint-Vincent-de-Paul et tant d'autres immeubles deviennent la proie des flammes. Le spectacle serait splendide, s'il n'était horrible en même temps. Et ce qu'il y a de plus inconcevable à l'égard de la fonderie Dehaître, c'est que ce sont principalement des ouvriers trouvant là leur vie, qui ont jeté des torches incendiaires, en exécution de prescriptions du conseil de défense.

Ces ouvriers faisaient partie de la 5ᵉ compagnie de la garde nationale (les volontaires). Pour éviter l'attention de l'ennemi, qui est à nos portes, ils s'étaient déguisés en femmes, en mendiants, en éclopés, que sais-je ? et, munis de pétrole, ils avaient occasionné l'œuvre de destruction qu'il m'est donné de noter ici.

Le matin nos ambulances avaient relevé les victimes d'hier et les avaient rentrées en ville.

Le soir l'incendie répandait ses flammes sinistres sur la ville et les environs.

Quelle journée encore que celle-là, mon Dieu ! et que de récriminations contre le conseil de défense !

Ce n'est pas tout, d'ailleurs : l'extrémité du faubourg Saint-Christophe est occupée par les Prussiens. Mais heureusement des mobiles, commandés par le capitaine Rillart de Verneuil, font une bonne sortie. Ils mettent l'ennemi en déroute ; ils capturent sur lui une dizaine de sacs et ils rentrent le laissant dans les bois de Maupas.

28 SEPTEMBRE

Des réclamations écrites et verbales sont faites à la municipalité, relativement aux brusques incendies d'hier.

La commission municipale se transporte chez M. le commandant de Noüe pour reproduire ces réclamations, et, ne le rencontrant pas, elle lui écrit.

Elle connaît à la fois les droits qui appartiennent à la place et les devoirs souvent rigoureux que lui impose la nécessité d'assurer la défense de la ville ; mais elle ne saurait se refuser à se faire l'organe des réclamations des habitants des faubourgs, qui représentent que l'incendie a été allumé sans qu'ils aient pu enlever leur mobilier.

Il y a des pertes considérables dans lesquelles entre aussi le mobilier de l'école-asile de Saint-Vincent-de-Paul.

Prévenus à temps, les propriétaires ou locataires des maisons ou bâtiments sauveraient leur mobilier, et ce serait diminuer, dans la mesure du possible, les sacrifices qu'imposent à notre ville les lois de la défense des places fortes.

Il se trouve d'ailleurs, dans les constructions, des pailles, des foins et d'autres choses dont le besoin se fait journellement sentir, et qu'il est par conséquent utile de soustraire à l'action des flammes. Il y avait même dans le moulin brûlé hier des meules qui eussent pu être utilisées et qui eussent pu servir à établir un moulin à vapeur dans l'intérieur de la ville.

Or, que sera-t-il répondu à tout cela ?

La nécessité de la défense commande impérieusement : il est procédé, avec regret sans doute, à la continuation de l'incendie du faubourg de Reims.

Hélas ! si nous faisons de ces horreurs contre nous-mêmes, que feront donc les Prussiens ?

On rapporte qu'un nommé Garrigues, domicilié à l'extrémité de ce faubourg, aurait dit aux incendiaires : « Si vous osez brûler ma maison, je vous f... mon couteau dans le ventre », et que, grâce à cette menace énergique, sa maison est restée debout.

Mais poursuivons notre tâche d'observateur et ne nous attardons pas aux réflexions.

De forts rassemblements continuent à se former aux environs des portes toutes les fois que les troupes sont appelées à un service extérieur. Il en résulte des désordres et on s'expose de cette façon aux projectiles de l'ennemi.

Pour obvier à ces inconvénients, on a recours au patriotisme de la garde nationale : au premier signal, une compagnie devra se réunir aux environs de la porte menacée et aura pour mission de faire évacuer les abords de cette porte.

Un sieur Daudigny, jardinier, habitant du faubourg de Crise, a été tué par un coup de fusil. On croit que le coup a été tiré du rempart et a failli atteindre une femme chargée de linge. Qu'est-ce que cela veut dire ? Examinons donc bien avant de faire feu.

Une double sortie a lieu ; des engagements très sérieux se font dans le faubourg de Reims et à la gare.

Nous avons eu le tort jusqu'ici de ne point occuper les hauteurs qui dominent Soissons et qui font de lui, comme tout le monde le dit, un véritable nid à bombes, un funeste entonnoir.

Nous avons eu aussi un autre tort, c'est de laisser occuper, par l'ennemi, des alentours plus proches encore de Soissons.

Aujourd'hui, 28 septembre, nous nous en apercevons et nous voulons regagner des positions nécessaires, telles que la gare et le haut du faubourg de Reims. C'est alors que commandée principalement par le capitaine Pillart, du 15ᵉ, les lieutenants Duhamel et Rhoddes, du même régiment, les capitaines de Commines, Deflandre, Roussel, de la garde mobile, les lieutenants de Chauvenet, Maudoy, Wolff et l'adjudant Pain, aussi de la mobile, notre double sortie a lieu : l'une d'une centaine d'hommes du 15ᵉ de ligne, sur Saint-Lazare et la gare ; l'autre de cent cinquante hommes du 2ᵉ bataillon de la garde mobile, dans le faubourg de Reims ; et chacune appuyée d'un petit détachement de troupes. Mais, à Saint-Lazare et à la gare, les Prussiens, plus nombreux comme toujours, restent maîtres du terrain.

Au faubourg, nous délogeons l'ennemi jusqu'à la fabrique de sucre de Milempart et jusqu'au passage à niveau du chemin de fer.

En somme nous finissons par rentrer en ville, en constatant qu'un garde national volontaire, M. Leriche, qui est de toutes les sorties, est gravement blessé, ainsi que plusieurs soldats et mobiles, et en constatant également que les soldats Gosse, Boulanger, Valentin (du 15ᵉ) et le mobile Desbordes (du 2ᵉ bataillon) sont tués.

De plus, un garde mobile du nom de Dubois se présente au bureau de police avec un enfant de 9 ans et un enfant de dix mois.

La mère de ces pauvres petits, nommée Louise Bigorne, âgée de 30 ans, femme d'un fondeur du nom d'Aubert, a été tuée par une balle dans la poitrine, au moment où elle voulait, dans le faubourg de Reims, ravir un peu de son mobilier aux flammes, et alors qu'avaient lieu les engagements dont je viens de parler. Elle a été conduite à l'Hôtel-Dieu ; et son mari, disparu depuis samedi dernier 24, se trouve, pense-t-on, dans les mains de Prussiens qui l'ont rencontré allant à Villeneuve-Saint-Germain.

Que noter encore en ce jour ? Les Prussiens retiennent, sur le lieu du combat, et on ne sait trop pourquoi, un de nos bons attachés d'ambulances, M. Charles Vélain ; seulement, après l'avoir conduit, les yeux bandés, dans un village et dans une maison qu'il n'a pu reconnaître, ils le rendent plus tard à la liberté avec une lettre par laquelle ils demandent au commandant de place français une suspension d'armes jusqu'à neuf heures du matin (18).

Un vieillard de l'hôpital, nommé Leclerc, a reçu à la tête, étant dans le jardin de cet établissement, un projectile prussien. L'infortuné a été aussitôt transporté à l'Hôtel-Dieu, et sa mort est prochaine.

Sur le chemin de Chevreux, près du moulin Débruyère, des femmes de la campagne passent inoffensives. Les Prussiens tirent lâchement sur elles. L'une a ses vêtements criblés ; les autres ne sont point atteintes, assure-t-on.

Enfin cet ordre de la place est porté à la connaissance de la garnison. Ce n'est pas trop tôt, il s'agit de l'affaire de samedi dernier 24, et nous sommes au 28 :

« Le commandant de place est heureux de

citer les noms des militaires qui lui ont été signalés dans les divers rapports à lui adressés, sur l'engagement du 24.

« *Artillerie*. — Le brigadier François, du 8e d'artillerie ; les artilleurs volontaires de la garde nationale Ringuier et Quemet.

« *15e de ligne*. — Le commandant Denis, qui s'est porté en avant avec une section de quarante hommes pour reconnaître la position de l'ennemi et qui a été gravement blessé.

« Le sous-lieutenant Dutocq, qui s'est porté, avec une section, au secours du commandant, est cité particulièrement comme l'ayant vigoureusement secondé.

« Le sergent Durand, du recrutement de la Marne, et les soldats Mignard et Dufrénoy.

« MM. les sous-lieutenants Pretet, blessé, et Didier.

« Les sergents-majors Fortin, blessé, et Marsand, blessé et malheureusement disparu.

« Les sergents Barré, du recrutement de la Marne, blessé, et Ahmed-ben-Bagdad, du 2e bataillon, blessé et disparu.

« M. Denis, lieutenant de la garde nationale, qui a combattu dans les rangs du 15e, a guidé les tirailleurs sur le terrain, qu'il connaît parfaitement comme habitant de la localité.

« Le 2e bataillon de la garde mobile a soutenu le mouvement et a empêché les Prussiens de s'établir dans la halle aux marchandises.

« Le commandant cite le sergent Jacquemin, du 15e, comme s'étant joint à la 4e compagnie et pour s'être avancé dans une position très dangereuse, d'où il a réussi à mettre plusieurs ennemis hors de combat.

« La 8e compagnie a eu un homme blessé, le nommé Iste (Gustave). »

Il s'agit bien de l'ordre du jour sur l'affaire du 24 qui eut lieu entre Villeneuve et notre faubourg de Reims, et nous sommes bien au 28. Or, veut-on savoir ce qui se passe, à cette époque, dans la ville de Reims, voisine de Soissons ? Lisez ces deux proclamations, qui me sont remises par hasard, vous y verrez que la ville est en pleine occupation prussienne et que cependant, quant à présent, on y est moins à plaindre qu'à Soissons :

Frédéric-François, grand-duc de Mecklembourg-Schwerin, commandant du 13e corps d'armée et gouverneur général, déclare :

« S. M. le roi de Prusse, généralissime des armées allemandes, m'a nommé gouverneur général des départements occupés par les troupes alliées, et qui ne sont pas placés sous l'autorité des gouvernements de Lorraine et d'Alsace. Résolu de m'acquitter de ma tâche difficile avec autant de fermeté que de bienveillance, je désire l'assistance de la population entière pour me mettre en état de concilier le plus possible l'action du gouvernement avec le bien-être des habitants de ces contrées. En face d'une position dont chacun sent tout le sérieux, j'ai le droit d'attendre que tous réuniront leurs efforts aux miens, afin de m'épargner des mesures auxquelles, sans ce concours, je pourrais être forcé de recourir. »

Le prince de Hohenlohe et le comte de Taufflkirchen disent de leur côté :

« S. M. a daigné nous nommer ses commissaires civils près le gouvernement général siégeant à Reims. Appelés à diriger l'administration civile de tous les départements de la France qui se trouvent occupés par nos troupes, à l'exception de ceux qui font partie des gouvernements généraux de l'Alsace et de la Lorraine, nous tâcherons de leur alléger, par une distribution égale, les fardeaux de l'occupation. Nous ferons ce qui sera en notre pouvoir pour faire rendre justice à toute plainte fondée, pour raviver le commerce et l'industrie, pour rétablir les communications. Nous y parviendrons à mesure que les populations, les municipalités, le clergé, les administrations, les sociétés industrielles nous prêteront leur concours. »

29 SEPTEMBRE

Toujours continuation de l'incendie du faubourg de Reims. Mais cette fois, et préalablement, invitation, par le commandant de place, aux habitants des faubourgs qui n'ont pas effectué leur déménagement, d'avoir à le faire sans le moindre retard et à ne pas attendre que l'ennemi, ayant pris possession de leurs demeures, on soit dans la nécessité de faire disparaître les obstacles par tous les moyens possibles.

Le canon parle encore, mais à de longs intervalles et seulement comme pour tenir en respect les assiégeants.

Le commandant de place s'explique sur la mort du jardinier Daudigny. Il a fait faire, dit-il, l'autopsie du cadavre par M. le docteur Marchand, et on a constaté que la mort avait été produite par un projectile prussien.

Un groupe de braves soldats français nous arrivent. Faits prisonniers à Reims, ces quelques militaires ont revêtu le costume d'ouvriers, ont quitté la jolie ville champenoise et viennent concourir à la défense de Soissons.

Qu'ils soient les bienvenus !

L'*Argus* pense aujourd'hui, comme moi, que l'ennemi ne laissera pas tranquille la place de Soissons. « Mais l'attaque, écrit-il, consisterat-elle en un blocus, un siège ou un bombardement ? C'est ce que nous ne tarderons sans doute pas à savoir. »

Hier soir, nous croyions l'ennemi dans le moulin du *Pré-Foireux*, qui est situé sous le canon de la place. Nous y avons envoyé une bombe. Un incendie s'est déclaré et le moulin a été consumé ; en voilà encore pour 60,000 fr. au passif de la guerre.

Cette nuit, on a, pour la seconde fois, fait sauter le pont de Missy, parce que l'ennemi réparait notre premier désastre. Je dois dire que cette nouvelle opération a parfaitement réussi ; mais je suis désolé d'avoir à m'exprimer de la sorte.

L'ordre suivant est écrit par la place, à propos de l'engagement du 26 :

« Une sortie ayant pour but de chasser les Prussiens du faubourg de Reims et d'incendier leurs abris, a eu lieu le 26, à 5 heures du soir. Deux cents hommes du 15e étaient sous les ordres de M. le capitaine de Tugny ; la moitié, sous la conduite de M. le lieutenant Jacquelin, du recrutement de la Marne, a pénétré dans le faubourg de Reims, sous un feu des plus vifs.

« Encore une fois, M. Denis, lieutenant de la garde nationale, a guidé nos hommes sur le terrain ; par sa parfaite connaissance des lieux, par son sang-froid et son courage, il nous rend les plus utiles services.

« Se sont parfaitement signalés :

« Le fourrier Maury, les caporaux Saillard, Nallot et Helmie, blessés, les soldats Coulmy, Marmerande, Martin (Louis) et trois tirailleurs algériens qui se sont déjà signalés le 24.

« M. le capitaine Lambert, du 2ᵉ bataillon de la garde mobile, a exécuté avec cent hommes, sur la droite, pour appuyer le 15ᵉ, un mouvement qui a été parfaitement accompli.

« Le commandant de place est heureux de féliciter le capitaine Lambert, les lieutenants Bodelot et Lemaire, les sous-officiers du bataillon, auxquels s'était joint le sergent Botiaux, des volontaires de la garde nationale, enfin tous les mobiles du 2ᵉ bataillon qui ont assisté à l'affaire. »

30 SEPTEMBRE

Le commandant de place rédige cet ordre du jour sur l'engagement du 28 :

« Dans la journée du 28 septembre, la garnison a tenté d'occuper le faubourg de Reims et la gare. M. Pillart, capitaine au 15ᵉ de ligne, avec cent hommes de ce régiment, s'est porté d'abord sur le pâté de maisons dit *Saint-Lazare*, et a essayé de gagner la gare en envoyant sur le flanc droit M. le lieutenant Duhamel, du recrutement de la Meuse, et à gauche M. le lieutenant Rhoddes, du 15ᵉ. La gare était très fortement occupée par l'ennemi. Assailli par un feu très vif, le 15ᵉ eut trois hommes tués et six blessés. La 5ᵉ compagnie du 2ᵉ bataillon de la garde mobile, sous le commandement de M. le capitaine de Commines, vint appuyer le mouvement du 15ᵉ ; mais les Prussiens, invisibles et en grand nombre, parfaitement cachés, ne purent être délogés ; les troupes revinrent à la place à cinq heures et demie du soir. Outre les officiers cités plus haut, se sont signalés : les sergents Marchat, Couderc, Hécré, du 15ᵉ de ligne, Marachini, du recrutement de la Marne, et le fusilier Foy, du 15ᵉ.

« Pendant ce temps, cent cinquante hommes du 2ᵉ bataillon, sous le commandement de M. le capitaine Roussel, sont entrés dans le faubourg de Reims pour débusquer l'ennemi (qui s'enfuit jusqu'au passage à niveau et à l'usine Santerre) et s'y sont maintenus jusqu'à la retraite du 15ᵉ de ligne. Leur mouvement fut rendu très difficile, parce que l'incendie des maisons du faubourg fut mis trop tôt par les volontaires de la garde nationale. Cette opération a été très bien conduite par M. le capitaine Roussel, ayant sous ses ordres MM. Deflandre, capitaine, les lieutenants de Chauvenet, Maudoy et Wolff (19).

« Se sont signalés parmi les sous-officiers : Blanchard, sergent-major à la 2ᵉ compagnie, Hubert et Moreau, sergents à la même compagnie ; parmi les caporaux : Jumaucourt, caporal à la 2ᵉ compagnie, Picard, caporal de la 7ᵉ compagnie (20), Legorju, de la 1ʳᵉ ; parmi les mobiles : Bourgeois, Dubois, Foyer, Paris, Ledroux, Pestel, de la 1ʳᵉ compagnie, Dalmasse, Garet, Nollet, Férin, Housset, Aubry, de la 2ᵉ compagnie, et Foignet, de la 1ʳᵉ compagnie.

« Le sieur Leriche, garde national, qui s'est joint volontairement au 15ᵉ de ligne, a été grièvement blessé.

« Soissons, le 30 septembre 1870.

« *Le commandant supérieur de la place,*

« Signé : DE NOUE. »

Mais l'ennemi prend la chose tout autrement ; il la résume en ces termes dans une dépêche en date de ce jour, à Reims :

« Bataillon landwehr de Landsberg, Franc-
« fort Waldemburg 13ᵉ corps d'armée ont
« repoussé, 28, plusieurs sorties de garnison
« Soissons. Garnison demandé armistice pour
« ramasser morts, blessés. Nos pertes peu con-
« sidérables. »

Conformément à un arrêté de M. Anatole de La Forge, nommé préfet de l'Aisne, un registre destiné à recueillir les signatures de tous les citoyens qui veulent rendre hommage à l'héroïsme de l'Alsace et de la Lorraine et protester contre toute occupation étrangère est ouvert à la mairie. Il s'appelle le livre d'or de la démocratie.

Toute la compagnie des volontaires et d'autres habitants de la ville apposent leurs signatures sur ce registre.

Le canon retentit ordinairement dans le jour et parfois la nuit sur nos remparts. Par cela seul, il gêne l'ennemi, s'il ne lui fait pas grand mal. Très souvent aussi, le jour et la nuit, on entend des coups de fusil. Simple preuve de vigilance.

Sainte-Geneviève, Bellevue, Billy, Villeneuve, Vauxbuin et la Perrière sont au pouvoir des Prussiens.

Après la destruction du faubourg Saint-Christophe, du faubourg de Reims, du Petit-Crouy et de la Vigne-Porale, vient la démolition de Saint-Médard par nos mobiles.

Grand Dieu, où donc s'arrêtera-t-on ?

Ne vaudrait-il pas mieux apprendre à ces malheureux mobiles à tenir un fusil plutôt qu'une pioche ?

Nos canons veillent sur eux et les protègent de leur grosse voix, au départ et au retour. Mais ce n'est là qu'une précaution de guerre, et c'est bien le moins qu'on doive faire.

On devait aussi brûler l'établissement de Saint-Médard ; mais un jour un membre du conseil de défense prévint de cette future opération M. l'abbé Dupuy, supérieur du séminaire Saint-Léger. L'abbé Dupuy prévint à son tour monseigneur l'évêque de Soissons. Monseigneur se rendit alors, avec l'archiprêtre de la cathédrale, chez le commandant de place, pour arrêter le désastre, et l'établissement fut épargné : on y mit 300 mobiles pour le garder.

1er OCTOBRE

Je l'ai dit : il n'y a plus ni maire, ni adjoints, ni conseillers, mais une commission municipale provisoire. Or, cette commission se rassemble à la mairie, pour procéder, par la voie du scrutin secret, à l'élection de son président et de ses deux vice-présidents.

Sont élus :

Président : M. Salleron.

Vice-présidents : MM. Choron et Dumont.

En raison des événements graves qui nous accablent, il est décidé que tous les membres de la commission prêteront à ces messieurs un concours incessant, en venant chaque jour à l'Hôtel de Ville, à tour de rôle et au nombre de quatre, à des heures que l'on indique.

Cette séance est levée sans avoir été troublée

par aucun bruit rappelant notre état de guerre. Toute la journée, du reste, s'écoule assez paisiblement. M. Salleron, qui revient à la tête de la cité, comme je le croyais dès le 23 septembre, et MM. Choron et Dumont, qui vont partager avec lui le fardeau de l'administration, pourraient bien augurer de cette tranquillité ; mais l'ennemi est toujours à nos portes, et il s'agit pour eux et leurs collègues de la commission municipale de faire face à la situation.

Ce sera fait !

2 OCTOBRE

Des efforts ont été tentés par la place pour procurer des chemises et des chaussures aux hommes de la garnison qui en sont dépourvus ; mais il a été impossible d'obtenir ces objets. Le commandant dit, à cet égard, n'avoir rencontré qu'indifférence et mauvais vouloir.

Un autre appel à la population va être fait, afin que chacun, dans la mesure de ses ressources, fournisse des matières ou de la main-d'œuvre.

Une compagnie du 6ᵉ bataillon vient d'aller s'installer dans l'abbaye de Saint-Médard avec une pièce de canon. Plaignons les habitants de ce hameau : il y a peut-être encore quelque démolition sous roche.

Le temps est splendide. Je me rends au sommet de la tour de la cathédrale, où se tient, depuis quelques jours, un poste télégraphique d'observations. J'y passe un après-midi des plus intéressants, ma lorgnette sur les yeux et mes regards sur la campagne.

Quelques cavaliers ennemis arrivent de Vauxbuin, traversent la plaine et semblent venir sur nous. Nos artilleurs, qui sont à leurs pièces vers Saint-Jean, les voient comme moi-même, tirent dessus, et les manquent. Les Prussiens piquent des deux, gagnent l'habitation de Sainte-Geneviève, par Orcamp, et nous échappent totalement.

Bien d'autres cavaliers arrivent des bois de Bellevue dans cette habitation de Sainte-Geneviève. On les canonne pendant quelque temps. Certains coups portent, mais d'autres arrivent trop haut ou trop bas, et, en somme, on ignore si les Prussiens souffrent beaucoup de notre tir.

Je braque ma lorgnette sur un autre point et je découvre, venant de Bucy-le-Long, 400 ou 500 Prussiens suivis de charrettes. Jamais le guetteur, jamais les employés du télégraphe n'ont vu pareille masse ennemie et si près de la ville. A gauche du cabaret du *Pied-qui-remue*, dans un champ, on voit aussi une centaine de cuirassiers blancs descendus de cheval. Un maréchal-des-logis d'artillerie arrive à la tour. Je lui montre nos envahisseurs. Il les voit, il paraît heureux, il descend à la hâte et il court à la porte de Laon, pour faire mitrailler toutes ces troupes effroyables. Du rempart de la porte de Laon on tire en effet plusieurs coups, on lance plusieurs bombes dans la direction où se trouvent les Prussiens ; mais comme nos artilleurs ne peuvent voir ces derniers de l'endroit où ils sont, ils ne réussissent qu'à les mettre en fuite sur Crouy et dans la montagne de ce village. Assez longtemps, des sentinelles prussiennes gardent ensuite la route de Crouy, au pont du chemin de fer, comme pour bien assurer le départ des leurs. Nos soldats de garde à la porte de Laon les voient, les ajustent et tirent ; mais, cette fois encore, je n'ai pas le cruel plaisir de constater un succès.

Arrêtant mes regards sur la ville, je vois que toutes nos troupes, moins celles de service, se réunissent sur la Grand'Place. Nous comptons à ce moment environ 5,000 hommes, et, ma foi, je commence à penser que l'on pourrait faire quelque chose avec un nombre pareil, si chacun connaissait irréprochablement son affaire, depuis le commandant supérieur jusqu'au simple soldat.

Les dommages, les pertes, les ruines causés autour de nous par l'incendie, la démolition et l'inondation se traduisent déjà par des chiffres épouvantables.

Des hommes spéciaux, qui ont pu les apprécier à première vue, me donnent les principales sommes suivantes :

Pour le faubourg de Reims, 1,000,000 de fr.

Pour le faubourg Saint-Christophe, 200,000 fr.

Pour le faubourg de Crise, 100,000 fr.

Pour le hameau de Saint-Médard, 60,000 fr.

Heureusement si la France est jamais assez riche pour payer tous les dommages de la guerre, les lois des 10 juillet 1791, 17 juillet 1819, 30 mars 1831 et une ordonnance du 1er août 1821 protègent les propriétaires.

L'administration municipale le sait. Et le préfet a fait prendre toutes les mesures nécessaires, pour qu'il fût établi des états d'indemnités à payer ultérieurement. Il y aura même lieu, a-t-il dit, de faire une application assez large des dispositions des lois pour concilier, autant que possible, la règle avec les nécessités du moment.

3 OCTOBRE

Un brave citoyen, garde national volontaire, expire des suites d'une blessure produite par une balle ennemie.

Ce brave citoyen est M. Pierre-Joseph-Amant Leriche, né à Rethel, le 25 décembre 1822, ex-soldat au 64e de ligne, du 11 décembre 1843 au 31 décembre 1849, ancien chapelier et ancien marchand de jouets. Presque chaque fois que nos hommes sont sortis, on le voyait avec eux muni de son fusil. Il ne manqua jamais, dit M. de Noüe, commandant de place, de donner le meilleur exemple par son zèle, son entrain, son énergie et sa bravoure.

Il était, je l'ai consigné, il était à la sortie du 28 septembre, et c'est ce jour-là qu'il fut blessé. Maintenant qu'il n'est plus, je rends hommage à sa mémoire.

En fait de sorties, en voici une qui vient d'avoir lieu et que je relate avec bonheur. Il s'agissait de protéger l'arrivée et l'entrée en ville d'un convoi d'approvisionnements de denrées, convoi composé de 18 voitures qui nous arrivaient de Chauny, par la route de Coucy, laquelle avait été éclairée par les soins multiples de M. Lefèvre, de Juvigny, un cultivateur brave, résolu, dévoué. 1,000 à 1,200 hommes de notre garnison avaient pris les armes. Le lieutenant-colonel Carpentier se rendit sur la montagne de Vauxrot, avec des mobiles des deux bataillons pour protéger les voitures. Le capitaine Ballet et différents officiers se dirigèrent vers Crouy et d'autres points. Une attaque eut lieu aux remblais du chemin de fer, entre ce village et Soissons. Nous fîmes preuve de bravoure, nous enlevâmes la position et nous poursuivîmes l'ennemi jusque dans Crouy, où se trouvaient le 8ᵉ régiment de uhlans et le 48ᵉ régiment d'infanterie prussienne.

Les approvisionnements sont alors entrés en ville, à la satisfaction générale. Nos troupes étaient radieuses de leur succès ; elles tenaient quelques prisonniers qui riaient de bon cœur et qui étaient heureux sans doute d'en être quittes à si bon compte. Pour sa part, M. Denis, lieutenant de la garde nationale, avait eu la bonne fortune de pouvoir saisir quatre Prussiens dans une cave.

Cette sortie (notre meilleure et notre plus intelligente jusqu'à présent, à cause du nombre d'hommes qui la composait et du résultat obtenu) a malheureusement son revers, car il me faut maintenant constater que nous avons eu un mort (le soldat Chauvey, du 15ᵉ), ainsi que plusieurs blessés. Et quand près de moi sont passées les voitures d'ambulances avec les corps de ces pauvres diables de soldats, je n'ai pu me défendre d'un pénible serrement de cœur.

Déjà, ce matin, des éclaireurs (un piquet) qui devaient protéger des travailleurs à la porte de Paris, sur une étendue de 200 mètres, s'étaient, dans leur ardeur, portés en avant, à une distance d'environ 2 kilomètres ; mais cela était contraire à des ordres donnés, et le commandant a un peu blâmé la chose.

4 OCTOBRE

Je l'ai dit précédemment, il ne s'écoule guère de jour ou de nuit sans que le fusil ou le canon se fasse entendre. Et c'est utile, en effet ; il faut toujours inquiéter l'ennemi qui nous cerne, il faut lui prouver que nous veillons constamment. La nuit étant arrivée, les factionnaires placés sur nos remparts se crient encore l'un à l'autre : « Sentinelle, prenez garde à vous ! » Et, comme dans *Fra Diavolo*, au loin l'écho répète. Ajoutez à cela le bruit sourd de l'eau de la rivière qui tombe en cascade à la porte de Laon, vous trouverez sans doute l'effet tout à la fois attristant et pittoresque.

Aujourd'hui même, et assez tard, le canon rompt le silence. Gare l'ennemi !

Les cuirassiers blancs ont pris possession de la ferme de La Perrière, au-dessus de Crouy, et en ont fait une forteresse. Partout, dans les toits, dans les murs, ils ont ouvert des créneaux, et nous surveillent. Çà et là sur la montagne, vers Bucy, on voit des cavaliers aller et venir. Ce sont des sentinelles ou vedettes qui nous observent aussi.

A un point opposé, sur la montagne de Presles, je constate que des Prussiens font une apparition. Il y a là, depuis le siège de 1814, des terrassements de batterie qu'on n'a jamais nivelés. Sans doute, ils vont tirer parti de la situation ; d'ailleurs un braconnier, s'il faut en croire la chronique, un braconnier leur a indiqué ces emplacements, ainsi que je l'ai mentionné le 14 septembre. Mais nos artilleurs remarquent comme moi les Prussiens ; ils leur envoient quelques obus et la montagne devient déserte.

C'est la lutte, tandis qu'à Reims, qui est occupé militairement, (je l'ai déjà dit le 28 septembre), le gouverneur général fait encore des recommandations d'apaisement :

« J'ordonne à mes troupes de n'entraver en aucune façon la récolte de la betterave et la fabrication du sucre dans les territoires soumis à mon gouvernement. Toute entrée illicite dans les champs de betteraves et dans les établissements qui servent à la fabrication du sucre est interdite. Les chariots qui serviront soit à la récolte, soit à la fabrication, ainsi que les transports de charbon ou de houille, ne seront ni arrêtés, ni troublés. Toute réquisition directe de sucre dans les fabriques est interdite. Il est bien entendu que cet ordre ne saurait entraver ni les opérations militaires, ni les mesures qu'une attitude hostile des habitants pourrait rendre nécessaires. »

5 OCTOBRE

Aujourd'hui a lieu l'inhumation du volontaire Leriche, mort avant-hier.

Les honneurs militaires lui sont rendus. Le cortège est très nombreux. M. de Noüe, commandant la place, en fait partie. M. Choron, vice-président de la commission municipale, rappelle au cimetière le courage de Leriche, et un des amis de ce brave volontaire prononce notamment ces justes paroles : « Notre compatriote est mort au champ d'honneur ! »

On voit encore des Prussiens aux abords de la ferme de La Perrière. C'est une excellente position ; ils en profitent pour nous contenir, puisque, faute d'hommes, nous n'avons pas pu la garder.

Le comité de défense ayant proposé l'éloignement de la ville de toutes les bouches inutiles, le lieutenant-colonel Carpentier ordonne que les femmes, légitimes ou non, des gardes mobiles de tous grades, des 2e et 6e bataillons, sortent immédiatement de la place, de manière qu'il n'y en ait plus une seule le 7 octobre au matin. MM. les chefs de bataillon sont chargés de l'exécution de cet ordre, qui sera lu pendant deux jours, à tous les appels.

Un ordre de la place est fait sur la sortie du 3 ; le voici :

« Pour assurer l'entrée des approvisionnements de la place, M. le colonel Carpentier est sorti avec six compagnies prises dans les deux bataillons de la garde mobile, et s'est porté sur les hauteurs de Vauxrot.

« Après avoir fait éclairer la position et s'être fortement installé, il dirigea sur Terny une compagnie qui amena le convoi dans la place.

« Pour assurer ce mouvement et dégager la route de Laon, M. le capitaine Ballet est sorti avec trois compagnies du 15e. M. le lieutenant Ferté, de la 1re compagnie, s'est porté sur la ferme de Saint-Paul ; M. le lieutenant Garnier, avec la 2e compagnie, sur la ferme de Clamecy ; M. le capitaine Félon, du recrutement de l'Aisne, avec la 3e compagnie, appuyait ce mouvement offensif, qui eut lieu avec un ensemble remarquable.

« L'ennemi, débusqué par un feu très vif, s'est retiré en désordre sur le village de Crouy, poursuivi par une vingtaine de tirailleurs, qui firent prisonniers cinq Prussiens, dont un blessé.

« Nos soldats occupèrent alors les crêtes du remblai du chemin de fer jusqu'à l'arrivée de ceux-ci en ville. Cette opération fait honneur au 15ᵉ de ligne, à son chef, le capitaine Ballet, et aux officiers, au nombre desquels il faut citer MM. Ferté, Garnier et Dutocq.

« Se sont distingués : le sergent-major Félon, les sergents Durand, Basile, du recrutement, et Guérin, du 15ᵉ de ligne ; les caporaux Madrène, Bleuze et Robin ; les soldats Foy, Dubois, Perret, Perrot et Mignard.

« Nos pertes sont de : un tué et trois blessés. »

6 OCTOBRE

M. Cordier, vétérinaire, est désigné pour la visite des chevaux militaires de la garnison et pour les soins à leur donner au besoin.

Le commandant de place, agissant en vertu de ses pouvoirs et conformément à la loi du 13 octobre 1863, invite toutes les personnes étrangères à la ville, ainsi que les habitants qui n'auraient pas assuré leur approvisionnement, à sortir de Soissons dans les vingt-quatre heures à partir de ce jour.

Dans le cas où il ne serait pas obéi à cette invitation, il serait procédé par voie d'expulsion.

La mairie s'adresse à la générosité des habitants : il faut encore des chemises et des chaussures aux troupes (soldats et gardes mobiles). Et le public d'en donner.

Jusqu'à présent la route de Compiègne nous était restée libre certains jours. Maintenant nous sommes complètement enserrés par l'ennemi.

Dans la matinée, un soldat du 15e de ligne, nommé Taurens, a reçu la mort par le fait involontaire d'un de ses camarades. Ce dernier tenait son fusil, qui était chargé. Le coup partit. Le camarade était là ; il fut atteint au cœur, et la mort se produisit immédiatement.

Afin de se porter à la rencontre d'environ deux cents bœufs qui ont passé la nuit à Pierremande et qui ont reçu l'hospitalité à Juvigny, près de la ferme de M. Lefèvre, un petit détachement de mobiles (la 2e compagnie du 2e bataillon) quitte la place dans l'après-midi et gagne les territoires de Cuffies et Leury. Il voit sur la montagne quelques uhlans et fait feu sur eux. Il en blesse deux à mort et en tue un troisième.

Aussitôt après, le lieutenant Gaillard revient à Soissons : on peut être, comme trop souvent dans cette déplorable guerre, surpris par une masse prussienne ; il demande du renfort, et le commandant de place lui en fournit en toute hâte.

Un plus grand nombre de mobiles (400 hommes du 2e bataillon) ayant à leur tête, avec M. Carpentier, lieutenant-colonel, divers officiers parmi lesquels je reconnais le lieutenant

Piermé, et ayant à leur suite quelques volontaires intrépides, parmi lesquels encore je remarque et m'empresse de citer MM. Canon, pompier, Démont, boulanger, Dessery fils, employé, et Ferrand fils, des ponts et chaussées, sortent en conséquence pour porter secours, s'il y a lieu, à leurs camarades.

Arrivés vers sept heures du soir au mont de Cuffies, ils se déploient en tirailleurs, suivant des instructions que leur donnent leurs officiers, notamment un vieux brave, l'adjudant Pain ; mais rien ne paraît du côté ennemi ; tout est calme, et nos troupes se replient en bon ordre, à la nuit, sur Soissons.

Une foule inquiète et sympathique les attend à la porte de Laon. Ils rentrent. Tous sont sains et saufs. La poitrine se dilate.

Quant aux bœufs, partis seulement de Juvigny lorsque M. Lefèvre et ses éclaireurs eurent assuré que la voie était bien libre, ils nous sont tous arrivés avec leur sage lenteur ; ils ont été ensuite installés dans le jeu de paume, et ça été dans la ville le spectacle d'un défilé interminable, vu leur grand nombre.

M. Lefèvre nous rend la route de Coucy très précieuse. Il est là avec des éclaireurs qui n'ont l'air de rien aux yeux ennemis et qui, à pied ou à cheval, jouent cependant un rôle actif à notre profit. Il a des intelligences dans la place ; il se dévoue tous les jours pour le pays, et certes il a droit à une mention toute particulière.

Ainsi, il y a deux jours, trois domestiques de M. Dumont, directeur de roulage à Soissons, avaient consenti à aller chercher des poudres à La Fère, pour notre place, avec trois camions et six chevaux, et M. Dumont, de son côté, avait patriotiquement exposé à la rapacité prussienne ses chevaux et ses équipages.

Chargés de 85 tonneaux de poudre, les camions attelés revenaient avec les domestiques, et M. Lefèvre était au courant de ce retour. Il répandit alors ses vigilants éclaireurs sur la route à parcourir. On vit quelques Prussiens aux environs de La Perrière ; mais à cause de la distance à laquelle ils étaient, il ne comprirent pas ce qui se passait, et les 85 tonneaux de poudre nous parvinrent sans encombre.

7 OCTOBRE

Après avoir trouvé de tous côtés aide et bonne volonté en ce qui concerne les vivres et les besoins matériels, M. le commandant de Noüe rencontre un obstacle imprévu : la place se trouve sans fonds ; le nerf de la guerre lui manque ; et pourtant le sous-préfet, M. d'Artigues, a fait, pour en avoir, une démarche auprès de qui de droit ; mais la démarche n'ayant pas abouti, on n'a pas la somme nécessaire au paiement des troupes.

Il faut 250,000 francs pour le mois courant. Si la somme manque, les services peuvent être désorganisés et la défense compromise.

Les habitants semblent résignés à tous les sacrifices, mais pour que ces sacrifices soient efficaces, il importe que les dépenses journalières des troupes et de tous ceux qui concourent avec elles à la résistance soient payées. On rendra ainsi possible la défense de Soissons, à laquelle sans doute le gouvernement attache de l'importance.

Il paraît cependant qu'aujourd'hui même le préfet, qui connaît nos efforts, doit informer la délégation de Tours de la défense continue de la ville de Soissons.

En attendant, constatons encore la présence de Prussiens sur la montagne de Crouy et regrettons de ne pouvoir les en déloger.

Vauxbuin et la montagne de Presles sont également occupés, et, pour prouver aux ennemis que nous savons qu'ils sont là, nous leur envoyons plusieurs bombes de nos remparts.

Le hasard apporte à ma connaissance, par dessus notre investissement, un récit de faits désolants qui viennent de se passer dans nos environs.

Dans l'après-midi du 5, des lanciers, précédés d'un officier, pénétraient dans la mairie de Rozières et demandaient à l'instituteur de ce village, M. Jules Collaye, des renseignements sur la garde nationale. M. Collaye, refusant ces renseignements, était mis à la porte et conduit au château d'Ecuiry. On le faisait monter ensuite dans un tombereau ; on venait l'exhiber sur la place publique de Septmonts, gardée par des troupes du grand-duc de Mecklembourg ; puis on le jetait dans un poulailler, où il devait passer la nuit ; et, le lendemain, il redevenait libre.

Egalement le 5, le maire de Rozières (M. Basle) n'indiquait pas aux Prussiens la quantité de chevaux existant dans sa commune et ne fournissait pas non plus certains renseignements sur la garde nationale. Immédiatement, il était aussi emmené à Ecuiry, puis à Septmonts, puis dans un corps de garde, et ne recouvrait la liberté que le lendemain.

Au moment où Rozières était envahi, quinze à vingt officiers et deux cent cinquante hommes arrivaient à Buzancy : c'étaient encore des Prussiens, et des Prussiens d'une brutalité redoutable. Ils pillèrent les maisons, de la cave au grenier ; ils chargèrent de butin plusieurs voitures qui les accompagnaient ; et comme les choses n'allaient pas à leur gré, ils frappèrent des habitants, et même des femmes, avec leurs sabres et leurs fusils. Ils rassemblèrent ces habitants pour les engager à agir contre nous. Ils demandèrent la remise des armes du pays ; et aucune d'elles ne pouvant leur être livrée, par la bonne raison qu'il n'y en avait plus, ils mirent le feu à la mairie, où se trouvaient des papiers précieux.

L'effroi, la désolation furent ainsi semés par eux dans le village, et on les vit se réjouir à la vue du spectacle de l'incendie. Mais ce n'était là que le prélude de ce qui allait arriver.

Le maire, ou plutôt l'adjoint faisant fonctions de maire (M. Charles Nivelle, entrepreneur de menuiserie, âgé d'environ 35 ans, marié, père ds trois enfants et très estimé de tous), était à son poste administratif ; le curé (M. l'abbé Vincelet) était aussi présent, et un négociant de Paris (M. Théophile Collart, qui se rattache à Buzancy par des liens de famille) se trouvait là également. Les Prussiens les saisirent alors comme ôtages, les mirent en joue, les frappèrent avec des cordes, les obligèrent à monter sur des chariots, les firent garder à vue par des soldats avinés et les expédièrent à Septmonts.

En ce village, où un odieux colonel appelé Kron a déjà fait brûler, il y a quelques jours, la maison d'un habitant dont la conduite toute française lui déplaisait, ils furent enfermés ;

MM. Nivelle et Collart, ensemble, dans une pièce ayant tout l'aspect d'une prison, et M. l'abbé Vincelet, seul, dans une maison que je ne saurais désigner. Il n'y resta pas longtemps, d'ailleurs ; il fut rendu à la liberté quelques heures plus tard et après avoir entendu des propos qui n'avaient absolument rien de commun avec son caractère de prêtre.

La nuit vint et trouva encore prisonniers MM. Nivelle et Collart, que surveillaient des sentinelles.

Vers huit ou neuf heures, l'un d'eux, l'adjoint, fut appelé dans une grange et s'y rendit. Là, son pantalon lui fut promptement enlevé, et un soldat... Puis-je qualifier de la sorte celui dont je veux parler ?... Eh bien, non... un misérable, armé d'un bâton, en frappa, sur la partie nue, le malheureux adjoint, pendant que des fusils étaient tournés vers lui. C'était, on le devine, c'était la schlague qui était donnée ; c'était cette bastonnade humiliante, qui, digne d'un Allemand et à coup sûr indigne d'un Français, était administrée !

Ce qui se passa alors dans le cœur et dans l'esprit de M. Nivelle est inénarrable : le pauvre jeune homme, qui était cependant doué d'énergie, reparut devant M. Collard, abattu, brisé et comme atteint d'aliénation.

Vint ensuite le tour de ce troisième ôtage. Il

subit, en effet, l'âme navrée, la même humiliation que son compagnon, et tous deux passèrent ensuite une nuit affreuse, sur de la paille, le corps marqué de plaies saignantes.

On leur refusa un peu d'eau qu'ils réclamèrent. On les fit installer dans une voiture, sur la place publique, quand le jour fut venu, et alors, sans boire ni manger, ils passèrent là de longues heures d'attente.

Puis, on les obligea à conduire des véhicules à Courmelles, où se trouve un parc d'artillerie depuis le 20 septembre ; et, chemin faisant, le malheureux adjoint ressentit de nouveau les effets de la cruauté prussienne.

Arrivés dans le parc, MM. Nivelle et Collart furent séparés : le premier, pour être retenu encore, et le second pour être mis en liberté, avec la promesse toutefois que son compagnon serait libre, lui aussi, le lendemain matin.

Une heure, deux heures peut-être s'écoulèrent ensuite pendant lesquelles on ne sait pas bien ce qui se passa. Mais, dans la soirée, M. Nivelle, voulant fuir, dit-on, se trouva poursuivi, puis entouré par des soldats ennemis ; il tomba alors sur le sol, fut frappé à coups de crosses de fusils, reçut plusieurs balles, et, horriblement atteint, expira sanglant dans un fossé.

Je n'ai pas le courage de faire une réflexion sur ces horribles faits. Je les recueille, je les retiens en frissonnant, et je finis avec eux ma journée du 7 (21).

8 OCTOBRE

Il transpire quelques détails particuliers sur la démarche de M. le sous-préfet, ayant pour but d'obtenir l'argent nécessaire aux services publics.

M. d'Artigues est allé à Saint-Quentin. Sa demande a été accueillie, comme il convenait, par le préfet, qui siège dans cette ville (Laon étant occupé) et par le fondé de pouvoirs du trésorier général ; mais au moment où il croyait recevoir la somme, on la lui a refusée : le préfet a trouvé que sa responsabilité était engagée et qu'en cas de saisie de l'argent sur le sous-préfet il serait obligé de le rembourser. D'autre part, le fondé de pouvoirs, en présence du lièvre soulevé par le préfet, a trouvé qu'il ne pouvait remettre la somme qu'au receveur particulier de Soissons. Dans cette situation, le sous-préfet, justement mécontent, a donné sa démission (22).

Depuis quelques jours je remarquais des sentinelles allant et venant sur la montagne de Crouy, vers Bucy. Nous avons aujourd'hui le mot de ce va-et-vient : une batterie ennemie nous apparaît; elle lance plusieurs de ses engins sur Crouy, qui n'en peut mais ; elle en dirige également sur Soissons, et fort heureusement ils n'arrivent que jusqu'à Saint-Paul.

On assure qu'à la ferme de La Perrière il y a au moins 600 Prussiens, cavaliers et fantassins. Le fermier, M. Lemoine, subit des déprédations si considérables, qu'elles se traduisent déjà, dit-on, par un chiffre approximatif de 20,000 fr.

Il y a aussi des troupes étrangères à Mercin, et il importerait de les surprendre. Dans ce but, 150 hommes de la compagnie de volontaires et de la garde mobile, sous les ordres du capitaine Courcy, de la mobile, et du lieutenant Denis, de la garde nationale, sortent de la ville ; mais, arrivés sur la montagne de Presles, ils rencontrent des Prussiens, échangent quelques coups de feu avec eux et abattent une sentinelle ennemie. Dans le même moment, l'un de nos volontaires, Léon-Adolphe Juvigny, âgé de 28 ans, ouvrier peintre, est mortellement atteint par une balle, et un de nos mobiles est blessé à la jambe. Il s'ensuit un découragement immédiat qui oblige nos hommes à revenir sur leurs pas.

On trouve plus que jamais, au bureau de la place, ou au conseil de défense, que décidément il faut des troupes nouvelles, des vêtements et de l'argent, si l'on veut soutenir le siège de la ville avec plein succès. En conséquence, un nouvel effort a été fait dans ce sens. Un homme sûr et dévoué, M. Delabeaume, que j'ai cité à propos de la reconnaissance à Venizel et que j'aurais pu citer aussi comme s'étant dignement conduit lors de la reconnaissance du 24 septembre, est parti pour Saint-Quentin, où doit se trouver le trésorier général ; et le lieutenant-colonel Carpentier est aujourd'hui envoyé à Lille, dans le même but, avec le lieutenant Maudoy. En vérité, la situation est tellement critique, que les deux mots *bon voyage* n'ont jamais eu plus de raison d'être.

9 OCTOBRE

Nos mobiles sont dans un si grand dénûment que, depuis quelques jours, on recueille en ville des vêtements de toute sorte pour eux.

Chacun s'empresse de donner ; mais quelle misère encore sur le dos de ces malheureux jeunes gens, dont les uns (ceux du 2e bataillon) n'ont qu'une blouse blanche, et dont les autres (ceux du 6e bataillon) n'ont qu'une blouse bleue pour tout uniforme.

L'*Argus* cesse de paraître ; plus de nouvelles du dehors et pas assez de nouvelles du dedans pour produire un journal !

Le *Progrès* disparaît également et pour les mêmes raisons.

Il circule en ville, depuis hier, une grave nouvelle, c'est la double arrestation de M. Menessier, maire de Vailly, et de M. Legry, conseiller général de la même ville.

Un ordre signé du commandant de Noüe avait été remis récemment à un petit détachement de Soissons, composé surtout de volontaires, pour aller faire sauter le pont de Vailly, qui profitait aux Prussiens. Le petit détachement s'était muni des poudres et des engins nécessaires ; il avait gagné Vailly le 4, en prenant toutes sortes de précautions ; il y était arrivé en pleine nuit, et bientôt le pont avait cessé d'exister.

Mais les Prussiens ne tardèrent pas à remarquer l'entrave apportée à leurs succès ; ils s'en prirent à M. Menessier et à M. Legry ; ils les firent prisonniers, au nom du roi de Prusse, dans la nuit du 7 au 8, et ils les conduisirent, par des chemins impossibles, à la ferme de La Carrière-Lévêque, où se trouvait le quartier général d'un commandant (appelé Selchow), en attendant le paiement d'une amende de 20,000 francs qu'ils infligèrent à la ville de Vailly.

Aujourd'hui 14,489 fr. 15 c. réunis à la hâte chez de bons citoyens de Vailly ont été payés aux Prussiens sur cette amende (Selchow, qui appartenait à la 2e division de landwehr, en a donné reçu), et MM. Menessier et Legry ont été rendus à la liberté.

25,000 kilogrammes de bombes à mitraille sont demandés à La Fère pour la place de Soissons. Ils doivent arriver bientôt, sous la direction de M. Marcel Champion, de la Chaumière ; mais M. Lefèvre, de Juvigny, est à son poste d'observateur ou d'éclaireur : il voit des Prussiens, il fait signaler leur présence par son fils Albert, un patriote ardent, et les projectiles sont consignés à La Fère (23).

Le chiffre des prisonniers prussiens à Soissons s'élève à environ soixante. Ce monde-là mange, Dieu sait comme, et devient gênant à Saint-Léger, où il a été casé, et où déjà 500 mobiles ont été hébergés pendant deux mois. On songe alors à s'en débarrasser ; on l'évacuera sur Chauny, puis sur Amiens ; on sortira de Soissons pour le conduire jusqu'à un certain point de la route de Coucy ; là, on devra rencontrer un détachement du 43e de ligne, commandé par un sous-lieutenant, et on lui fera remise des prisonniers. Mais, on le sait, souvent l'homme propose et Dieu dispose : avant d'arriver au point convenu, les troupes de Soissons, qui escortent les prisonniers, deviennent le point de mire d'une masse de Prussiens, et, par malheur, un des nôtres, un caporal est tué. Aussitôt nous rebroussons chemin avec nos prisonniers ; nous les réintégrons à l'hospitalier séminaire de Saint-Léger, et, quelques heures après, on enterre notre pauvre soldat, dans un village voisin du lieu de la rencontre, à Clamecy.

Vers ce moment-là, quatre Prussiens, dont un médecin, sont à l'auberge du bois de Boule. Quelle bonne prise à faire pour un Français énergique comme l'est M. Lefèvre, qui les a vus et qui a même causé avec eux pour tâter le terrain : il a sous la main le détachement du 43e qui est venu inutilement, hélas ! au-devant des prisonniers prussiens. Il brûle du désir de faire cette capture avec le concours de ce détachement ; mais des Prussiens encore, cavaliers et fantassins, apparaissent tout à coup sur la route, au nombre de 200. Le détachement du 43e n'est ni aveugle, ni paralysé : il a vu et il s'éclipse avec empressement dans le bois de Boule. De son côté, M. Lefèvre hâte prudemment le pas vers la ferme de Beaumont, comprenant qu'à rester il peut y avoir danger pour sa personne. En effet, le médecin prussien lui a fait plusieurs réflexions sur ses allures martiales et n'est pas dupe de ses agissements ; aussi les soldats ennemis le suivent-ils bientôt sur les indications de ce médecin et cernent-ils immédiatement la ferme de Beaumont. Alors M. Lefèvre est plus fixé encore sur les intentions prussiennes ; il monte dans une chambre, s'y chausse de pantoufles afin de mieux échapper à ses ennemis par la course, pénètre dans une cuisine, ouvre une fenêtre pour s'enfuir, et entend à son adresse une double détonation de fusils. Un mur de trois mètres de hauteur est devant lui, garni d'espaliers ; il le franchit avec une agilité merveilleuse et tombe dans un jardin ; il veut fuir encore, il va sauter d'un mur sur lequel il vient de grimper ; mais un casque prussien pointe à ses yeux. Il tourne vite ses efforts d'un autre côté ; il arrive dans une cour et on tire de nouveau sur lui. Cependant la ferme de Beaumont lui est familière ; il va, il glisse, il fuit comme une ombre ; il entre dans une carrière ; il s'y dissimule sous de la paille ; il coupe sa barbe avec un couteau dont il est muni ; il se faufile dehors et il se dérobe complètement aux Prussiens. Il est sauvé, il respire, il est libre, et ces derniers, pour se venger peut-être, volent plus tard deux chevaux au fermier de Beaumont, M. Sampité, et dévalisent l'aubergiste du bois de Boule, M. Paya.

M. Lefèvre en est à son cinquième exploit avec les soldats du roi Guillaume. Il a joué gros jeu, surtout dans l'exécution de celui qui précède ; il va être recherché ; il le sait bientôt d'une manière toute maçonnique ; il quitte alors sa ferme, son foyer, sa famille ; et je prie Dieu, vraiment, de le prendre en sa sainte garde.

10 OCTOBRE

M. Delabeaume est rentré de sa mission pécuniaire à Saint-Quentin. Il a rencontré sur son chemin mille et un obstacles ; il a vu les Saint-Quentinois en proie à une grande émotion patriotique autour de barricades qu'ils ont faites pour se protéger contre les Prussiens, et il n'a pu mettre la main sur le trésorier général, ce fonctionnaire ayant été obligé de s'éloigner dans l'intérêt des finances françaises.

J'aperçois, depuis quelque temps, sur les hauteurs de Sainte-Geneviève, des élévations de terrain, des fascines, des branchages. Croyez-moi, cela sent le Prussien d'une lieue.

J'apprends que, hier, la verrerie de Vauxrot, appartenant à MM. Deviolaine, a été occupée par l'ennemi, que le travail a été arrêté, que la population a été chassée et qu'un pillage a eu lieu.

O Prussiens, ce sont bien là de vos coups. Je vous avais vus sur la montagne située entre Pasly et Cuffies ; vous étiez à cheval ; vous avanciez un à un, laissant entre vous une certaine distance ; vous aviez l'air tout à la fois de nous éviter et de guetter quelque proie.

Le pillage auquel vous vous êtes livrés ne me surprend donc nullement.

11 OCTOBRE

On a déjà dit et écrit que la ville était en parfait état de défense ; mais Dieu me garde d'être de cet avis, car il manque et manquera toujours des palissades, les zones militaires ne seront jamais dégagées comme il est requis à leur égard, et le blindage de la poudrière ne pourra être effectué de sitôt.

Dans cette dernière opération, des employés des ponts et chaussées commandent, des manœuvres exécutent, des mobiles sont du nombre, et des prisonniers prussiens s'en mêlent aussi, sur leur demande, pour se dégourdir les bras et les jambes. On dépensera peut-être bien une vingtaine de mille francs à ce travail, et ce sera tout à fait inutile. En effet, la poudrière est vide : ce qu'elle contenait se trouve, avec d'autres munitions, réparti dans quatorze petits abris, bâtis en pierre et en terre, cette année même, sur divers points des remparts, et réparti aussi dans deux anciennes casemates très sûres. A quoi bon alors s'obstiner à la couvrir ?

Inutile encore, et certes pour le roi de Prusse, cet autre travail décidé par le conseil de défense :

Les ponts de Missy et Condé n'existaient plus. Les Prussiens gênés par cet état de choses y avaient remédié en jetant sur l'Aisne, à Venizel, un pont de leur façon. Ce fait vint à la connaissance du conseil de défense, et bientôt celui-ci de vouloir anéantir l'ouvrage de nos ennemis. Mais comment atteindre ce but, comment arriver à Venizel sans barre dans les roues, comment obtenir un succès ?

Par terre ? — Non, la route était dangereuse.

Par eau ? — Dame, c'était une idée.

Alors, comme on ne pouvait, étant dans le port de Soissons, remonter l'Aisne à cause du barrage militaire fonctionnant près de l'Agence, on fit descendre quelque peu un bateau appelé *La Gazelle*, qui était amarré dans ces parages ; on le blinda comme une canonnière ; on chercha à le tirer de la rivière près de la passerelle du Mail, à le faire circuler par terre devant la porte de Laon, et à le lancer ensuite dans les fossés, devenus navigables, des fortifications existant du côté de Saint-Médard, pour gagner, immédiatement après, le cours ordinaire de l'eau et tomber enfin, à Venizel, sur le pont des Prussiens.

Pour mener à bonne fin l'entreprise, patrons, ouvriers, chevaux, voitures, tout fut mis en œuvre

> Dans un chemin montant, *raboteux*, malaisé,
> Et de tous les côtés au soleil exposé ;

mais pourtant, comme il n'y eut point, ainsi que dans *Le Coche et la Mouche*, un semblant

> De sergent de bataille allant en chaque endroit
> Faire avancer ses gens et hâter la victoire,

l'affaire ne réussit point, et *La Gazelle* retomba à l'eau, laissant derrière elle je ne sais quel total de dépenses.

En vérité, cela n'est pas drôle du tout.

Ceci, maintenant, est tout simplement déplorable : on croit avec raison à la présence de nos ennemis au couchant de la ville, au-delà du faubourg Saint-Christophe ; on y envoie des projectiles explosibles. L'un d'eux tombe sur la petite ferme Bomal ; un incendie s'y manifeste ; il consume les récoltes, les fourrages, la volaille, un cheval, et cause un préjudice de 19,000 fr. Même désastre à l'égard de la Maison-Rouge, située à côté.

Jusqu'à présent le commandant de place n'a point songé, ou plutôt n'a pas eu le temps de songer, tant il a à faire et tant son rôle est complexe, à l'établissement d'ambulances souterraines.

Il a en mains un état de souterrains et bâtiments à l'épreuve de la bombe ; l'Hôtel de Ville est du nombre ; il le demande, par l'intermédiaire de M. le commandant Mosbach, pour organiser un hôpital, et demande également l'évacuation de tout ce qui s'y trouve.

Les ouvrages les plus précieux de la bibliothèque sont là. Les plus belles toiles du musée sont là. Les registres de l'état-civil sont là. Les archives des ponts et chaussées sont là. Mais peu importe. Il faut les souterrains pour les blessés.

Eh bien, on s'empresse, eu égard au but

humanitaire qu'il s'agit d'atteindre, on s'empresse d'accorder les endroits restés libres ; mais, surprise par les événements, la place n'usera pas de l'autorisation.

La commission municipale, dont le devoir est d'aider à prévenir tout embarras et à assurer la défense de la ville, prie les souscripteurs du dernier emprunt émis par l'Etat, de verser aussitôt que possible, le capital, ou partie du capital afférent à leur souscription. Elle fait la même prière aux souscripteurs du dernier emprunt de la ville de Paris. Elle recommande aux commerçants, comme à tous les cafetiers et autres débitants, la nécessité de l'échange de la monnaie à la recette particulière des finances pour faciliter les transactions.

On apprend que ce matin, à onze heures et demie, un sieur Pierre, de la rue des Miracles, une nommée Louise Berlot, de la plaine Saint-Waast, et un manouvrier appelé Foy et surnommé Joinville, sont allés arracher des pommes de terre près de Saint-Paul-lès-Soissons ; que des Prussiens les ont vus, ont osé tirer sur eux et les ont blessés. Foy a même eu la jambe cassée et a été transporté à l'Hôtel-Dieu.

Plus tard, l'adjudant Pain sort avec une quinzaine d'hommes : il s'agit de fouiller le bois du château de Saint-Crépin. On y arrive, on cherche et on ne trouve rien. Les Prussiens sont plus loin, de l'autre côté de l'eau. On se voit bientôt. On se salue à coups de fusil, et, en définitive, point de résultat connu.

Les troupes prussiennes (infanterie, cavalerie, artillerie, landwehr, etc.) fourmillent tout près de nous.

Il y en a à Billy, à Venizel et à Villeneuve, depuis le 24 septembre.

Il y en a à Vauxbuin depuis le 25 septembre et à Courmelles depuis le 29 du même mois.

Il y en a à Septmonts et à Crouy depuis le 2 octobre, à Mercin depuis le 6 octobre, à Pommiers depuis le 8 octobre, à Pasly et à Cuffies depuis le 9 octobre. Et tout cela requiert, menace, exécute, boit, mange, pille, vole et détruit de la pire façon.

En revanche, qu'y a-t-il ici pour défendre la ville contre ces troupes maudites ? Il est temps, ce me semble, de compter d'une manière aussi précise que possible. Donc, nous avons, indépendamment d'environ 900 hommes, composés de la garde nationale, qui est commandée par M. Possoz ; de la compagnie de volontaires, qui est commandée par M. Blanier ; des artilleurs volontaires, qui sont commandés par M. Ringuier, et plus souvent, depuis que celui-ci a été blessé, par M. Quemet, très secondé par M. Contancin et par M. Rigaut ; d'une quinzaine de gendarmes, qui sont commandés par le capitaine Joullié ; et de quelques soldats du génie, qui sont commandés par M. Mosbach et le capitaine Farjeon :

1,851 hommes du dépôt du 15e de ligne, ayant à leur tête le capitaine Ballet, depuis que leur excellent commandant Denis a reçu une blessure ;

1,182 hommes du 2e bataillon de la garde mobile, ayant pour commandant en titre M. d'Auvigny, en ce moment en permission, et pour commandant effectif, par suite de cette absence, le capitaine Lambert ;

1,295 hommes du 6e bataillon de la garde mobile, ayant pour commandant M. de Fitz James ;

240 hommes de la 1re batterie *bis* du 8e d'artillerie, ayant pour capitaine M. de Monery de Caylus et pour lieutenant M. Josset ;

325 hommes d'artillerie mobile du Nord, formant trois batteries, dont deux de Lille et une de Bouchain, commandés par les capitaines Franchomme et Peinte de la Valette, et par le lieutenant Derenty ;

4,893 hommes au total, dont beaucoup sont en caserne, les autres campés autour de la ville, intra-muros, et d'autres encore casés chez les personnes composant les trois classes des logements militaires.

12 OCTOBRE

On publie en ville que les habitants sont tenus de laisser entr'ouvertes, nuit et jour, les portes donnant sur les rues. C'est là une bonne mesure de sécurité; elle profitera aux personnes plus ou moins obligées de circuler pendant le bombardement, qui a commencé aujourd'hui, à six heures du matin, à la grande stupéfaction de la plupart des Soissonnais.

Nos ennemis sont en effet installés sur la montagne de Sainte-Geneviève et sur la montagne de Presles, c'est-à-dire à environ deux mille mètres de nous. Ils ont démasqué sept batteries qui se composent, pour Sainte-Geneviève, de quatre pièces de 24 et de six pièces de 6, et pour Presles, de six pièces de 4, d'autant de pièces de 24 et de seize pièces de 12, au total 38 pièces.

Les Prussiens possèdent, en outre, sur un remblai du chemin de fer de Soissons à Paris, près du pont de la route de Fère-en-Tardenois et à un kilomètre de notre ville, six mortiers qui vont fonctionner activement.

Ainsi, plus de doute pour personne : Soissons subit un siège, et c'est peut-être le douzième depuis dix-neuf siècles.

Comment sortira-t-il de là ? Est-ce le cas de répéter à son sujet : « Ville assiégée, ville prise ? » Succombera-t-il, notamment, comme en l'an 57 avant Jésus-Christ, sous Jules-César; comme en 948, sous Louis d'Outre-Mer; comme en 1414, sous Charles VI; comme en 1567, sous Charles IX ; comme en 1617, sous Louis XIII ; et comme en 1814, à plusieurs reprises, sous Napoléon Ier ? Peut-on espérer un sort meilleur qu'à ces différentes et terribles époques ?

Bien téméraire, assurément, serait celui qui affirmerait que nous l'emporterons sur les Prussiens, que nous serons vainqueurs, que nous triompherons. Mais ce qu'il y a de certain pour le moment, c'est que, dans nos mains, le drapeau français sera défendu aussi dignement, aussi honorablement, aussi longtemps que possible, et ce qu'il y a de certain encore, c'est que, suivant des hommes compétents, notre artillerie obtient déjà de beaux résultats ; elle porte bien, elle touche juste, elle est en bonnes mains. Les habitants n'ont point, par conséquent, à s'occuper de l'œuvre de la défense ; les uns sont dans les caves ; d'autres se risquent dans les rues, pour leurs besoins urgents, en rasant promptement les habitations ; d'autres aussi, observent hardiment le grandiose et horrible spectacle du bombardement. Mais rien de plus.

A neuf heures du matin, des éclats d'obus

arrivent sous mes fenêtres. Je les recueille ; je les présente aux hommes d'un poste de mon voisinage, et comme c'est chose nouvelle pour eux, ils les retiennent à titre de curiosité.

Le temps marche, les projectiles fendent l'espace, le canon retentit sans cesse, et, durant l'après-midi, si l'on va encore, si l'on circule dans la ville, on ne prouve pas seulement que l'on est brave, mais on devient le témoin de choses étranges, inouïes pour le pays : tantôt on entend au-dessus de sa tête le sifflement strident des projectiles, tantôt on voit des hommes s'effacer à la hâte devant l'explosion, toujours dangereuse, des bombes et des obus ; là, c'est une maison meurtrie ; ici, c'est une devanture brisée ; ailleurs, c'est un mur abattu ; plus loin, c'est un bâtiment effondré ; dans d'autres endroits, c'est la voie publique enfoncée. Et puis, ce sont des déménagements tardifs, des visages défaits, un monde préoccupé, un peuple effaré, des cadavres conduits à l'Hôtel-Dieu. A coup sûr, le temps du calme est bien loin de nous.

Je viens d'écrire tout sèchement le mot *cadavres* ; mais je m'empresse de me compléter : ces cadavres sont ceux de braves gens, morts, eux aussi, au champ d'honneur et dont il importe de recueillir les noms et qualités. Voici donc ces renseignements :

Wicart, maréchal-des-logis-chef à la 14e batterie des artilleurs mobiles du Nord ; Danglot, caporal de la mobile ; Bécret, garde mobile ; Masson, soldat au 8e d'artillerie ; Flouques, artilleur de la mobile du Nord ; plus un soldat, inconnu pour moi, du 8e d'artillerie.

13 OCTOBRE

Les terrassements de plusieurs de nos batteries ayant beaucoup souffert dans la précédente journée, ont été rétablis avec bravoure pendant la nuit dernière, sous le feu, un peu ralenti, des Prussiens. Le capitaine commandant le 2e bataillon félicite, en conséquence, d'une manière toute particulière, les hommes de corvée de cette nuit : ils ont compris, dit-il, que leur mission était de réparer tout le tort que l'ennemi nous avait fait pendant le jour, et qu'il fallait prolonger, par un dévouement sans bornes, la durée de notre défense.

Mais notre artillerie, qui remportait hier des succès sur l'ennemi, et qui, par la précision de tir de plusieurs de nos pointeurs, avait rendu muettes diverses pièces agressives, est moins heureuse aujourd'hui ; on dit même qu'elle ne peut répondre, comme il le faudrait, aux batteries prussiennes ; nos artilleurs sont par trop peu nombreux et ne peuvent, malgré la valeur et le dévouement qu'il convient de leur reconnaître, suffire à la tâche écrasante qui leur incombe.

Plusieurs militaires et plusieurs habitants sont atteints. Le capitaine de Monery de Caylus, qui nous était précieux à plus d'un titre, est mis hors de combat par un projectile qui le rend aveugle et sourd. Un artilleur du nom de Rhimbold, échappé de Sedan, est conduit au collège (devenu ambulance), avec le bras gauche fracturé au point de nécessiter une amputation, et avec le bras droit heureusement moins endommagé. Il reçoit les premiers soins de M. le docteur Billaudeau et de M. le principal Migneaux, et, à ce moment, un obus vient s'abattre sur un lit, près d'eux et près d'un mobile atteint de la fièvre typhoïde.

Beaucoup de maisons et d'établissements sont de nouveau frappés, mutilés, abîmés.

La petite caserne, que semblait protéger le drapeau international et qui, convertie depuis quelque temps en ambulance, renfermait 154 soldats malades ou blessés, la petite caserne vient d'avoir deux ou trois victimes parmi ces derniers et s'enflamme dans sa partie supérieure, sous le feu terrible des Prussiens (24).

Un de ceux-là, un parlementaire, se présente aux portes de la ville. On les lui ouvre, on lui bande les yeux, on le conduit chez le commandant de place, rue Richebourg, et l'étonnement est grand parmi les habitants qui, non cachés, risquent les projectiles ennemis.

Deux petites heures s'écoulent pendant lesquelles le tir devient silencieux. La nouvelle de la présence de ce parlementaire dans « nos murs » (c'est le cas ou jamais d'écrire ces deux mots provinciaux) circule partout. On veut le voir, et, en définitive, on ne le voit pas : le parlementaire, encore les yeux bandés, a été reconduit aux abords de la ville, non par les rues pleines de monde, mais par les remparts à peu près déserts.

Le commandant d'artillerie, M. Roques-Salvaza, sort alors de chez le commandant de place. Il a assisté à l'entrevue ; il ne paraît pas alarmé ; tout est peut-être pour le mieux ; mais non, si le commandant n'est pas troublé, c'est parce que déjà il a lui-même tiré de nos remparts sur les Prussiens et qu'il est prêt à tirer encore, voilà tout. Quant au parlementaire, il est en quelque sorte venu demander si la ville était assez éprouvée, si elle avait des propositions à faire, si elle voulait se rendre. Il lui a été répondu que la place continuerait à résister tant que la défense serait possible, et il lui a été fait observer que le bombardement dont on était l'objet était contraire aux lois de la guerre, que l'artillerie prussienne ne s'en prenait pas aux murs d'enceinte de la ville, mais aux maisons, mais aux monuments, que les ambulances n'étaient même pas épargnées, et que l'une d'elles, celle de la petite caserne, avait pris feu.

Alors ce parlementaire, qui était un homme courtois, avait le grade de capitaine, portait le titre de comte et le nom de Schleitten, d'excuser les batteries prussiennes, de dire qu'il rapporterait à S. A. R. le grand-duc de Mecklembourg, sous le commandement général duquel se fait le siège, et qui occupe en ce moment le château de Buzancy, avec un état-major et 800 hommes, les paroles qu'il avait entendues, qu'assurément S. A. R. le grand-duc regretterait ce qui, par mégarde, était arrivé, et que pareils faits ne se reproduiraient certainement pas.

Pendant ce temps, on évacuait sur Saint-Léger, les pauvres malades ou blessés qui étaient à l'ambulance de la petite caserne ; mais cette opération n'était pas terminée et le parlementaire avait à peine quitté la place, que déjà le bombardement redoublait de violence, qu'une brèche était entamée au midi de la ville, au mur du rempart Saint-Jean, regardant Chevreux, et que, vers le soir, l'hôpital général, cet établissement que l'on citait comme un des plus beaux de ce genre dans notre département, l'hôpital général était en flammes sur ses cent mètres d'étendue, en flammes, quoique des drapeaux blancs à croix rouge aient été fixés à son sommet, en flammes par le fait des projectiles ennemis, en flammes, enfin, malgré la promesse du parlementaire.

Le concierge, un nommé Carpentier, est gravement blessé par un éclat d'obus. Le président et les vice-présidents de la commission municipale, des membres de la même commission, des habitants dévoués, des soldats et des mobiles organisent et apportent des secours, mais inutilement : le bel immeuble, l'abondant mobilier, tout ou presque tout brûle. Demain, il ne restera en place que des murs calcinés, qu'un lambeau de rideau à une fenêtre, et on évaluera le préjudice à 800,000 francs !

Trois cents personnes (vieillards, hommes, femmes et enfants) sont tirées de là, désespérées, affolées, anéanties ; elles reçoivent l'hospitalité à l'Hôtel-Dieu, et toutes, heureusement, sont sauvées, à l'exception d'une infortunée vieille femme d'Osly-Courtil, nommée Félicité Dudon, qui est tuée par un éclat d'obus.

Dans cette affreuse journée du 13, une dame veuve Oudoux, née Bonnard, âgée de 74 ans, meurt à l'Hôtel-Dieu, des suites d'une blessure produite par un projectile prussien, pendant le bombardement.

Foy, dit Joinville, y meurt également de la blessure qu'il a reçue le 11, dans un moment où il arrachait des pommes de terre près de

Saint-Paul. Il laisse une veuve et huit enfants sans ressources.

Une jeune blanchisseuse, Victoria Lévêque, sort d'une cave de la rue des Minimes, avec sa sœur et un enfant. Elle est tuée par un projectile. Sa sœur est blessée mortellement. L'enfant n'est point touché.

Deux soldats du 15ᵉ de ligne (les nommés Guenion et Vincent) expirent à l'ambulance de la petite caserne.

Enfin, le sergent Martin, du même régiment, succombe après avoir été blessé.

14 OCTOBRE

Il est sept heures du matin. Il y a réunion de la commission municipale à l'Hôtel de Ville. Le président fait au bruit continu du canon un exposé de la triste situation dans laquelle se trouve la ville par suite du bombardement qu'elle subit.

La commission adopte la teneur de cet exposé, et copie en est transmise à M. le commandant de place, pour qu'il y ait tels égards que de raison ; il doit savoir, d'ailleurs, à quoi s'en tenir, car il circule partout sans crainte du danger.

Nous devions nous attendre à soutenir un siège régulier, dont la durée pouvait être longue et pénible; mais nous ne devions pas croire que le bombardement qui dure depuis le 12 de ce mois et qui est fait avec des engins formidables, placés sur des positions qui commandent la ville, rendrait à peu près inutile toute défense et anéantirait, comme il le fait, une grande partie de Soissons.

La place de Toul a subi un mois de siège et s'est rendue parce que, dit-on, vingt-six de ses habitations avaient été brûlées et parce que son approvisionnement devenait impossible. Elle avait, ajoute-t-on, résisté un mois à des batteries de campagne; mais elle aurait été obligée de céder à vingt-quatre heures d'artillerie de siège.

Que va devenir Soissons, cependant? Depuis le triste réveil du 12, il n'y a pas seulement ici vingt-six maisons détruites : on peut constater sans exagération que plus d'un tiers de la ville est à peu près détruit, incendié ou rendu inhabitable.

Des monceaux de débris jonchent le sol; la désolation est partout; la plupart des habitants sont toujours dans les souterrains; des mobiles, des soldats qui ne sont pas de service s'abritent de la même manière; l'Hôtel-Dieu est très endommagé; le service des malades et blessés y devient difficile; les approvisionnements souffrent; deux boulangeries sont incendiées ; d'autres utilisent péniblement leurs fours ; et l'argent manque dans les caisses publiques.

Vers la rivière, dans la partie basse de la ville, les caves sont remplies d'eau et ne peuvent être habitées à cause du fonctionnement du barrage militaire dans la rivière même. D'un autre côté, la grande caserne est abandonnée à ses étages supérieurs, et plusieurs soldats y ont été blessés. Les gardes mobiles logés dans les quartiers frappés ou incendiés n'ont plus d'asile ; ils se sont réfugiés dans des casemates et n'importe où, avec leurs vêtements plus qu'insuffisants ; et beaucoup de ces jeunes gens sont en outre atteints de dyssenterie et de variole.

La troupe se plaint, la troupe murmure ; son service n'est pas ce qu'il devrait être à cause de la nature même du siège, à cause du bombardement ! Et puis, le lieutenant-colonel Carpentier n'est point rentré de sa mission à Lille, et le commandant d'Auvigny est absent par suite de permission.

Devant cette impuissance, le découragement se produit. Si l'anéantissement de la ville devait sauver la France, on pourrait se résigner ; mais non, le sort de la France ne dépend point de la résistance plus ou moins prolongée de la place de Soissons ; il va donc falloir aboutir à quoi ?

Je frémis en traçant le mot... Aboutir à une capitulation !

Les morts sont moins nombreux qu'hier, et cependant en voici encore trois que l'on enregistre à l'état-civil :

Un soldat du nom de Godard, un mobile du nom de Brossart, et un militaire du 15e de ligne.

15 OCTOBRE

Dix heures du matin. — Le canon retentit toujours. La ruine, la mort et la famine, voilà, semble-t-il, le sort de plus du tiers de la population.

Les belles flèches de Saint-Jean-des-Vignes sont affreusement mutilées ; l'église et le pensionnat de la Croix sont détruits ; l'école communale des Frères a reçu un grand nombre de projectiles ; l'Hôtel-Dieu, quoique transformé en ambulance, n'a pas été épargné ; le collège est transpercé par plus de vingt bombes ; l'Arquebuse est à jour ; l'évêché n'est point sans blessure ; une nouvelle quantité d'habitations sont détériorées, abattues, écrasées ; des troupeaux de moutons sont décimés, et des bœufs sont tués affreusement.

Trois quartiers seulement sont comme privilégiés jusqu'à présent : c'est tout ce qui environne la Grand'Place, c'est l'Hôtel de Ville, et c'est le faubourg Saint-Waast.

Plusieurs artilleurs sont blessés à leurs pièces et sont transportés dans des ambulances. Le commandant d'artillerie en est affecté. Il sait que l'on compte sur ses hommes pour défendre la ville, et si ses hommes lui manquent, qu'arrivera-t-il ?

Selon lui, et il est à même d'en juger, la conduite de tous est superbe. Il dit que les artilleurs mobiles du Nord et les artilleurs volontaires de notre ville donnent à l'artillerie de ligne de la place un concours dévoué, incessant, et il affirme que, depuis le premier jour du bombardement, les 12e 14e et 16e batteries de la mobile du Nord font preuve d'une bravoure des plus honorables.

On ne peut plus, on ne veut plus enterrer les morts au jardin de l'hôpital ; il y en a en ville qui datent de cinq jours ; on va les inhumer dans un fossé de rempart, derrière le jeu de paume, et encore est-ce avec précipitation.

On se soulève, on se rend à l'Hôtel de Ville pour y provoquer, avec la municipalité, auprès du commandant de place, une démarche tendant à une capitulation, car la lutte est reconnue impossible ; on ne peut risquer sa vie utilement ; on sera littéralement écrasé sans défense efficace.

La situation est horrible ; mais l'administration municipale reste ferme à son poste : elle ne peut, elle ne doit point se mettre à la tête d'une députation allant demander au commandant de Noüe de capituler.

De son côté, et au nom de ses paroissiens, le curé-archiprêtre déplore le genre de guerre dont nous sommes victimes. Voisin de la cathédrale, qui est frappée, qui est meurtrie sur plusieurs points, et dont plus de 2,000 vitraux sont brisés, il souffre, il gémit ; son cœur prie et saigne.

On pense que plusieurs années ne suffiront pas pour relever complètement les ruines qui s'amoncellent ; et quand on saura que la ville a tout subi, que sa résistance n'était plus possible, que notre artillerie a été obligée de cesser de tirer en présence de feux convergents de l'ennemi, on comprendra sans doute que, dès aujourd'hui, on ait songé à une capitulation.

Des sacrifices de vie et de fortune peuvent être faits encore, mais à la condition qu'ils seront utiles. Et Dieu sait si la situation présente a mis à couvert la responsabilité militaire.

Trois heures de l'après-midi. — L'état matériel de l'Hôtel-Dieu offre un affreux spectacle. Environ 500 personnes, dont 195 malades, sont menacées d'asphyxie dans des caves, accumulées qu'elles sont-là. Et plus d'approvisionnements par suite de l'incendie de l'hôpital !

Les ambulances, particulièrement, sont des plus affligeantes. Les malades ou blessés n'y sont pas tous en sûreté, le tir ennemi ne respectant rien ; mais les docteurs Billaudeau, Fournier, Marchand, Marcotte et Missa se multiplient d'une manière admirable, et des élèves en médecine, des religieuses de l'hôpital (25), de l'Hôtel-Dieu, de Saint-Vincent-de-Paul, de l'Enfant-Jésus, ainsi que des prêtres, en tête desquels je dois placer M. l'abbé Dupuy, supérieur du séminaire Saint-Léger, et M. l'abbé Variéras, professeur au même séminaire, se dévouent à chaque instant du jour et de la nuit.

J'ai déjà parlé de trois ambulances établies aux principales portes de la ville. Je dois dire maintenant que la pensée en revient à M. le docteur Billaudeau. L'ambulance de la porte de Reims est établie dans la maison Létrillard Wateau, celle de la porte de Paris dans la maison Riglet, et celle de la porte de Laon dans la maison Fageot.

A l'ambulance de la porte de Reims, des blessés reçoivent, dans un souterrain, des soins de plusieurs sœurs de l'Enfant-Jésus, et, pendant ce temps, au-dessus de leur tête, des bombes ravagent la maison, et un incendie consume les dépendances, de telle sorte qu'il en résultera un dommage supérieur à soixante mille francs.

La mairie, où viennent se centraliser les renseignements les plus sûrs, et dont les bureaux fonctionnent sans relâche, la mairie cherche à caser des familles chassées de leurs logements par l'incendie et surtout par les destructions, mais elle n'y parvient pas toujours.

L'esprit de la troupe et même du corps d'officiers laisse beaucoup à désirer par suite de l'absence de plusieurs chefs. Si jamais un assaut est livré et ne peut être repoussé, quelle horrible perspective pour la ville !

Les incendies continuent; on en compte plus de vingt-cinq, les uns complets, les autres partiels, et on voit leurs traces désolantes à l'hôpital général, au grand séminaire, à l'arsenal, au portail de Saint-Jean, à la poudrière de la régie, à la grande caserne, à la petite caserne, à la pension Saint-Georges, aux maisons Lebrun-Sagny, Bouquet, Daron-Sonnette, Adet, Pestelle-Muller, Létrillard-Wateau, de La Prairie, Pasquier-Remy, Flobert, Bigat, Grevin, Legry, Beuvart, Lempereur, de Noiron, Hutin, Vidron-Lamessine, Norbert Deviolaine, etc., etc.

Il semble vraiment qu'aucune ville ne puisse subir avec plus de persistance autant de ruines et de misères.

A quelle limite doit-on s'arrêter pour avoir bien mérité de la patrie ? Je ne sais.

De plus grands sacrifices sont-ils nécessaires ? Je ne le crois pas.

Sont-ils possibles ? Oui, mais à quoi bon ?

Le commandant de place, qui s'est très exposé jusqu'à présent et qui a été légèrement blessé, a en effet répondu au premier parlementaire prussien venu à Soissons que tout le monde était disposé à s'ensevelir sous les murs plutôt que de se rendre. Et, il faut le reconnaître, nous ne sommes pas encore ensevelis, grâce à Dieu.

Mais nous sommes accablés, nous sommes abattus, nous sommes malheureux, nous ne pouvons vaincre : voilà qui est vrai, qui est positif. Et pourtant, il y a des braves ici : indépendamment des militaires et des civils que j'ai déjà nommés dans ces pages volantes, 78 enrôlements volontaires ont déjà eu lieu, des habitants du quartier Saint-Martin volent aux remparts pour y porter des aliments aux artilleurs, et le commissaire de police, M. Adam, cite aujourd'hui les noms des personnes qui se sont le plus distinguées dans les incendies qui ont éclaté jusqu'alors. Ces noms, les voici ; il est bon qu'on les connaisse :

Denis, officier de la garde nationale ;

Létrillard, sergent-major de la garde nationale ;

Prévost, sergent-major des sapeurs-pompiers;

Bonnouvriée père, dit *Fontaine*, ancien sous-officier des sapeurs-pompiers;

Bonnouvriée frères, de la compagnie de volontaires;

Guilbaut, sous-officier de la même compagnie, chevalier de la Légion d'honneur;

Berthe, clairon des volontaires;

Bardou et Heutrié, soldats du 15ᵉ de ligne;

Sagot, caporal cordonnier du 15ᵉ;

Gaudry, caporal tailleur du 15ᵉ;

Laurent Jacob, marchand de peaux;

Allat, chauffeur au chemin de fer;

Cochet fils, de la rue du Commerce;

Joly-Corby, de la même rue;

Jean Leroy, de la rue Saint-Quentin;

Alphonse Deveaux, couvreur;

Carpentier, marchand au faubourg Saint-Waast.

Le commissaire ajoute avec raison qu'on ne saurait trop féliciter les frères Bonnouvriée, plus connus sous le nom de *Fontaine,* de leur belle conduite : partout où se trouve le danger, on est sûr de les rencontrer.

Et moi-même j'augmente son appréciation de ces quelques mots très nécessaires : bien d'autres dévouements se sont produits chez nous et seraient à signaler à cette place, mais, faute d'indications précises, j'ai le regret de ne pouvoir les relater maintenant, et me borne à nommer, comme s'étant vaillamment conduits, MM. Cotté, lieutenant des pompiers, Drapier père, Drapier fils, Dumesnil, Fracville, Naudin, Guillet, Cercus, Louis Flamant, Lépine, pompiers, et Dudon-Mahon, plombier.

Les faits abondent, au surplus, en ce jour néfaste, et comme les précédents, je les enregistre au nom de l'histoire du pays.

Une jeune femme, Marie-Eugénie Sca, épouse d'un menuisier du nom de Lévêque (Antoine), meurt des suites d'une blessure d'éclat d'obus, blessure qu'elle a reçue le 13, au moment où sa sœur tombait foudroyée à ses côtés. Elle laisse un enfant de six mois et un autre de quatre ans, aux soins affectueux de son mari.

Un sieur Louis Collière, âgé de 72 ans, domestique, rue des Feuillants, meurt par le fait d'un éclat de bombe qu'il reçoit dans une cour.

Un boulanger militaire de la manutention expire.

Un maçon de Villeneuve, nommé Judas, est tué.

Un garde mobile, appelé Parisse, blessé hier, succombe.

Un autre garde mobile, nommé Maroteau, meurt à l'ambulance de Saint-Léger.

Deux soldats du 15ᵉ tombent frappés l'un au crâne, l'autre au genou.

Et un uhlan du nom de Seggert termine ses jours à l'Hôtel-Dieu.

De longues tranchées prussiennes existent non loin de la place. Deux nouvelles batteries ennemies vont être installées dans les environs du moulin Notre-Dame. Tous les murs des fortifications, depuis la porte de Paris jusqu'à la porte de Reims, sont criblés par une partie des nombreux projectiles — environ 15 à 16,000 (26) — qui sont tombés sur nous jusqu'à ce jour. Le bastion Saint-Jean est découronné, démantelé, et, de plus, une large brèche, entamée le jeudi 13, est faite par l'ennemi au mur d'enceinte de la ville, côté du midi, vis-à-vis de Berzy-le-Sec ; elle a trente mètres de longueur ; elle est praticable ; un assaut est possible ; la ville peut être prise et pillée.

Les victimes des diverses opérations du siège, victimes intéressantes, assombrissent nos mémoires ; les incendies d'immeubles et de mobilier sont considérables ; les destructions de même nature sont immenses ; les pertes matérielles dans l'intérieur de la ville sont d'environ 1,700,000 francs ; la mesure paraît donc suffisamment comble ; aussi, dans les premières heures de la nuit, y a-t-il des pourparlers entre deux parlementaires, afin de régler les conditions d'un armistice ou d'une capitulation.

Deux coups de canon viennent encore d'être tirés des montagnes voisines, mais c'est parce que l'ennemi n'est pas prévenu sur tous les points ; toutefois le clairon que l'on entend annonce que l'entrevue a lieu.

Sur ces entrefaites, le lieutenant-colonel Carpentier et le lieutenant Maudoy arrivent de leur voyage. Ils n'ont point obtenu de troupes à Lille pour renforcer notre garnison ; mais ils ont vu le général Espivent, qui leur a fait remettre des vêtements et des chaussures pour la mobile, plus 250,000 francs pour les besoins de la place. Chemin faisant, ils ont appris que l'on bombardait Soissons. Comprenant alors que les effets et l'argent qu'ils rapportaient devenaient inutiles, ils les ont laissés en route et ont cherché à gagner Soissons. Parvenus dans la plaine de Saint-Crépin, ils rencontrent le commandant d'Auvigny, qui revient de permission et qui fait mille efforts pour rentrer dans la place. Un mobile, également rencontré, est avec eux, et afin de ne pas éveiller l'attention des Prussiens qui peuvent être là quelque part, ils se séparent, ils se divisent : MM. d'Auvigny et Maudoy pour aller d'un côté, M. Carpentier et le mobile pour aller d'un autre côté. Ces deux derniers, touchant à l'écluse du Mail, entendent à leur adresse les mots : « Qui vive ! » Ils ne répondent pas, ne sachant à qui ils ont affaire. L'interpellation est répétée. Une détonation d'une dizaine d'armes à feu suit de près. Personne n'est atteint. Des mobiles sortent de l'habitation de l'éclusier. M. Carpentier est reconnu. On se félicite de n'avoir point causé mort d'homme, et le lieutenant-colonel pénètre dans Soissons par une porte de secours.

Onze heures du soir. — Le moment est solennel et suprême. Deux hommes sont en présence l'un de l'autre dans une maison flagellée de la rue Richebourg, n° 22. L'un est Prussien, l'autre est Français ; l'un est vainqueur, l'autre est vaincu ; l'un prend la place, l'autre l'abandonne ; en un mot, ma malheureuse ville de Soissons, dont l'honneur est sauf, Soissons que l'on investit depuis un mois, Soissons que l'on bombarde depuis quatre jours et trois nuits, Soissons capitule dans les termes suivants ; et moi, témoin oculaire et auriculaire de sa résistance, de sa lutte, de son courage, de sa vaillance, de son patriotisme, je dépose ma plume, les yeux en pleurs, le cœur brisé !

« Entre les soussignés :

« Le colonel von Krenski, chef d'état-major du 13e corps d'armée, chargé de pleins pouvoirs de S. A. R. le grand-duc de Mecklembourg,

« Et le lieutenant-colonel gouverneur de Noüe,

« La convention suivante a été conclue ;

« Article premier. — La place de Soissons, avec tout le matériel de guerre qu'elle renferme, sera livrée à la disposition de S. A. R. le grand-duc de Mecklembourg.

« Article 2. — La garnison de Soissons, comprenant tous les hommes qui ont porté les armes pendant la durée de la défense, soit en uniforme ou non, est prisonnière de guerre.

« Sont exceptés de cet article les gardes nationaux et les gardes mobiles qui habitaient la ville et l'arrondissement de Soissons avant que la guerre fût déclarée.

« Article 3. — En considération de la défense valeureuse de la place, tous les officiers et employés supérieurs ayant rang d'officiers qui engageront par écrit leur parole d'honneur de ne plus porter les armes contre l'Allemagne, ni d'agir en rien contre ses intérêts durant la guerre actuelle, seront mis en liberté. Ceux qui souscriront à ces conditions conserveront leurs armes, leurs chevaux, leurs effets et leurs domestiques.

« Article 4. — Demain, à deux heures, la garnison entière sera conduite sans armes sur le glacis de la porte de Reims.

« Article 5. — Le matériel de guerre, comprenant drapeaux, canons, armes, chevaux, caissons, munitions, etc., etc., sera livré à trois heures, par les chefs de service, à une commission prussienne.

« Article 6. — Tous les médecins militaires resteront pour soigner les blessés.

« Article 7. — En considération de ce que la ville a souffert, elle ne subira d'autre contribution que celle de nourrir la garnison, après épuisement des approvisionnements laissés dans les magasins de l'Etat.

« Fait à Soissons, à onze heures du soir, le 15 octobre 1870.

« Signé : Von Krenski et de Noüe. »

L'OCCUPATION ALLEMANDE

DANS LE SOISSONNAIS

en 1870-1871

PREMIÈRE PARTIE

L'OCCUPATION ALLEMANDE
A SOISSONS

CHAPITRE Ier

LA PRISE DE POSSESSION DE LA VILLE

J'ai terminé le *Siège de Soissons* par la transcription du traité de capitulation de cette ville, qui a été signé le samedi 15 octobre 1870, à onze heures du soir.

Tout le reste de la nuit du 15 fut d'une tranquillité surprenante pour la population soissonnaise. Le feu avait cessé du côté des Français comme du côté des Prussiens ; l'horrible grêle métallique s'était arrêtée ; on n'entendait plus le sifflement aigu des projectiles, ni l'explosion des obus, et on ne voyait plus la moindre lueur d'incendie.

Que se passait-il donc ? On l'ignorait absolument. Mais, le lendemain matin, 16, dès six heures, la commission municipale (27) se réunissait à l'Hôtel de Ville ; le président, M. Henri Salleron, lui donnait connaissance du traité de capitulation ; il lui exprimait le regret que le texte de ce traité fût si bref et si incomplet ; il lui déclarait qu'à son avis la présence d'un membre de la municipalité aux débats de la capitulation aurait incontestablement amené la solution de plus d'une question restée indécise ; et la commission s'associait aux sentiments de son président.

D'autre part, on publiait bientôt à son de caisse un avis ainsi conçu, et le silence de la nuit était alors expliqué à tous :

« La commission municipale a été informée ce matin, par le commandant de la place de Soissons, que, le conseil de défense entendu, et prenant en considération les souffrances de la ville, il avait dû signer la reddition de la place, qui sera remise à l'autorité prussienne aujourd'hui à deux heures ; et, en ce qui concerne la ville, que, d'après un article de la convention, elle n'aura à subir d'autre contribution que celle de nourrir la garnison, après l'épuisement des approvisionnements laissés dans les magasins de l'Etat.

« Les membres de la commission municipale recommandent à leurs concitoyens l'attitude et le calme que réclament les tristes nécessités de la situation.

« Soissons, le 16 octobre 1870.

« *Le Président*,
« H. SALLERON. »

Soissons avait résisté un mois et retenu autour de lui environ 15,000 hommes. On a dit 22,000 hommes ; mais si l'on prend la peine de consulter les relevés dressés par les maires de l'arrondissement, sur la demande qui leur en a été faite par l'assemblée nationale, on verra que ce chiffre est singulièrement exagéré. Soissons avait ainsi inquiété les Prussiens, il les avait gênés, il les avait attaqués, et il leur avait nui dans leur marche sur Paris. Il a donc rendu au pays de sérieux services, et je cite le fait avec un légitime orgueil. Ceux qui écriront l'histoire générale de ces temps néfastes devront se prononcer dans le même sens, s'ils veulent rendre hommage à la vérité. Sans doute Soissons a été vaincu, Soissons a capitulé ; mais que l'on renverse les rôles, que l'on mette les Prussiens dans Soissons, et les Français sur les hauteurs voisines, on verra qu'il est impossible à l'assiégé de ne pas succomber aussi vite. J'affirme même une chose, c'est que si les Prussiens l'avaient voulu, ou s'ils avaient eu plus d'artillerie autour de la ville, il ne leur eût pas fallu quatre jours et trois nuits pour se rendre maîtres de la place, mais vingt-quatre heures au plus.

Ce ne fut pas à deux heures, mais à quatre heures que Soissons fut remis à l'autorité prussienne, c'est-à-dire au grand-duc de Mecklembourg, qui en avait fait le siège avec l'officier supérieur Selchow, et qui commandait le 13ᵉ corps d'armée. Depuis le matin, et tandis qu'un ballon se dirigeant vers le nord planait sur la ville et intriguait les habitants, certains hommes appartenant à la population militaire se montraient mécontents de la capitulation, et certains autres, qui faisaient d'autant plus les braves qu'ils savaient que tout danger était passé pour eux, criaient plus encore. Ils feraient, disaient-ils, sauter la ville au moment où les Prussiens entreraient. La plupart des petites poudrières nouvellement construites sur les remparts n'étaient pas fermées. Ils s'empareraient de leur contenu, et alors on verrait comment on a raison d'une capitulation qu'ils trouvaient prématurée.

La menace parut sérieuse. On chercha les clefs de ces poudrières, et, dans l'état de désordre où la place était, ce ne fut pas chose facile de les trouver. On y parvint en partie cependant ; mais si des projectiles furent dès lors en sûreté, il en resta encore beaucoup d'autres disponibles.

Longtemps aussi on chercha les clefs des portes de la ville. L'ennemi était là depuis deux heures ; il attendait, il se massait, et il ne pouvait entrer par suite de ces incidents. Prévenu de ce qui se passait, il accepta les causes du retard, et il comprit qu'en cas de surprise fâcheuse, ou d'événement déplorable à son entrée, il ne pourrait s'en prendre qu'aux auteurs mêmes du fait (28).

Il était quatre heures (nous l'avons dit) lorsque les Prussiens, au nombre d'environ 8,000 (on a écrit 22,000 ; mais mes renseignements sont exacts et réduisent ce chiffre à environ 8,000), prirent possession de la place. C'était un dimanche. Le temps était sombre. Plusieurs quartiers de la ville étaient pleins de décombres et de débris, tant ils avaient été frappés par le bombardement ; toutes les maisons, tous les magasins étaient fermés ; partout un silence pénible, un silence de glace, un silence de plomb ! Et les hommes qui avaient inspiré des craintes par leur attitude menaçante se turent comme les autres.

Qu'un régiment français traverse la ville, on le regarde avec intérêt, avec curiosité et avec plaisir, de tous les endroits possibles ; mais quand les Prussiens envahirent Soissons, si on les examina, ce fut avec douleur et caché quelque part, derrière une persienne ou un rideau. J'avoue cependant que moi qui eus à essuyer la rencontre d'un escadron de cavaliers rue du Collège, je les observai avec intention, pour pouvoir en parler sciemment un jour. Je les trouvai calmes et dignes ; mais je n'oublierai jamais leurs casques pointus, ni leurs manteaux pâles, et j'aurai toujours dans les oreilles le son des fifres et le bruit des tambours d'un régiment de landwehr qui débouchait au carrefour de la Grosse-Tête et qui venait, avec d'autres troupes, d'être passé en revue par le grand-duc de Mecklembourg, sur la place de la Cathédrale.

Peu de temps après, cette Altesse Royale entrait à l'Hôtel de Ville, avec une suite d'officiers, de soldats et d'équipages. Ayant conquis la place, elle venait jouir de son triomphe, et elle s'installait, pour un jour, à la sous-préfecture, qui dépendait de l'Hôtel de Ville et qui était vacante depuis le 8 octobre 1870, date du départ de M. d'Artigues, sous-préfet démissionnaire.

Un homme jeune et de taille ordinaire accompagnait aussi le grand-duc. Il parlait parfaitement notre langue ; sa famille était d'origine française ; il avait des parents à Senlis et dans l'Orléanais ; il s'appelait von Parseval, était chambellan du roi de Bavière, et on allait nous l'imposer comme sous-préfet prussien.

Un officier qui s'appelait von Stülpnagel, et un autre officier qui se nommait Halke se présentaient dans le même moment à l'Hôtel de Ville. Le premier prenait la qualité de commandant de place, et le second celle de lieutenant et major de place. Ils appartenaient à la landwehr ; ils venaient assurer le logement immédiat de leurs troupes et faire les premiers actes des fonctions qu'ils étaient chargés de remplir à Soissons. Après avoir salué l'administration municipale, ils se mirent à l'œuvre, et ce ne fut pas difficile pour eux de nouer des rapports, car, comme le sous-préfet, ils parlaient couramment la langue française. Le lieutenant Halke demanda et on lui remit un plan de la ville. Il l'examina et le comprit en un instant. Il divisa Soissons en quatre parties. Il prit note des rues et des places ; il passa son travail à des officiers et sous-officiers qui l'attendaient, et, aussitôt après, les 8,000 hommes se répandaient dans les divers quartiers de la ville et envahissaient les habitations sans être munis de billets de logement. Plus la maison avait d'apparence, plus elle recevait de Prussiens. Ces gens-là recherchaient tout le confortable possible.

Au même instant, des officiers d'administration arrivaient devant M. Salleron, président de la commission municipale, qui se trouvait avec ses deux vice-présidents, MM. Choron et Dumont. Ces deux officiers avaient une vilaine mission à remplir, celle de saisir, de confisquer les caisses publiques, comme pour contribuer à la guerre, et ils avaient besoin de renseignements à ce sujet ; mais le président, de même du reste que les vice-présidents, n'était pas homme à les servir en pareille circonstance, ni en toute autre d'ailleurs. Les officiers n'obtinrent donc de lui rien qui leur fût utile ; il plaida même avec insistance la cause des caisses établies en ville, et il invoqua le bénéfice de l'article 7 de la capitulation, qui disait, répétons-le, qu'en considération de ce que la ville avait souffert, elle ne subirait d'autre contribution que celle de nourrir la garnison, après épuisement des approvisionnements laissés dans les magasins de l'Etat. Mais il ne put gagner qu'une chose, le respect de la caisse municipale, ainsi que des caisses du bureau de bienfaisance et des hospices, qui sont des caisses privées, et, par conséquent, n'appartiennent nullement à l'Etat.

Sortis de l'Hôtel de Ville, ces officiers, au nombre desquels se trouvaient un inspecteur des postes appelé Schaun et un intendant nommé Nagel, s'emparèrent au nom du roi de Prusse :

A la recette particulière des finances, d'une somme de 91,781 fr. 61 c. en numéraire et en billets ;

Chez M. Dorival, percepteur de la ville, de 237 fr. 97 c. en argent ;

Chez M. Curillon, receveur principal des contributions indirectes, de 419 fr. 85 c., et, en outre, de tabacs et de cigares d'une valeur de 50,926 fr. 72 c. ;

Chez M. Vaillant, receveur de l'enregistrement des actes civils, de divers papiers timbrés représentant une somme d'environ 1,000 fr. ;

Et chez M. Mougenot, receveur des postes, de 4 fr. 95 c. en argent, et de 11,959 fr. 90 c. en timbres-poste.

Heureusement ils ne surent pas qu'ils pouvaient faire visite à M. Lesage, percepteur de Vauxbuin, en résidence à Soissons, et à M. Fournery, percepteur de Pommiers, aussi en résidence à Soissons ; de sorte que les caisses de ces deux fonctionnaires furent épargnées.

A ce moment de la prise de possession de la ville nos autres pertes et dommages de guerre se traduisaient par les résultats suivants :

L'ennemi nous avait occasionné un préjudice total de 4,608,179 fr. 23 c., tant pour destruction ou incendie de 107 maisons, dans nos faubourgs, d'après les ordres du conseil de défense de la place, que par le bombardement de la ville, du 12 au 15 octobre, pendant quatre jours et trois nuits.

Il nous avait tué 41 soldats.

Il avait fusillé 11 civils.

Il avait causé la mort de 21 autres civils.

Au total il avait fait 73 victimes, sauf erreur ou omission (29).

De plus, il avait blessé de nombreux habitants, au nombre desquels on peut citer MM. Devaux, Gérard, Gavériaux, Lacroix, Vaillant, etc.

Il allait nous prendre tout un matériel de guerre : 120 canons, 5,000 fusils, des poudres, des projectiles, des chevaux, des caissons, des drapeaux, des effets d'équipement.

Et il faisait plus de 4,000 prisonniers.

En outre, aux termes de la capitulation, il devait employer pour les troupes d'occupation, à Soissons, les approvisionnements de la place jusqu'à épuisement ; et selon M. Pagès (un de nos officiers d'administration) on comptait encore dans les magasins pour 252,123 francs de blé, farine, biscuit, sel, sucre, café, riz, son, sacs, vins, eau-de-vie, lard, légumes, paille, avoine, luzerne, bois, etc. Or, l'ennemi allait enlever la plus grande partie de ces approvisionnements pour d'autres villes, malgré des protestations réitérées de l'administration municipale. On avait naturellement redouté les abus, les injustices ; on eut tout cela, et même davantage, comme on le verra plus loin.

« En considération de la défense valeureuse de la place, disait l'article 3 de la capitulation, tous les officiers et employés supérieurs ayant rang d'officiers qui engageront par écrit leur parole d'honneur de ne plus porter les armes contre l'Allemagne, ni d'agir en rien contre ses intérêts durant la guerre actuelle, seront mis en liberté. » Des officiers de la garde mobile dont le sort avait ainsi été séparé à tort de celui de leurs soldats, s'engagèrent devant l'autorité prussienne, le 16 octobre, à ne point servir contre l'Allemagne et obtinrent par cela même leur liberté. Quant à leurs soldats, ils prirent la route du pays ennemi avec le 15e de ligne ; toutefois, chemin faisant, et arrivés la nuit au bois des Bâtis ou de Saint-Jean, territoire de Rozoy-le-Grand, plusieurs de ces pauvres diables eurent aussi une envie grande de liberté : ils s'enfuirent alors, et les Prussiens qui les escortaient tirèrent sur eux. De là un désordre, un pêle-mêle, un sauve-qui-peut général, et le lendemain, au point du jour, on trouvait sur le sol deux cadavres : celui d'un nommé Jules-Dagobert Crant, âgé de 23 ans, né à Sommeron, et celui d'un inconnu, paraissant âgé de 25 ans et portant une chemise marquée J. T. Un blessé français, entre autres, fut recueilli et soigné par une brave femme des environs. Il fut même vu chez elle par un soldat prussien. Elle dit alors à ce dernier : « C'est le mari à moi. » Le Prussien répondit : « Ya, ya. » Et le blessé fut sauvé.

D'autre part, les trois batteries de la mobile du Nord, qui avaient été commandées par le capitaine Franchomme, par le capitaine Peinte de la Valette, et par le lieutenant Derenty, faisant fonctions de capitaine intérimaire, quittaient également la ville. Officiers et soldats, tous, ou presque tous s'étaient montrés, pendant le siège, utiles et dévoués, vaillants et braves ; aussi emportaient-ils de leur chef d'escadron (M. Roques-Salvaza) cet éloquent témoignage de leur belle conduite :

« Direction d'artillerie de La Fère.

« Soissons, 15 octobre 1870.

« Les 12e, 14e et 16e batteries de la mobile du Nord, arrivées à Soissons le 30 août, ont donné à l'artillerie de la place le concours le plus dévoué, le plus constant.

« Dès le 12 octobre au matin, sous un feu des plus violents, ces batteries ont répondu par un feu incessant, aux bastions 4 et 5 et au cavalier 28, qui ont attiré à eux les efforts de plusieurs batteries ennemies. Tous ces jeunes artilleurs ont, durant quatre jours consécutifs, témoigné de la plus grande bravoure, ainsi que d'une précision dans leur tir, au-dessus de toute attente.

« Officiers, sous-officiers, brigadiers et canonniers de la mobile du Nord, vous avez soutenu la vieille réputation des artilleurs lillois. La garnison de la ville de Soissons et l'artillerie de ligne de la place, vous honoreront à tout jamais. Pour moi, qui vous ai vus de près à l'œuvre, je vous adresse de tout cœur mes remercîments, et serais flatté si vous vouliez m'accorder un souvenir d'estime et d'affection.

« *Le chef d'escadron, commandant l'artillerie,*

« Signé : E. ROQUES-SALVAZA. »

Le 15e de ligne n'eut point, que je sache, d'attestation pareille de son commandant ; mais cependant il convient de dire ici, pour lui comme pour les autres corps de la garnison, que si, dans les derniers moments du siège, par suite d'absence de plusieurs chefs, l'esprit militaire laissa beaucoup à désirer, les officiers se maintinrent généralement à la hauteur de leur mission. Ainsi, le 15 octobre, il leur fut donné avis que les Prussiens pouvaient tenter un assaut par une brèche praticable que l'artillerie ennemie avait faite au rempart Saint-Jean. Ils se rendirent alors en la grande caserne, afin de pouvoir se porter ensemble, avec leurs hommes, sur le lieu du combat. De plus, et d'après l'un d'eux, le lieutenant Dutocq, qui fut plusieurs fois mis à l'ordre du jour, tous protestèrent contre la capitulation, disposés qu'ils étaient encore à marcher au feu.

Quoi qu'il en soit, c'en était fait de la place de Soissons ; elle s'était forcément rendue à la suite de ses souffrances, le 15 octobre, à onze heures du soir, après le bombardement, déjà dit, de quatre jours et trois nuits, et le *Moniteur universel*, organe de la délégation de Tours, allait l'annoncer, mais incomplètement, dans son numéro du 19 octobre. On y lit en effet cette dépêche, à parfaire, sous la rubrique : *Dernières nouvelles :*

« St-Quentin, 17 octobre, 7 h. 50 matin.

« Préfet de l'Aisne à gouvernement.

« La place de Soissons a capitulé à 8 h. 1/2, après un bombardement de quatre jours.

« *Pour copie conforme,*

« C. LAURIER. »

Et on lit ceci au bulletin non officiel du même numéro, avec la signature Alexandre Peÿ :

« Encore une triste nouvelle à enregistrer :
« Soissons a capitulé après un bombardement
« de quatre jours.

« Soissons est tombé au pouvoir de l'en-
« nemi ; et il ne faut pas nous dissimuler que
« si nous ne changeons pas de tactique, si

« nous ne prenons pas l'offensive pour délivrer
« les petites places que l'ennemi assiège avec
« des forces peu considérables, elles auront
« bientôt le même sort que Soissons. ».

De son côté, le *Moniteur officiel du gouvernement général à Reims*, feuille prussienne créée le 10 octobre 1870 et tombée le 31 mars suivant, s'exprimait en ces termes dans son troisième numéro :

« Corespondance particulière du *Moniteur*.

« Soissons, le 16 octobre.

« Hier, après plusieurs combats d'artillerie
« des plus acharnés et qui ont duré quatre
« jours, Soissons a capitulé. Aujourd'hui le
« grand-duc de Mecklembourg-Schwerin, com-
« mandant le 13e corps d'armée, a fait son
« entrée dans la ville, et, en face de la cathé-
« drale, a passé en revue les troupes allemandes.
« Celles-ci l'ont salué, en défilant devant lui,
« par les acclamations les plus chaleureuses.
« Son Altesse Royale descendit à la sous-pré-
« fecture et chargea le prince Charles de
« Hohenlohe, commissaire civil, de transférer
« le poste de sous-préfet à M. de Parseval,
« chambellan bavarois. Le nouveau sous-préfet
« n'a pas tardé à entrer en relations officielles
« avec le maire et les autres fonctionnaires
« municipaux restés à Soissons. Ces messieurs

« se sont mis aussitôt à l'œuvre pour subvenir
« aux besoins des habitants nécessiteux de la
« ville, rudement éprouvés par le feu des assié-
« geants. On a pris dans la forteresse 95 offi-
« ciers, 4,633 sous-officiers et soldats, 120
« canons, grand nombre de munitions de
« guerre, de provisions de bouche et des quan-
« tités considérables de fourrages et d'objets
« d'équipement... »

Enfin, la *Nouvelle Presse libre de Vienne* publiait
en même temps : « L'armée de la Loire est en
« pleine déroute, et Soissons a dû capituler. »

Nous voici donc sous le joug de 8,000
hommes, c'est-à-dire de 8,000 vainqueurs, de
8,000 Prussiens. La plupart donnent des ordres
incompréhensibles, soulèvent des difficultés
sans nombre et font des scènes affreuses. Mais
un peu de patience : le 17, 3 ou 4,000 d'entre
eux quitteront la ville, et, quelques jours plus
tard, il n'en restera que 2,500, et peut-être
moins.

On respirera un peu dès lors ; on tâchera
d'accepter, vaille que vaille, la situation, et on
pourra, si l'on est libre, sortir pour se rendre
compte des désastres du siège que l'on vient de
subir.

Déjà certains individus, oubliant qu'ils sont
Français, ont pillé des approvisionnements de
toute sorte déposés dans Saint-Jean, et jusqu'à

des pierres sculptées provenant des flèches de cette ancienne abbaye et tombées sur le sol par le fait du bombardement.

D'autres iront voir la brèche de rempart, qui a trente mètres de longueur. Et, pour s'assurer qu'elle est praticable, des jeunes gens l'escaladeront.

On circulera devant les murs d'enceinte de la ville, depuis la porte de Reims jusqu'à la porte de Paris, et on se dira qu'ils ont été terriblement frappés.

On visitera la tranchée prussienne qui existe là-bas, à la Vigne-Porale, dans un champ de betteraves appartenant à un sieur Moreau, et l'on constatera qu'elle a 327 mètres de longueur sur 1 mètre de largeur.

On gravira la montagne de Presles, et l'on y examinera les terrassements des batteries qui ont fait tant de mal aux flèches de Saint-Jean et à la chapelle de la Croix.

On se portera sur la montagne de Sainte-Geneviève, et l'on y verra la place des canons qui ont si cruellement brûlé l'hôpital général.

On recherchera, on recueillera des projectiles ; on trouvera des obus ; on en fera des pots, des boîtes à tabac ; on en donnera à ses amis, et on en vendra à des marchands de métaux de rebut.

M. de Monery de Caylus, ce capitaine d'artilleric dont j'ai parlé dans le *Siège de Soissons* et qu'un projectile rendit aveugle et sourd le deuxième jour du bombardement ; M. de Monery de Caylus sortira de l'Hôtel-Dieu après avoir recouvré la vue et l'ouïe ; il visitera, en homme du métier, les emplacements des batteries ennemies, et il dressera, comme souvenir historique, un plan de la ville assiégée.

Le président de la commission municipale informera les habitants chez lesquels il y aurait des grenades ou d'autres projectiles qui n'auraient pas éclaté qu'ils doivent, pour prévenir tout accident, faire remettre ces engins à l'arsenal. Et néanmoins il arrivera malheureusement ceci :

Rue du Grenier-à-Sel, un ouvrier appelé Bueb introduira chez lui des cartouches provenant de la grande caserne. Ses enfants y mettront le feu et occasionneront une explosion qui jettera le quartier dans l'inquiétude. Lui, sera conduit en prison par des Prussiens et ne rentrera en son logis que quinze jours après. Rue de la Petite-Poterne, un serrurier du nom de Démontier, qui a déjà ouvert six obus, en dévissera un septième qui éclatera, lui brisera la cuisse droite, le blessera à la cuisse gauche, lui ouvrira le bas-ventre, le défigurera, lui brûlera les cheveux, et fera tant, en un mot, que, transporté à l'Hôtel-Dieu, il y expirera immédiatement. Au faubourg de Reims, un jeune tourneur en fer, appelé Guéroult, prendra un obus qui se trouve dans son établi ; il le travaillera, voudra l'ouvrir ; mais alors le projectile partira, lui fendra le crâne, lui percera les entrailles, renversera deux ouvriers qui seront là et fracassera le bras gauche d'un troisième. Enfin, à la Carrière-l'Evêque, un fils et son père (les sieurs Huyart) prendront part à l'ouverture d'un obus. Le projectile s'enflammera. Le fils sera tué sur le coup, et le père subira, à l'Hôtel-Dieu, l'amputation d'un membre.

Le sort de la place de Soissons étant connu au loin, les Soissonnais qui avaient cru devoir quitter ce pays à l'approche du danger, au moment du siège, rentrèrent ici, et quelques-uns regrettèrent leur départ, en retrouvant leur ville bombardée, leurs maisons mutilées. Plusieurs autres habitants eurent le tort, dans la suite, de demander protection et appui au commandant de place prussien, et d'autres encore, par crainte, reçurent leurs soldats avec une bonté imméritée. D'autres également écoutèrent la musique militaire allemande comme ils écoutaient jadis la musique militaire française du 15e de ligne. Des Soissonnais aussi, poussés par le besoin, ou par l'appât du gain, firent du trafic avec les Prussiens. Et des jeunes gens qu'un décret du gouvernement de la défense nationale appelait sous les drapeaux pour porter secours à la patrie expirante, restèrent, sans motifs sérieux et légitimes, dans leurs foyers, — dans la ville de Soissons, dont la prise de possession était devenue un fait accompli ; tandis que d'autres Soissonnais, tels que les patriotes Louis-Auguste Ballet, Bonnouvrièe frères, Blanier, Alphonse Denis, Léon Desboves, Oscar Dupuis, Léon Guyot, Guilbaut, Laforge, Emile-Auguste Rigaut, Charles Vélain, etc., quittèrent leurs familles et allèrent courageusement grossir, les uns les rangs de l'armée du Nord, les autres les rangs de l'armée de la Loire.

CHAPITRE II

LA COMMANDANTUR

Voici un mot « commandantur » qui fut d'une grande importance dans les pays occupés. La commandantur, c'est ce qui remplaçait le bureau de place français. Nous savons déjà que le commandant et le lieutenant-major de place, à Soissons, se nomment Stülpnagel et Halke. Faisons plus complète connaissance avec eux : il le faut, hélas !

Le commandant était un homme de taille ordinaire, aux traits communs, au teint fleuri, aux épaules larges, aux cheveux bruns, à la barbe grisonnante. Il paraissait avoir une cinquantaine d'années et appartenait à la landwehr, 8e régiment. Il n'était doué ni d'une volonté énergique, ni d'un esprit fin ; aussi trouva-t-il plus d'une fois son maître à la mairie de Soissons. Il avait son bureau au premier étage de la sous-préfecture, bureau où tout était méthodique, minutieux, et où des sergents travaillaient tard et matin. Il mangea et coucha même à cet étage, et, s'il faut en croire certaines indiscrétions, il y reçut quelquefois joyeuse compagnie. Du 16 octobre 1870, date de son arrivée, au 16 mars 1871, date de son départ, lui et les siens, en tout neuf personnes, furent nourris par le meilleur restaurateur de la ville, et occasionnèrent au pays une dépense totale de 5,928 francs. On prenait de la brioche chaude tous les matins et on buvait du vin de Bordeaux à 6 francs la bouteille.

Quant au lieutenant et major de place, il était grand et mince, portait des lunettes, comptait environ 35 ans, avait les joues colorées, les cheveux foncés, les yeux ronds et l'abord sévère. Comme son commandant, il était de la landwehr ; mais plus rusé, plus dur, plus despote que lui, il fit à la ville infiniment plus de mal que ce dernier. On disait qu'il était contrôleur des postes à Dusseldorf et que la guerre seule l'avait enlevé à ses fonctions. Je veux bien le croire, je voudrais même avoir à faire son éloge, mais il ne m'en fournira pas l'occasion, soyez-en sûr.

Le 18 octobre, le commandant écrivait en ces termes textuels au président de la commission municipale, et le président portait la lettre à la connaissance du public :

« Soissons, le 18 octobre 1870.

« Monsieur le Maire,

« J'ai l'honneur de vous communiquer les mesures de sûreté que je trouve nécessaire d'ordonner :

« 1° Vous ferez aussitôt déblayer les rues de la ville de tout encombre, rétablir le pavé, assurer la viabilité ;

« 2° Vous ferez immédiatement éloigner les pans de mur menaçant ruine ;

« 3° Vous ferez établir les serrures et verroux aux portes de la ville, en tant qu'elles ont été endommagées ;

« 4° J'ordonne que les becs de gaz destinés à l'éclairage de la ville soient allumés dès la nuit pour n'être éteints qu'à l'aube du jour.

« Vous ferez publier, Monsieur le Maire, par la voie ordinaire et par l'affichage :

« 1° Tout attroupement est interdit. Il est défendu de monter sur les remparts et les bastions ;

« 2° En cas d'alarme pendant la nuit, les habitants resteront dans leurs maisons et placeront des lumières derrière les fenêtres ;

« 3° Les propriétaires d'armes de chasse, de luxe, etc., sont tenus de les remettre, de les déposer à la mairie, d'ici demain à midi, 19, faute de quoi ils seront jugés militairement. Ces armes seront enveloppées, étiquetées du nom du propriétaire avant le dépôt. Le maire ne sera responsable que de celles déposées avec ces indications.

« 4° Tant que la nourriture des militaires sera à la charge de l'habitant, on fournira :

« (A) Aux officiers :

« Le matin, café au lait et du pain.

« Pour le déjeuner : deux plats, demi-bouteille de vin, demi-tasse.

« Pour le dîner : potage, deux plats, dessert, demi-bouteille de vin.

« La commune pourra organiser dans les hôtels des mess d'officiers.

« (B) Aux sous-officiers et soldats :

« Le matin, café au lait et pain.

« A midi, soupe, demi-kilogramme de viande, légumes, demi-bouteille de vin.

« A quatre heures, 1/8 litre d'eau-de-vie, ou une demi-bouteille de vin.

« Le soir, vers sept heures, une soupe.

« La ration de pain est d'un kilogramme par jour.

« A dater du 22 courant, chaque officier et chaque soldat auront droit à cinq cigares par jour, ou 50 grammes de tabac.

« La qualité des cigares pour les officiers sera supérieure.

« 5° Aucun écrit politique ne pourra être distribué ni affiché qu'avec l'autorisation du commandant de place. Les contrevenants seront punis d'une amende de 100 francs au moins pour chaque exemplaire non autorisé et saisi. Les communes seront responsables des amendes encourues par des individus non solvables ou inconnus, sauf droits de recours contre les délinquants.

« 6° Les portes de la place seront ouvertes depuis sept heures du matin jusqu'à huit heures du soir. La circulation pendant ce temps est entièrement libre. Néanmoins, toute personne qui voudra faire sortir chevaux, bestiaux ou voitures sera tenue de se pourvoir d'un laissez-passer qui lui sera délivré à la sous-préfecture sur un certificat du maire.

« Les médecins, chirurgiens et sages-femmes seront seuls autorisés à sortir pendant la nuit pour l'exercice de leur profession, c'est-à-dire de huit heures du soir à sept heures du matin.

« *Le commandant de place de Soissons,*

« Signé : VON STULPNAGEL. »

On le voit, c'était un règlement, une ordonnance, une loi, — la loi du plus fort, — et, bon gré, mal gré, il allait falloir s'y conformer. Le commandant y ajouta du reste cette espèce de porte-respect : deux mortiers sur la Grand'-Place, une pièce de canon sur la porte de Paris et une pièce de canon sur la porte de Reims.

Cependant, le 25 octobre, l'administration municipale amena le commandant de place à des conditions plus douces :

« J'invite, dit le commandant dans une

affiche qui fut apposée sur les murs, j'invite les habitants de la ville de Soissons et des environs à reprendre leurs occupations habituelles et à apporter pleine confiance envers les autorités prussiennes militaires et civiles, lesquelles protégeront la reprise du commerce et de l'industrie.

« J'invite les commerçants à réouvrir leurs magasins.

« Je demande que les marchés soient régulièrement approvisionnés.

« Pour faciliter la circulation, la consigne est donnée aux portes de la ville de laisser circuler librement chevaux, voitures et bestiaux.

« J'accueillerai toutes les plaintes reconnues fondées et je m'efforcerai d'y porter remède.

« Je compte sur le bon esprit de la population pour faciliter l'exécution des dispositions ci-dessus dont le but est d'établir et d'affermir les bonnes relations entre les autorités prussiennes et les habitants. »

La municipalité obtint ensuite la circulation en ville jusqu'à neuf heures. Le 6 novembre, il lui fut même accordé une nouvelle prolongation d'une heure, et, le 10 de ce mois, le commandant de place, « vu l'état légal d'ordre et de tranquillité régnant actuellement à Soissons, » arrêtait : « On circulera librement la nuit comme le jour. »

La situation s'améliorait donc sous le rapport de la liberté.

A cette époque, un original de Leipzig proposait même la solution des affaires de guerre pendantes entre la France et l'Allemagne : il envoyait par la poste une circulaire au commandant de place prussien, à Soissons, et ce dernier transmettait l'imprimé au maire de la ville, le 10 novembre. « Que les Français, disait le Leipzigois, prennent le roi Guillaume à la place de leur empereur, la France et l'Allémagne seront unies et réconciliées. » Mais cette idée ne pouvait que provoquer le sourire ; la ville de Soissons devait demeurer sous le joug, et si elle avait gagné en liberté, d'autre part les réquisitions pleuvaient journellement sur elle, et, par suite, elle s'endettait considérablement ; ce qui, après tout, importait peu aux Prussiens en général ; lisez plutôt ce simple exemple :

Le 19 novembre, le général Manteuffel passait à Soissons et était logé chez Mme Rigaut. Le lieutenant Halke désirant mettre à profit ce passage, pour lui et d'autres officiers, adressa un billet ainsi conçu à la municipalité :

« La mairie est invitée à envoyer toute suite à Son Excellence le général en chef, etc., Grande Place, n° 20 :

« 15 bouteilles de vin de Bordeaux,
« 15 d° de vin rouge,
« 20 de champin (champagne).

« Pour le commandant de place,

« Halke,

« Lieutenant et Major de Place. »

Mais la municipalité, sachant que le général Manteuffel avait été casé dans une des plus riches maisons de la ville, s'assura, pour la forme, qu'il n'avait besoin de rien, qu'il n'avait rien demandé, et ne livra pas les vins requis.

Une heure après, le lieutenant Halke, s'impatientant, écrivit de nouveau à l'administration municipale :

« Le champin que j'avais commandé aujourd'hui pour Son Excellence le général en chef n'a pas été livré. La mairie veuille me dire toute suite la cause pourquoi elle n'a pas remplie mes ordres.

« Pour le commandant de place,

Halke,

« Lieutenant et Major de Place. »

Cette fois encore, le vin de Champagne désiré ne fut pas fourni par la ville.

Furieux, le lieutenant usa alors d'un autre moyen : il se fit livrer directement vingt bouteilles de Moët et Chandon, à 7 francs l'une, par le restaurateur précédemment désigné, et, le lendemain, il envoyait à la mairie la note à payer, avec ces mots de sa main :

« Soissons, le 20 Novembre 1870.

« La mairie est invitée à payer cette note.

« Pour le commandant de place,

« HALKE,

« Major de place. »

Il y avait là un véritable abus, un acte de pillage déguisé ; la mairie fit de nouveau la sourde oreille, et pendant plus de deux ans, le fournisseur attendit ses 140 francs de *champin*.

Le commandant et le lieutenant-major de place eurent pour successeurs à Soissons deux officiers saxons qui, à leur tour, furent remplacés par des Bavarois. Nous n'avons rien de particulier à dire de ces autres maîtres de la place, si ce n'est que, pour eux aussi, la force primait le droit, et qu'à cette affreuse manière de voir on n'aurait jamais pu opposer avec succès la parole si juste, si belle de Bossuet : « Il n'y a point de droit contre le droit. »

CHAPITRE III

LA GARNISON

La garnison était ce qui devait peser le plus sur la ville pendant toute l'occupation. Mal répartie dans les premiers jours, elle donna lieu à une grande quantité de réclamations ; mieux distribuée plus tard, on se plaignit encore ; quelques mois seulement avant son départ on cessa de récriminer. Tout cela se comprend du reste : avoir successivement dans sa maison ces Prussiens, ces Saxons, ces Bavarois ; entendre leur langue étrangère ; satisfaire à leurs exigences brutales étaient choses plus insupportables qu'agréables ; aussi préoccupaient-elles beaucoup l'administration municipale.

Dans le but d'alléger la charge des habitants quant à la nourriture, la mairie voulut, dès le 18 octobre 1870, faire procéder à un inventaire des approvisionnements laissés le 15 à l'arsenal de Saint-Jean par le commandant de place français.

Il importait en effet de s'assurer des quantités de victuailles *(victualien,* disaient les Prussiens) et de faire en sorte qu'elles fussent remises aux soldats pour être consommées chez l'habitant, ou fournies à l'habitant pour être consommées par les soldats ; mais un intendant général ennemi s'opposa à cette constatation, et, quelques jours après, le gouvernement allemand installé à Reims donnait l'ordre d'enlever pour d'autres troupes que celles de Soissons, les lards, cafés, sel, etc., qui se trouvaient à Saint-Jean.

C'est alors que l'administration se récria. Elle invoqua, pour arrêter ces enlèvements, l'exécution loyale du traité de capitulation de la ville, et on lui répondit : « Aux termes de l'article 7 de la capitulation du 15 octobre, la ville de Soissons ne devait pas fournir d'autre contribution que celle de nourrir la garnison après épuisement de l'approvisionnement du magasin militaire. Vous croyez pouvoir en tirer la conclusion que cet approvisionnement devait être entièrement appliqué au profit de la ville ; je ne partage pas votre avis, et les ordres ont été donnés par arrêté du 27 octobre pour employer ailleurs ces provisions. »

Telle était encore la raison du plus fort, mais à coup sûr, ce n'était pas la meilleure. Elle prévalut cependant, et il fallut se résigner à porter son attention sur un autre point.

Au 21 octobre, l'effectif de la garnison n'était pas encore fixé. On annonçait aux habitants que la répartition des soldats serait faite aussi équitablement que possible. En attendant, on distribuait aux troupes, de la viande, du lard, du pain, du vin, et par mesure d'ordre, on invitait à remettre à la mairie les billets de logement des officiers ou soldats, lors du départ de ces derniers ; à défaut de quoi le chiffre des hommes serait doublé.

Le 15 novembre, comptant avoir en moyenne une garnison d'environ 3,000 hommes et 300 chevaux, indépendamment des passages de troupes, on institua une commission des logements militaires, dont M. Lecercle, avoué, devint l'excellent président. On désigna, dans chaque quartier, des habitants zélés, dévoués, éclairés, à l'effet de constater, à un moment voulu, le nombre d'officiers, de soldats et de chevaux se trouvant dans chaque maison, pour donner à l'habitant, selon sa situation, une part relativement égale dans la lourde charge du logement des troupes de garnison ou de passage.

Et comme les approvisionnements s'enlevaient à Saint-Jean à notre préjudice, le président de la municipalité eut l'heureuse idée de conclure et conclut en effet, avec l'autorité prussienne, un traité aux termes duquel on fixa les quantités de vivres à fournir aux troupes, et le prix à payer à la ville pendant la durée de l'occupation. Et par le fait du traité passé et des livraisons effectuées, la ville se trouva un jour créancière des Allemands d'une somme de 172,261 fr. 18 c.

On était au 10 février 1871. Nos ennemis, qui recevaient de temps à autre les comptes de fournitures de la ville, comprirent qu'en signant le traité ils avaient fait une faute grave, une faute compromettante pour leurs finances. Alors, brusquement, et toujours en vertu du droit du plus fort, ils annulèrent cet acte et se refusèrent au paiement de la somme due.

C'était raide, c'était violent, c'était déloyal, mais après tout, le contraire seul pouvait surprendre. Toutefois, M. Salleron ne se tint pas pour battu. Il protesta comme lors des enlèvements d'approvisionnements de l'arsenal ; il réclama à maintes reprises ; mais on lui confirma par lettre du 12 février 1871, — et ce fut un commandant d'étape, von Bulow, qui écrivit, — la rupture du traité. Il objecta alors que ce traité devait être exécuté pendant tout le temps de l'occupation, et le commandant lui répondit simplement : « La commission municipale se trompe. Faire nourrir des armées en pays occupé est un moyen reconnu. Du moment que le commandant général change de volonté, le traité conclu est sans effet. »

Aussitôt, M. Salleron réunit tous les membres de la commission municipale. Ces messieurs s'indignèrent à leur tour, et comme il fallait prendre immédiatement un parti touchant la nourriture des troupes, ils décidèrent que cette nourriture serait, à l'exception de la viande, continuée par les magasins, — magasins alimentés par la ville ; — et que des bons de viande seraient délivrés aux habitants des 3ᵉ et 4ᵉ classes des logements militaires, dans les proportions du nombre de soldats logés chez eux et de la ration réglementaire.

La ration réglementaire, nous allons savoir ce qu'elle était. Le 7 janvier, la nourriture et le logement des troupes furent arrêtés ainsi qu'il suit, entre la mairie et la commandantur :

« Article premier. — Toutes les troupes arrivant à Soissons ou de passage en cette ville sont logées chez les habitants de la ville ou à la caserne, par des billets de logement distribués par la mairie. La mairie est avertie qu'elle ne doit délivrer de billets de logement que sur réquisitions écrites. Ces réquisitions sont données, pour les troupes appartenant à l'armée de la Meuse, par le commandant d'étape de la gare ; pour les troupes de la 1ʳᵉ armée, par le commandant d'étape du 8ᵉ corps d'armée (Grand'Place, 20), et pour les autres troupes, par le commandant de place.

« Article 2. — Chaque soldat logé chez un habitant de la ville, doit recevoir de son hôte une place pour se coucher, avec matelas et couvertures chaudes, de la lumière jusqu'à dix heures du soir et un endroit où il puisse se chauffer. Quant au chauffage, si l'habitant ne peut donner au soldat une chambre à feu, il doit lui permettre de se chauffer dans la chambre commune.

« Article 3. — Chaque soldat appartenant aux troupes en garnison ou en cantonnement à Soissons reçoit sa nourriture des magasins établis en cette ville.

« La ration journalière est de :

« 1° 750 grammes de pain, ou 500 grammes de biscuit ;

« 2° 375 grammes de viande fraîche ou salée, ou 166 grammes de lard ;

« 3° 125 grammes de riz, ou 250 grammes de haricots, ou 1 kilo 500 de pommes de terre ;

« 4° 24 grammes de sel ;

« 5° 24 grammes de café brûlé, ou 28 grammes de café vert ;

« 6° 48 grammes de tabac, ou 3 cigares.

« En outre, les habitants donneront un demi-litre de vin aux soldats qui logent chez eux.

« Article 4. — Les habitants qui logent des soldats doivent leur préparer la nourriture, ou s'ils ne veulent pas le faire, ils doivent laisser à ceux-ci la libre disposition de la cuisine et du foyer avec le combustible nécessaire, et aussi leur livrer tous les ustensiles de cuisine et de table dont ils auront besoin.

« Article 5. — Les soldats de passage reçoivent régulièrement la nourriture de l'habitant qui les loge. Sous le rapport de la quantité, cette nourriture doit correspondre à celle indiquée article 3. Cependant l'habitant a la faculté de remplacer les légumes désignés article 3 par d'autres mets.

« Article 6. — Quand les troupes de passage demeurent plus d'un jour, elles doivent recevoir leur nourriture des magasins, tout le temps qu'elles restent, et c'est le commandant qui donnera les ordres nécessaires à ce sujet.

« Sont exceptés, les convalescents ou les malades laissés par les troupes de passage. Ils peuvent recevoir de leurs hôtes la nourriture pour un temps plus long ; cependant ceux-ci ont la faculté, après un délai de trois jours, de demander qu'on change les soldats de logement.

« Article 7. — Les soldats n'ont pas le droit d'exiger autre chose que ce qui est spécifié dans les paragraphes ci-dessus. Tout différend qui survient entre l'habitant et le soldat doit, avant tout, être porté devant le chef de la compagnie ou de l'escadron auquel le soldat appartient ; si les parties ne peuvent être mises d'accord, le commandant décidera.

« Article 8. — Toutes les stipulations contenues dans le présent avis ne s'étendent pas aux officiers ou employés du même rang. Pour ce qui concerne leur logement et leur nourriture, on s'en tiendra à ce qui a été usité jusqu'à présent. »

Et afin que personne ne l'ignorât, ce règlement fut imprimé en français et en allemand, publié et affiché en ville, et les habitants le placèrent chez eux, en évidence, pour n'avoir à fournir rien de plus au soldat prussien.

La chose réussit en grande partie, et ce ne fut pas l'Allemand dont je vais dire un mot qui dût l'enfreindre, car il était quelque peu Français, celui-là : il était marié, blond et barbu ; il appartenait à la landwehr ; il tenait une brasserie à Paris, non loin de la fontaine Molière, au moment où la guerre éclata ; il connaissait de vue tous les membres du gouvernement de la défense nationale ; il aimait la République française et citait les noms des célébrités de 1793. Appelé sous les drapeaux du roi Guillaume, il hésita longtemps à quitter Paris ; peut-être même fut-il expulsé de France en sa qualité d'Allemand ; mais enfin il partit, et sa femme garda la brasserie. Arrivé au corps allemand, il fut accueilli par quinze jours de cachot, comme retardataire. Libre, il eut à rejoindre son régiment, qui était sous les murs de Paris.

Passant à Soissons, il demanda à la mairie un billet de logement et conta toute son histoire. « Ah ! quelle situation, dit-il en terminant, faire la guerre à Paris ! Et ma femme s'y trouve. Et elle peut mourir de ma main ! »

Cependant, M. Salleron n'abandonnait pas la créance de la ville sur le gouvernement prussien. Il écrivait de tous côtés ; il recevait des réponses qui lui faisaient entrevoir tantôt l'espoir, tantôt la crainte, tantôt le succès ; et, en définitive, grâce à la puissante intervention de M. le comte de Saint-Vallier, alors commissaire extraordinaire près le quartier général de l'armée allemande d'occupation, à Nancy, il obtenait une solution des plus heureuses, c'est-à-dire le paiement intégral des 172,261 fr. 18 c.

Une autre bonne chose était à faire par la municipalité, c'était de caserner les troupes d'occupation. Pour cela que fallait-il ? Il fallait d'abord réparer la grande caserne qui avait été bombardée, Dieu sait comme, et la petite caserne qui avait été brûlée par l'artillerie ennemie, quoique transformée en ambulance. Il fallait ensuite des lits en grand nombre. Il fallait en outre du dévouement, et là encore l'administration municipale en montra du plus empressé. Aussi, le 18 mars, touchait-elle à son but. Elle faisait, en effet, annoncer en ville : que l'on avait réparé et disposé la grande caserne pour y placer tout ou partie de la garnison ; que déjà 600 lits étaient disposés par la compagnie des lits militaires, mais qu'il manquait au moins 500 lits, avec matelas et paillasses, et 700 à 800 couvertures ; que les habitants étaient invités à envoyer immédiatement tous les lits, matelas, paillasses et couvertures dont ils pouvaient disposer, et que ceux qui enverraient ces objets seraient dispensés de logement en proportion de l'importance de leurs envois.

On le croira sans peine, il y eut plus de lits offerts que de places libres, tant on était heureux de se débarrasser de la présence et des appétits de l'ennemi ; et bientôt avait lieu la mise en caserne des trois quarts des hommes de la garnison, le surplus étant demeuré chez l'habitant, soit parce que ce dernier avait reculé devant les frais de literie, soit parce qu'il avait espéré une évacuation prochaine.

En même temps que l'annonce dont on a lu plus haut l'analyse, la mairie faisait publier cet avis :

« 1° Depuis le 17 mars toutes les troupes reçoivent leur nourriture des magasins de l'intendance allemande. Les habitants ne devront donc aux sous-officiers, soldats et ordonnances que le logement, le feu, la lumière et ce qui est nécessaire pour préparer les aliments.

« 2° Les officiers se nourrissent à leurs frais

et n'ont droit également qu'au logement et à ce qui s'y rattache.

« 3° Les soldats devront être rentrés dans leurs logements au plus tard à dix heures du soir, sauf permission spéciale. »

Et comme conséquence, la municipalité allait pouvoir vendre des lards, du blé, de la farine, des haricots, du café, des pommes de terre et du riz qu'elle avait achetés pour l'alimentation des troupes.

En tout ceci il y avait évidemment un allégement pour elle, comme pour les habitants. Mais si elle avait eu à satisfaire aux mille et un ordres pressants, donnés pour les logements, d'autres ordres encore, et des plus impérieux, lui étaient réservés par les autorités allemandes.

Celui qui suit, par exemple :

« La mairie reçoit l'ordre de rechercher toute suite un logement pour un capitaine marié dont la fâme viendra demain ; trois logements pour trois lieutenants qui ne se plaisent pas dans leurs logements. »

Et puis cet autre :

« La mairie reçoit l'ordre de donner un bon logement pour un officier et le domestique. »

Et celui-ci encore :

« La mairie reçoit l'ordre de rechercher ce matin un logement près de la caserne. M. l'officier est commandé à la brigade, et il a ses chevaux dans la caserne, il souhaite seulement une chambre agréable. »

Et enfin ce dernier :

« Donnez-vous l'aporteur de cette certificat une joli logement.

« Soissons, 27 septembre 1871.

« A. SCHAPPEN. »

En somme, si raides, si blessants que fussent les ordres, on devait s'y conformer dans l'intérêt de le population. On refoulait prudemment tout sentiment de révolte, on buvait presque le calice jusqu'à la lie, et, tout compte fait, la ville avait, du 16 octobre 1870, date de l'occupation, au 23 octobre 1871, date de l'évacuation, la ville avait supporté en moyenne une garnison de 110 officiers, 2,100 hommes, 315 chevaux ; de sorte que, pour indemnité de logement à elle due, ainsi qu'aux habitants, après un séjour d'au moins quatre nuits, et à partir du 3 mars jusqu'au 23 octobre 1871, elle reçut du gouvernement français, à raison de 40 c. par homme et par jour, et de 15 c. par cheval et par jour une somme de 124,751 fr. 95 c., dont 19,191 fr. 60 c., furent remis par elle à 247 habitants qui les lui réclamèrent dans un délai qu'elle avait indiqué et après lequel toute demande devenait inadmissible.

CHAPITRE IV

LES RÉQUISITIONS

Si, comme importance, on ne peut mettre les réquisitions sur la même ligne que la garnison, on doit au moins les placer immédiatement après. Elles étaient de tous les jours et de tous les instants. Elles révélaient très souvent ou l'abus, ou l'arrogance, ou la menace. La plupart furent écrites en français, mais dans un français d'un burlesque remarquable. Leur total s'éleva à plus de 1,500, et le chiffre de la dépense qu'elles entraînèrent dépassa 200,000 francs. Nous avons fait un choix des plus curieuses. Attardons-nous avec elles, nous reconnaîtrons le Prussien vainqueur peint par lui-même.

La première réquisition est du 17 octobre 1870. Elle doit être d'un glouton, car elle demande du *bon* bœuf et de *grands* pains.

La septième est relative au désarmement de la place. Elle porte :

« Nous avons besoin pour demain à huit heure du matin 8 chevaux avec des harnais pour conduire les canons de les remparts dans l'arsenal. Il faut que les chevaux à l'heure destinée sont prêts près de l'arsenal.

« Soissons, le 18 octobre 1870.

« *Le Commandant,*

« Von Stulpnagel. »

La seizième est impérative ; elle s'exprime ainsi :

« Toute suite une bonne voiture à la porte de l'hôtel de la Croix-d'Or pour conduire un officier à Fismes. »

A la date du 19 octobre, c'est autre chose. Le bureau de la place requiert, par la plume du lieutenant Halke, dix kilogrammes de chandelle, une carafe, des verres, du papier, des plumes, de la cire et d'autres objets. La mairie s'exécute aussi incomplètement que possible et croit se tirer ainsi d'affaire. Le lendemain, elle reçoit ce billet de la même plume, mais signé du commandant de place :

« La mairie a envoyé au lieu de 20 livres de chandelles que j'avais commandé hier, seulement environ deux livres. Manquent encore la caraffe (pour l'eau), les verres, le papier, etc. Si la mairie les choses réquirées n'envoye toute suite à la grande garde (*lisez* poste de la Grand'-Place) ne restera que de les prendre où nous les trouverons. Encore nous avons besoin pour l'officier de la grande garde d'une causeuse (à coucher), d'une table et d'un petit fourneau (*lisez* poêle). »

Bon gré, mal gré, il fallut alors livrer.

Le 21 octobre, on réparait, à Venizel, la voie ferrée, qui avait été interrompue avant le siège de la ville, et on y travaillait le jour et la nuit. Le lieutenant Halke écrit :

« Nous avons besoin pour aujourd'hui 500 torches ou des lanternes pour des ouvriers qui réparent pendant la nuit le chemin de fer près de Venizel. Les torches sont données au porteur de cette ordre qui aussi aura besoin d'une voiture ou de quelques hommes qui portent ces torches. »

On lui trouve, en tout et pour tout, 29 lanternes, et cette fois, il n'insiste pas.

Cependant, il songe que la nuit il pourra avoir quelque prompte recommandation à faire, quelque ordre pressé à donner, quelque réquisition urgente à exécuter, et, à l'instant : « Il faut, écrit-il, qu'au moins un des secrétaires ou des employés de la mairie pendant toute la nuit reste au bureau pour réaliser les réquisitions de billets, de voitures, etc. »

« Il faut, écrit-il encore, que la mairie se pourvoit d'un interprète parce que nous donnerons plus tard toutes les ordres en allemand. »

Mais la commandantur ne sera pas seule à requérir : une poste prussienne s'est établie dans la maison Ferté, rue Glatigny, près de l'église Saint-Léger (30), un bureau télégraphique allemand a pris possession de celui français, un commandant des étapes est installé Grand'-Place, un commandant d'étape stationne à la gare, un sous-préfet bavarois fonctionne à l'Hôtel de Ville, et de ces divers points la réquisition va tomber sur la mairie.

« Il nous faut, dit la poste, une boîte aux lettres pour l'afficher à la maison de Mme Ferté, rue Glatigny, n° 1. »

« Il nous faut du combustible, des matelas, des fournitures de bureau, » dit le télégraphe.

« Il nous faut 300 cigares, » reprend la poste.

Et, de son côté, le commandant d'étape, qui désire faire disparaître, pour la commodité et le bien-être de son service, les nombreuses traces de bombardement et de fusillade que l'on voit à la gare, écrit ces mots :

« 1/. La ville de Soissons enverra pour deux heures l'après-midi un zinguier et vingt plattes (*lisez* feuilles de zinc) à la gare.

« 2/. Vingt trualles et vingt marteaux au présenteur de ceci à donner. »

Sur ces entrefaites, des soldats du génie veulent faire sauter nos remparts. Eux et les leurs disposent de la place de guerre. Ils l'occupent. Ils la rendront, disent-ils, ville ouverte.

La municipalité s'oppose à cette mesure, à cette transformation. Elle l'accepterait volontiers si elle émanait du gouvernement français, car Soissons étouffe dans sa ceinture de murailles ; mais, due aux Prussiens, elle la repousse avec énergie. Ceux-ci insistent. Cette fois encore il faut céder à la force, et la réquisition d'à-propos se produit :

« Nous avons besoin de dix petites lampes pour éclairer les mines que nous voulons construire pour la destruction des remparts. Il faut que les lampes soient prêtes demain à cinq heures de l'après-midi, chez M. le commandent. »

Exécuter toutes ces réquisitions avec empressement serait manquer de patriotisme et nuire aux intérêts pécuniaires de la ville. La mairie n'oublie pas cela. Elle ne fournit qu'à regret. Elle reprendrait volontiers d'une main ce qu'elle livre de l'autre. Aussi le commandant de place n'est-il pas content et signe-t-il, le 25 octobre, ce billet, qui est de la main de son lieutenant :

« J'ai fait hier une réquisition de neuf carreaux de vitre pour la gare que vous n'avez pas encore remplis. Surtout j'ai déjà remarqué très souvent que vous n'obéissez pas assez promptement aux réquisitions que nous vous traduisons et dont le plupart n'est pas difficile à remplir. Ainsi, à mon regret je serais contraint de prendre des mesures plus sévères quand vous continueriez à exécuter nos réquisitions si nonchalamment que jusqu'aujourd'hui. »

Trois jours après, le lieutenant, ou tout autre Prussien manque de café. Halke reprend alors sa plume, et von Stülpnagel signe ces lignes :

« La quantité de café que nous avions commandés n'est pas encore livrée. Je répète que je serais contraint de prendre des mesures sévères si l'on n'obéira à mes ordres. »

Le lendemain, nouvelle réclamation pour autre chose :

« Hier le soir les lanternes au gaz dans la voisinage de la porte de Paris n'étaient pas éclairées. Encore la grande garde se plaint que le privé (*lisez* cabinet...) ne soit pas nettoyé. Il faut que l'on remédie à ces inconvénients. »

Assurément cette manière de demander manque de formes, et l'administration municipale s'en plaindra au commandant et au lieutenant de place ; mais il importe de considérer que ces gens-là ne connaissent pas absolument notre langue comme nous la connaissons nous-mêmes et qu'ils ne peuvent avoir, sous la plume, le mot propre ou l'expression juste. *Il faut* et *toute suite* sont ce qu'ils savent le mieux. Mettez à vous exécuter toute la mauvaise grâce imaginable ; ça leur est *tout égal*. Ils sont positifs. Ils requièrent. Vous devez livrer ou vous retirer.

Le 1ᵉʳ novembre, à une plainte de l'administration touchant la trop grande quantité de réquisitions et fondée sur l'article 7 du traité de capitulation, le commandant de place répond :

« Je suis fâché de ne pouvoir renoncer à les réquisitions dont j'aurai encore besoin. Ce n'est pas mon affaire de décider si nous manquions à l'article 7 de la capitulation du 15 octobre 1870, parce que j'obéis seulement aux ordres de mes chefs qui seuls peuvent être responsables. Ainsi je ne suis pas à mon regret dans la situation de pouvoir remplir vos demandes, tout également si elles sont justes ou injustes. Au contraire, je vous prie de remplir exactement toutes les réquisitions que je vous impose. »

Et alors cette réquisition d'être lancée :

« Nous avons besoin pour le bureau de la commandantur d'un grand tapis de paille pour le mettre sous la table à chauffer les pieds. »

Celle suivante est expédiée aussi :

« Des boulangers prussiens sont installés à l'arsenal. La mairie est requise de payer leur salaire. »

Le lieutenant Halke a encore besoin de

torches et de lanternes. Un traître quelconque lui a dit qu'il y en avait dans l'Hôtel de Ville (il y en a, il est vrai, qui appartiennent au matériel de la compagnie de pompiers), et vite la mairie reçoit cette réquisition, qu'elle exécute en fournissant six lanternes et dix-huit bougies :

« A donner toute suite au porteur de cette ordre toutes les torches et lanternes que vous avez. Il y en a dans la mairie, — les lanternes et les torches des pompiers. »

Quelques francs-tireurs ont été arrêtés dans les environs de Villers-Cotterêts. Le lieutenant écrit :

« La mairie veuille fournisser les cinq prisonniers (Français) que nous avons mis aujourd'hui dans la grande garde. »

Nous avons dit qu'un bureau télégraphique était établi en ville ; mais il en existe un autre à la gare, pour lequel le commandant d'étape, von Bulow, écrit :

« La ville de Soissons est demandée d'envoyer à la gare pour la télégraphie une montre bien allante. »

Ce même commandant écrit aussi :

« Le couvreur qui était ordonné à réparer le magasin à la gare n'est pas venu aujourd'hui, et je demande que celui-ci est ordonné à travailler ponctuellement tous les jours. »

Voici maintenant M. Halke qui se fâche à propos de bois non fourni, au moment voulu, pour les postes militaires :

« Soissons, le 4 novembre 1870.

« Je viens de recevoir le rapport que les gardes n'ont pas encore reçu du bois ou des charbons pour chauffer les fourneaux. J'ai donné l'ordre qu'ils prennent tout ce qu'ils trouveront et tout ce que brûle s'ils n'auront pas reçus le bois ou les charbons nécessaires à 9 heure du soir. »

Le bois est livré ; mais il est plus de neuf heures quand on arrive au poste le plus éloigné, et le lendemain matin, l'administration municipale reçoit cette notification :

« La mairie est condamnée à payer une amende de 100 francs parce qu'elle n'a pas envoyée du bois ou des charbons dans les locals des gardes. L'amende sera doublée, si l'on n'apporte pas les combustibles que j'avais commandé hier, toute suite dans les locals susdits.

« *Le commandent de place,*

« Von Stulpnagel. »

Mais le président de la commission municipale ne peut accepter un tel despotisme. Il explique et justifie la fourniture. Le commandant rabat ensuite l'amende. Le lieutenant informe le président de la nouvelle décision et termine même sa lettre en disant : « Agréez, Monsieur le Maire, l'assurance de mon estime. »

De la cavalerie passe souvent à la gare. Des chevaux sont à ferrer. Le commandant de Bulow envoie un homme à la mairie avec un billet réclamant 20 fers, 30 fers, 50 fers, 80 fers, 100 fers ; et le 19 novembre il écrit :

« La mairie de Soissons est demandée à ordonner un maréchal qui doit afficher aux chevaux les fers tout de suite. »

A chaque instant, il a aussi besoin de voitures, et il les réclame en deux mots :

« Demande d'une voiture à celui qui montre ceci. »

« Demande de dix voitures pour demain matin. »

Et comme si ce n'était pas assez, le lieutenant Halke écrit en même temps :

« La mairie est invitée à donner au porteur de cette ordre demain du matin 14 voitures. »

14 et 10 font 24. Comment trouver une pareille quantité de voitures ? Certains propriétaires de la ville ont fait disparaître les leurs. Ce sera la campagne qui fournira : il s'agit, d'ailleurs, de charrettes comme elle en possède. Et en effet, tous les matins, il arrivera, sur les

ordres du sous-préfet bavarois, une certaine quantité de charrettes des villages de l'arrondissement. Et il y aura amende, si on ne répond pas à l'ordre reçu.

Le 10 novembre, le lieutenant donne encore de ses nouvelles :

« La mairie est invitée, dit-il, à livrer 5,000 alumètres, mais encore aujourd'hui. »

Le 25 il est toujours à son poste :

« Deux des boulangers que nous avions requis pour l'arsenal sont échappés. La mairie est invitée à y envoyer deux autres boulangers. »

Le 28 aussi :

« Les voitures demandées hier (il paraît qu'il avait encore demandé des voitures) pour l'officier porteur de cet ordre ne sont pas encore arrivées. Je serai contraint de prendre des mesures sévères si les voitures susdites ne sont pas prêtes dans une heure. »

Et le 1er décembre également :

« La mairie est invitée à donner au porteur de cet ordre une voiture, si la voiture n'est pas prête dans une demie heure, le porteur de cette ordre est autorisé à prendre la première voiture qu'il trouve. Je serai contraint de prendre toujours tels mesures quand la mairie continue à refuser mes réquisitions de voitures. Il y en a encore très beaucoup dans la ville. »

Je reviens sur mes pas pour mentionner une toute petite indignité d'un général major. Ce général était à la *Croix-d'Or* le 11 novembre. Il avait soif de champagne et de madère. Il se fit remettre quatre bouteilles de ces vins ; il laissa sa signature pour paiement, et le lieutenant Halke donna son approbation.

En vérité, on le trouve partout, ce lieutenant, et il n'est jamais ordinaire dans ses actes.

Il écrit le 6 décembre :

« La mairie est invitée à faire réparer le tuyau de fourneau dans le local de la garde près de la porte de Paris et on n'y a pas encore apporté une cruche. J'ordonne que la mairie obéisse toute suite à mes ordres. »

Il écrit une autre fois :

« La mairie est invitée à donner au porteur de cet ordre 10 kilo de graisse de porc pour engraisser les armes (*lisez* pour engraisser les soldats, car les Prussiens, au lieu de graisser leurs armes avec la graisse qu'on leur fournissait, mangeaient des tartines aussi longues que leurs bras). »

Il écrit encore :

« Les fourneaux de la grande garde se trouvent en état misérable. J'ordonne la 3ᵉ foi qu'ils soient réparés tout de suite, sinon la mairie sera affligée d'une amende de 50 fr. par chaque jour de délai. Aussi l'éclairage au gaze n'existe plus. »

Il écrit :

« Il y a beaucoup d'ordure dans la cour du petit séminaire importune (dangereuse) aux malades. La mairie veuille prendre soin que l'on enlève bientôt cette ordure. »

Il écrit :

« La mairie est invitée à faire livrer toute suite du bois à la garde d'artillerie établie dans la maison entre la gare et la porte de Reims. On se plaint de n'avoir pas reçu de bois depuis hier. »

Il écrit :

« J'ai viens de recevoir le rapport que la mairie n'a pas encor fournie la garde d'artillerie (dans la maison entre la gare et la porte de Reims) de bois. J'ai donné l'ordre que la garde susdite prenne le bois où elle en trouvera, et je fais la mairie responsable pour le dommage qui en résultera pour les habitants. »

Il écrit :

« Le carreau de vitre cassé à la garde de la porte de Laon n'a pas encore été réparé. On s'y plaint aussi que la paille n'est pas renouvelée. J'attends que ces inconvénients seront levés demain. »

Il écrit :

« La mairie est invitée à livrer six fagots de paille fraîche pour la garde d'artillerie à la rue entre la porte de Reims et la gare. »

Il écrit :

« Le chef de la grande garde m'a rapporté que la mairie jusqu'à présent n'a rien fait pour faire nettoyer les locals dans lesquels se trouvent nos prisonniers. J'attends que la mairie fera encore aujourd'hui les arrangements nécessaires pour le nettoiement des locals susdits. »

Enfin, il écrit, et ce sera sa dernière gracieuseté touchant les réquisitions :

« Les locals de la maison d'arrêt, où se trouvent les prisonniers militaires n'ont pas encore été nettoyés, quoique la mairie en a déjà reçu deux invitations. Ainsi j'arrête :

« La mairie paiera pour chaque jour de délai une amende de 100 francs, si elle ne prend pas toute suite soin de faire nettoyer les locals susdits. »

Passons maintenant à d'autres requérants, ou à d'autres réquisitions.

La mairie occupe, du matin au soir, une dizaine d'ouvriers à fendre, scier, préparer du bois, et suffit à peine aux exigences prussiennes. Elle n'a plus que du bois vert, et le livre tel. Écoutez le commandant von Bulow :

« Le bois que vous avez envoyé n'est pas possible à employer. Je prie par cette cause à envoyer tout de suite d'autre bois et bois qui est tout sec. »

A présent, c'est la poste qui prend la parole :

« Pour le service du feld-post relais de cette ville la fourniture d'un verre de noirceur de timbre est décidément nécessaire.

« Le soldat d'ordonnance est autorisé d'aller chercher ce verre de noirceur. »

Nous devrions tirer l'échelle sur ce *verre de noirceur* ; il pourrait être le bouquet des réquisitions ; mais non, il faut poursuivre :

On ose requérir, au nom de l'armée de la Meuse, et pour l'artillerie de siège de Paris, des clous, des cuirs, des traits, des longes, des fers à cheval. La mairie fait prévenir les commerçants de cacher toutes ces choses ; mais des Prussiens se rendent chez eux, examinent, cherchent, trouvent, emportent, et causent à la ville un préjudice de 1,268 fr. 05 c.

On ose encore requérir, — et pour cela on tombe directement, à main armée, chez les fournisseurs, — une grande quantité de couvertures ; on laisse ensuite à payer, par la mairie, des notes s'élevant au total de 2,350 fr., et on s'éloigne chaudement enveloppé.

Au 24 mars 1871, une boucherie prussienne est installée à Saint-Jean.

« Monsieur le maire est prié, écrit quelqu'un de cet établissement, de donner des ordres pour faire chercher de bonne heure les issues de la boucherie militaire dans l'arsenal. »

Un jour, deux jours se passent, et le troisième jour la municipalité reçoit ce rappel, et s'y conforme, puisqu'il le faut :

« Les issues de la boucherie militaire dans l'arsenal ne sont pas encore cherché.

« En intérêt santé de la commune est prié encore une fois pour l'emportation. »

Le 15 juin, le commandant de Bulow, qui est toujours à Soissons, écrit au maire :

« Je vous donne l'avis que samedi 17 juin, a onze heures avant midi devant la caserne A un cheval unitul vendrerai, et je vous prie que vous ayez la bonté et faites la publication dans la ville. »

Le même jour, il écrit aussi :

« Je vous donne l'avis que samedi le 17 juin à deux heures après midi dans le bureau de l'administration de magasin ici à la gare aurai vendu une quantitat du lard et du beurre en les plus offrants, et je prie que vous faites la publication dans la ville au travers de tambour. »

En juillet, les chaleurs se font sentir. Les troupes éprouvent le besoin de prendre des bains de rivière. Leurs chefs requièrent des barques pour se rendre à l'île Saint-Lambert. Et tous reviennent en chantant, dans le Mail, des chœurs que parfois on accueille, du faubourg Saint-Waast, à coups de sifflets.

Le 21 du même mois, un lieutenant du nom de Lautzler adresse cette réquisition :

« A l'égard de la santé des soldats est nécessaire que les culières et les latrines dans la caserne A sont rincées tous les jours.

« La mairie est invitée à se soucier de cette affaire. »

Nous terminerons ce chapitre, en disant que souvent des églises ont été requises pour des messes que devaient dire des prêtres allemands; que l'église Saint-Léger leur a été ouverte quelquefois, et que le 16 septembre 1871, on faisait semblable réquisition « pour le cas qu'il aie du mauvais temps. Au cas du bon temps, ajoutait-on, la messe sera faite sous le ciel. »

La cathédrale fut fréquentée aussi par les troupes. Le dimanche 13 novembre 1870, on put compter plus de 1,000 Allemands à la messe.

CHAPITRE V

LA SOUS-PRÉFECTURE

Le gouvernement général prussien installé à Reims avait à sa tête (je l'ai dit ailleurs et je le répète) le grand-duc de Mecklembourg-Schwérin, le lieutenant-général de Rosenberg-Gruszczynski, le prince de Hohenlohe et le comte de Tauffkirchen depuis le 27 septembre 1870.

La préfecture du département de l'Aisne était administrée par le baron de Landsberg depuis le 7 octobre.

Et la sous-préfecture de Soissons avait été donnée, le 16 octobre, au chambellan de Parseval. Ce chambellan, devenu sous-préfet, sortait du commissariat civil du gouvernement de Reims, comme attaché. Il était de taille ordinaire, pâle et assez rondelet. Il ne laissait point pousser sa barbe. Il portait un paletot comme le vôtre ou le mien. Il avait une apparence toute française. Je dirais même qu'il était bien, si je ne parlais d'un ennemi déclaré.

Son premier acte d'administration, par exemple, me donna le frisson. Il avait vu le drapeau tricolore flotter au fronton de l'Hôtel de Ville. Il demanda qu'il fût abattu pour qu'il n'offusquât point la vue du grand-duc de Mecklembourg, logé tout près, à la sous-préfecture, depuis un instant. Il était dans son droit rigoureux. Le malheureux drapeau français disparut donc, et ce fut pour tout le temps de l'occupation allemande.

Un autre drapeau, celui de la garde nationale, se trouvait sous enveloppe, dans un angle du cabinet du président de la commission municipale. On l'y laissa bravement. Le sous-préfet se rendit quelquefois dans ce cabinet. Des officiers allemands y entrèrent chaque jour. Le drapeau leur échappa à tous comme par miracle, et il occupa encore la même place pendant plusieurs années.

Les bureaux de la sous-préfecture française étaient fermés depuis le départ du sous-préfet d'Artigues, démissionnaire. Von Parseval les rouvrit ; et, à l'exemple du préfet Landsberg, qui avait lancé cette proclamation dans le département de l'Aisne : « Le soussigné porte à la connaissance des habitants que l'administration du département de l'Aisne lui a été confiée. Je regarderai comme un de mes devoirs de rétablir l'ordre dans le département, ainsi que de lui rendre les charges inévitables de la guerre aussi supportables que possible. Pour arriver à ce but, j'ai besoin du concours et de la confiance des habitants, et j'espère sincèrement qu'ils voudront bien me les témoigner en toute occasion » ; ledit von Parseval fit afficher dans l'arrondissement cette autre proclamation : « Délégué par le gouverneur général à Reims, Son Altesse Royale Monseigneur le grand-duc de Mecklembourg, pour l'administration de l'arrondissement de Soissons, j'invite toutes les autorités administratives à se mettre en relations avec moi et à obéir aux ordres que je leur transmettrai. Le pays souffre et je voudrais sincèrement pouvoir atténuer par tous les moyens à ma disposition les conséquences désastreuses de la guerre, mais mon intention serait stérile si le concours des fonctionnaires me faisait défaut. Je ne vous demande ni serment politique, ni renoncement à vos sentiments nationaux. Je me contenterais de l'assurance que vous me donneriez de ne pas être hostiles dans l'exercice de vos fonctions à l'autorité que je représente et d'exécuter les ordres qui vous parviendront. Voyez si dans ces limites vous voulez m'aider à faire le bien. Un refus de votre part entraînerait à des conséquences dont vous assumeriez sur vous la responsabilité. »

A partir de ce moment, les bureaux fonctionnèrent activement. On fit de la correspondance, on fit de la statistique, on fit des réquisitions, et on fit des recouvrements de contributions.

En vertu d'un décret royal en date, à Saint-Avold, du 13 août 1870, la conscription était abolie dans toute l'étendue du territoire français occupé par les troupes allemandes. On obligea, sous peine d'amende, de destitution, de détention et d'autres aménités, les présidents des commissions municipales à dresser la liste des individus appartenant à leurs communes et qui étaient sujets à la conscription, tant pour l'armée que pour la garde nationale mobile.

Le Moniteur officiel du gouvernement général à Reims était antifrançais et blessait en toutes ses lignes nos sentiments les plus chers. Deux ordonnances des 9 et 31 octobre et des lettres de la sous-préfecture forcèrent les maires à s'y abonner et à payer l'abonnement à raison de 2 francs par mois, à défaut de quoi on pourrait leur infliger une amende de 20 à 200 francs. Il y avait bien ici deux journaux : *L'Argus soissonnais* et *Le Progrès de l'Aisne*, mais ils ne pouvaient paraître, parce qu'un décret prussien leur défendait de publier aucune critique ou protestation contre les mesures des autorités allemandes.

Pour des causes diverses, les communes de Crouy, Pommiers, Chacrise, Septmonts, Buzancy, Missy-sur-Aisne, Puiseux, Vauxtin, Couvrelles, Braine, Villemontoire, Branges, Rozières n'avaient plus de maires ou d'adjoints.

On leur nomma des maires et des adjoints habitant le pays ; puis, les uns acceptèrent par nécessité, et les autres rejetèrent bien loin ces fonctions distribuées par des Prussiens.

Des sauf-conduits furent indispensables pour voyager. On en délivra au prix de 2 francs.

Le typhus se déclara dans l'arrondissement. On ordonna les prescriptions nécessaires pour le combattre.

Le préfet français faisait paraître un recueil de ses actes administratifs. On imita le préfet français et on publia, pour l'édification des municipalités, un bulletin traitant de la politique, des contributions, des réquisitions, des postes, etc.

Le 14 octobre, le général de Moltke écrivait de Versailles que, « dans le cas où des dégradations préméditées auraient endommagé des lignes de chemin de fer et occasionné quelque accident aux voyageurs, les autorités subalternes seraient chargées de dresser procès-verbal et de rédiger un rapport avec les employés de chemin de fer, à l'effet d'obtenir une indemnité conforme à celles qui étaient payées en temps de paix et dans des circonstances analogues soit aux individus blessés, soit à leurs familles. »

Le 27 du même mois, le prince de Hohenlohe écrivait de Reims : « Plusieurs endommagements ayant eu lieu sur les chemins de fer, ordre a été donner de faire accompagner les trains par des habitants des localités ou communautés contiguës aux voies ferrées, habitants connus et jouissant de la considération générale. On placera ces personnes sur la locomotive, de manière à faire comprendre que tout accident causé par l'hostilité des habitants frappera en premier lieu leurs nationaux. Les autorités compétentes, tant civiles que militaires, seront requises pour organiser, d'accord avec la direction des chemins de fer et les commandants d'étapes, un service régulier d'accompagnement. »

Ainsi renseigné, le sous-préfet de Parseval annonça, le 2 novembre, au président de la commission municipale, que le service régulier des trains du chemin de fer sur Reims serait complet prochainement et que plusieurs habitants notables de Soissons ou des environs accompagneraient le premier train de chaque jour.

Le président réunit alors tous les membres de la commission, et la commission chargea son président, le 4 novembre, de faire les démarches nécessaires pour qu'il ne fût pas donné suite à la prétention allemande, en déclarant que si, contre toute attente, l'exécution de la condition était maintenue, elle ne s'y soumettrait que comme contrainte et forcée.

Cependant, il arriva qu'on prit la chose tout autrement : elle pouvait être utile à des Soissonnais ayant des intérêts à Reims. On convint d'une carte à leur donner, et tous les jours, pendant un certain temps, il en fut distribué gratuitement à ceux qui en demandaient.

Il est un autre détail administratif que je ne dois pas passer sous silence. A la date du 26 octobre, le sous-préfet de Parseval, considérant que, pour assurer le service des bureaux de la sous-préfecture, il était indispensable de pourvoir au moyen de couvrir les frais d'administration et de payer les traitements des employés, arrêta qu'une somme de 642 francs par mois serait répartie entre chacun des cantons de l'arrondissement, et que, quant au canton de Soissons, il paierait 77 francs pour le premier mois.

Les communes payèrent effectivement les sommes que cet arrêté indiquait, et cela se répéta pendant cinq mois.

Des sujets allemands furent expulsés du territoire français à cause de la guerre, et il en résulta pour eux certaines pertes. En dédommagement de ces pertes, un million fut frappé sur le département de l'Aisne, et le canton de Soissons eut à verser 3,000 francs à la sous-préfecture.

A l'approche de l'ennemi on avait fait sauter

partiellement le tunnel de Vierzy. Ce tunnel fut réparé par le gouvernement de Reims. Il en coûta, dirent les Prussiens, 11,155 fr. 34 c. pour des bois de toutes sortes qui furent fournis par la ville de Reims et qui lui furent payés par le susdit gouvernement ; mais le tunnel étant situé dans l'arrondissement de Soissons, la somme de 11,155 fr. 34 c. dût être versée par cet arrondissement dans la caisse du sous-préfet. Pour sa quote-part le canton eut à payer 1,611 fr. 90 c. Je fus chargé par la mairie de Soissons de recouvrer cette somme et je la reçus des maires, moins les chiffres incombant aux communes de Belleu et Berzy. Je la conservai le plus longtemps possible, tant il m'était désagréable de la voir passer en des mains ennemies et tant j'espérais en éviter le versement par le moyen d'une paix prochaine. La paix survint en effet. Je me fis alors un véritable plaisir de remettre l'argent à ceux qui me l'avait déposé pour la sous-préfecture.

Le 13 février, afin de subvenir, disait le sous-préfet, à divers besoins des armées allemandes, une nouvelle contribution fut imposée aux départements occupés. Le canton de Soissons eut huit jours pour payer 10,100 francs. S'il ne payait pas dans ces huit jours, il s'exposait à l'exécution militaire. S'il payait, au contraire, dans ce délai, les maires pouvaient jouir d'une remise de deux pour cent. Tous les maires, ou presque tous, payèrent après les huit jours, et grâce à une intervention de la mairie de Soissons, non seulement l'exécution militaire n'eut pas lieu, mais les communes bénéficièrent de la remise.

Une imposition illégale encore, ce fut celle des couvertures. Il faisait froid. Les Prussiens avaient besoin de couvertures. On frappa le canton d'une taxe de 1,447 francs. Toutes les communes payèrent, et la sous-préfecture encaissa la somme, sauf la part de Berzy, qui n'en pouvait plus.

Mais tout cela n'était que le fretin des impôts. Le 22 octobre, le grand-duc de Mecklembourg-Schwérin ordonnait, en sa qualité de gouverneur général à Reims, que le recouvrement des contributions directes et indirectes serait suspendu pour les caisses françaises et ouvert pour les caisses prussiennes dans le département de la Marne, à partir du 1er septembre.

Le 31 octobre, le lieutenant-général de Rosenberg-Gruszczynski décidait à son tour que l'ordonnance du grand-duc prenait force de loi dans toute sa teneur et toute son étendue pour le département de l'Aisne, alors envahi, et que la date à partir de laquelle les contributions seraient perçues dans les différentes communes serait publiée ultérieurement par le commissaire général de l'administration des contributions.

Cette date ne tarda pas à être connue. Un nommé Pocchammer, qui était le commissaire général en question, la donna : ce fut toute la première quinzaine de novembre ; et alors les pauvres communes de songer à ce qu'elles auraient à faire. Le patriotisme leur disait : « Ne payez pas. » La raison leur disait : « Payez. » Menacées d'exécution militaire et d'une amende de cinq pour cent en sus de la somme qu'elles avaient à verser, les unes payèrent en totalité, les autres en partie. Toutes réclamèrent ou protestèrent, mais ce fut en vain. La sous-préfecture avait des ordres pour encaisser. Elle encaissa. Et ce furent des sommes énormes. On exigeait des contributions de tout le canton pour les mois d'octobre, de novembre, décembre, janvier et février. Le mois de décembre accusait un total de 79,333 francs et celui de janvier un chiffre de 118,996 francs. Jugez du bruit métallique qui s'ensuivit dans les bureaux. En vérité, cela faisait peur et peine. La pièce d'or de France et le frédéric de Prusse, la pièce de cinq francs et le thaler, la pièce de deux francs et le gulden, les billets français et les billets prussiens se heurtaient, se confondaient, formaient des monceaux, emplissaient des tiroirs, arrondissaient des sacs et comblaient des caisses.

La ville de Soissons se prétendit exempte de tous les impôts réclamés (million sur le département, tunnel de Vierzy, besoins des troupes, couvertures, contributions) et ce, en vertu de l'article 7 de sa capitulation. On lui donna raison, non sans débats, pour les moins importants, mais pour les contributions proprement dites, elle eut à résister davantage, à lutter plus énergiquement. Espérant une paix prochaine, elle voulut gagner du temps jusque-là, afin d'éviter le paiement. Pour cela, elle écrivit partout : au sous-préfet de Soissons, au préfet de Laon, au gouverneur de Reims, au roi de Prusse. « Les contributions réclamées, disait-elle, ne sont autres que des contributions interdites par la capitulation, et, à aucun titre d'ailleurs, leur exagération ne peut se justifier, puisqu'elles ne représentent point les contributions normales, qui se trouveraient plus que quadruplées. » Elle obtint des réponses contraires de tous, et même, indirectement, du roi Guillaume, qui s'exprima ainsi : « La capitulation du 15 octobre doit être exécutée strictement... La ville doit remplir les engagements qu'elle a pris... Le recouvrement des impôts et des amendes dont elle aurait été frappée n'est pas en contradiction avec le traité de capitulation. » Mais néanmoins, avec ces échanges de correspondances, elle atteignit son but : les jours s'écoulèrent, la paix fut proclamée ; et la population de la ville échappa au paiement d'une somme de 231,280 francs.

Assez d'autres charges, au surplus, lui restèrent :

Dès le 18 octobre, la commission municipale s'était réunie pour rechercher les moyens de couvrir les dépenses résultant de l'installation, à la sous-préfecture, des administrations militaire et civile, de l'entretien des fonctionnaires qui composaient ces administrations, ainsi que des réquisitions qui se produisaient. Et un emprunt de 60,000 francs avait été décidé le 21, puis réalisé.

Deux mois après (le 24 décembre), pour être à même de continuer leur lourde tâche et faire face aux dépenses, les membres de la commission municipale se voyaient forcés de faire appel à leurs concitoyens et de réclamer de leur dévouement un sacrifice pécuniaire indispensable. Ils indiquèrent le chiffre que chaque habitant était appelé à verser, d'après sa position connue ou présumée, et ils terminèrent en disant que si, contre toute attente, il n'était pas répondu à cet appel, la gestion des intérêts de la ville deviendrait impossible.

L'appel fut entendu comme il convenait. Quelques habitants seulement refusèrent d'y souscrire. On doubla plusieurs fois leur garnison, et les charges furent de la sorte à peu près équilibrées.

Ce sacrifice pécuniaire fut appelé la contribution civique. Il amena une recette totale de 48,000 francs, et, bien que ce chiffre fût respectable, la commission municipale fut encore obligée, le 15 janvier suivant, et tant l'occupation pesait sur la ville, de voter un emprunt de 200,000 francs, lequel devait être remboursable en deux ans, au moyen d'un supplément aux contributions et aux patentes.

Mais revenons au sujet principal de ce chapitre. Von Parseval resta sous-préfet de Soissons jusque dans les premiers jours de décembre. A cette époque, il fut nommé sous-préfet provisoire de l'arrondissement de Reims et remplacé à Soissons par un certain comte de Geldern. Ce nouveau personnage était Bavarois, comme son prédécesseur. Il avait le titre d'attaché de légation et d'attaché au commissariat civil du gouvernement de Reims. Plus jeune, plus timide que l'autre, il n'annonça pas son arrivée par une proclamation. Il boîtait de je ne sais plus quelle jambe. Il avait le visage pâle, la taille petite, le corps mince. Il s'habillait bien, soignait sa personne et se donnait un petit air aristocratique, sans pouvoir arriver à la parfaite distinction. Ce fut à lui surtout que furent réservés la plupart des encaissements formidables dont j'ai parlé. Il accepta parfois des réclamations à ce sujet ; mais, très dépendant, il se retrancha le plus souvent dans des ordres supérieurs qu'il disait avoir reçus.

Il disparut un beau matin du mois de mars 1871, sans bruit, comme il était venu, un traité de paix ayant été signé entre le gouvernement français et le gouvernement allemand, et rendant sa présence inutile parmi nous.

CHAPITRE VI

LES AMBULANCES

Lors de la reddition de la place de Soissons, les ambulances, qui avaient cependant arboré, durant le siège, le drapeau international, étaient dans les situations que nous allons dire : celle de l'hôpital général avait été anéantie avec tout l'établissement, dans un immense brasier allumé par les bombes prussiennes, celle de la petite caserne avait été détruite par un autre incendie de l'ennemi, celle du collège avait été bombardée, celle de l'Hôtel-Dieu avait souffert, et celle de la maison Létrillart avait été cruellement éprouvée par le feu.

Le séminaire Saint-Léger ouvrit ses portes charitables aux malades et blessés de l'ambulance de la petite caserne dès le deuxième jour du bombardement. Les docteurs, les étudiants en médecine, les sœurs de Saint-Vincent-de-Paul, l'aumônier et les infirmiers appartenant à cette ambulance suivirent les hommes auxquels ils donnaient des soins, et tous furent installés le plus commodément possible, à Saint-Léger.

Chassés de l'Hôtel-Dieu par des obus, le commandant Denis, qui avait été blessé à la sortie du 24 septembre, et un autre officier dont le nom m'est inconnu, allèrent se réfugier-là. Et comme on avait appris d'un des soixante prisonniers prussiens que la garnison avait faits et qui étaient retenus à Saint-Léger, que pour ne pas attirer les foudres ennemies, il ne fallait pas placer sur l'édifice le drapeau adopté par la convention de Genève, on s'abstint de cette exhibition. Puis, après un nouveau temps de résistance, était survenue la capitulation. Des blessés prussiens furent alors mêlés aux blessés français. Des soins furent prodigués aux uns comme aux autres, et, le 13 novembre 1870, il ne restait plus que des blessés de l'armée prussienne ; mais bientôt le nombre de ces derniers augmenta dans des proportions considérables. Ils entraient malades, ils sortaient guéris. Quelques-uns seulement moururent, et, chaque fois, la mairie fut requise de fournir pour le défunt un *cercueil peint en noir*.

6,000 Prussiens, dit le supérieur de l'établissement (l'abbé Dupuy), furent traités à Saint-Léger. Il y avait là un vieux bonhomme qui s'appelait Gompritch et que l'on avait surnommé *le Père-Cognac*, tant il aimait l'eau-de-vie. Egalement amateur d'aliments solides, il requit une fois du pain blanc et une poule *pour les très malades*. On lui fournit un peu de pain blanc, mais il n'eut jamais de poule, et s'il croyait que le roi Henri IV avait vulgarisé ce gallinacé au point de pouvoir en fournir les Prussiens à bouche-que-veux-tu, il dût se convaincre du contraire.

Au mois de novembre 1870, l'Hôtel-Dieu avait dans son ambulance quelques-uns des blessés du siège. Le capitaine de Monery de Caylus, qui s'y trouvait comme convalescent, demandait pour eux une part dans les dons patriotiques faits pour les victimes de la guerre. Ils étaient notamment une douzaine d'artilleurs du 8e, tous très intéressants : le premier, nommé Danne, avait été blessé par une balle ; le deuxième, appelé Aug, avait reçu un éclat d'obus ; le troisième, du nom de Laurentz, avait été blessé à la cheville du pied gauche ; le quatrième, appelé Tribach, avait été blessé gravement à l'épaule droite ; le cinquième, nommé Estevez, avait reçu une balle dans la jambe droite ; le sixième, nommé Gilly, avait eu l'œil droit crevé ; le septième, nommé Fouchier, avait eu les jambes cassées par des éclats d'obus ; le huitième, nommé Bourdin, avait été blessé à la tête et aux mains ; le neuvième, nommé Rhimbold, avait eu le bras gauche coupé et le bras droit abîmé ; le dixième, nommé Guldenfils, avait la jambe gauche contusionnée ; le onzième, nommé Albert, pouvait montrer une blessure à la jambe droite ; et le douzième, du nom de Deruther, avait été blessé à une main.

J'aime à croire que la demande si juste du capitaine de Monery de Caylus fut accueillie.

Plus tard, au mois de février, cette ambulance de l'Hôtel-Dieu devint obligatoirement prussienne. Bien lourdes furent pour la ville ses réquisitions, mais aucun détail remarquable ne s'y rattache.

Le grand séminaire avait beaucoup souffert du bombardement. Tous les vitraux peints de sa chapelle avaient été détruits, et un incendie avait eu lieu dans une de ses dépendances. Cependant, les Prussiens le rendirent habitable et le transformèrent en ambulance dans le mois de novembre. Les élèves n'étaient pas encore rentrés ; leurs vacances avaient été forcément prolongées ; ils restèrent chez eux pendant de longs mois, et les gens qui les remplacèrent souillèrent leurs salles et cellules comme ils savaient si bien le faire ; ce fut même au point que, dès le 26 novembre, leur malpropreté les prenant à la gorge, ils écrivirent à la mairie :

« Ils sont nécessaires pour l'ambulance au grand séminaire trois sceaux ou s'il n'en a pas trois assez grands vaisseaux pour la désinfection. »

Mangeurs et buveurs par excès, les infirmiers et autres Prussiens d'ambulance plus ou moins élevés en grade, absorbaient, aussi bien le jour que la nuit, des quantités prodigieuses d'aliments et de liquides. Frileux systématiques, ils faisaient un feu d'enfer dans une cinquantaine de foyers, et si le bois venait à leur manquer, ce qui n'avait rien d'extraordinaire, ils brûlaient les chaises, les tables, les couchettes, les portes, etc. La ville n'eut pas d'ambulance qui lui coûtât plus cher que celle-là. Voici du reste, sous la date du 23 décembre, un échantillon de ses réquisitions quotidiennes :

« On demande pour l'ambulance du grand séminaire :

« 5 k. veau,
« 2 k. carbonade,
« 1 caisse bougies,
« 18 litres de lait,
« 6 bouteilles Bordeaux,
« 9 bouteilles vin ordinaire,
« 1 bouteille cognac,
« 6 balais pour nettoyer des pots de chambre.

« *Le commandant d'étape,*
« POREMBSKI. »

Et voici maintenant, à titre de curiosité, trois lignes de prose d'un certain docteur Vogeler, qui était attaché à cette ambulance :

« 1ᵉʳ janvier 1871

« Il est nécessair pour faire des lunettes sur

les commodités du grand séminair un ouvrier. Aussi le bois suffisant. »

Une autre ambulance s'établit à la caserne de gendarmerie, qui était libre parce que les gendarmes avaient fui le pays, après la reddition de la ville, pour aller offrir leurs services à l'armée du Nord. Plusieurs officiers de landwehr, entre autres un négociant qui s'appelait Gaston Puchler, lequel ne voulait la mort de personne et me disait gaiement : « Ça m'empête de juer au soltat », mirent cette ambulance sur un pied très onéreux pour la ville.

Une autre encore fut organisée dans la maison de l'ancien commandant de place français, rue Richebourg.

Cette maison était abandonnée depuis le départ pour l'Allemagne du commandant de Noüe ; elle avait été percée et transpercée par les bombes et les obus. Il fallut des maçons, des couvreurs, des charpentiers et des peintres pour la remettre en bon état. Les travaux durèrent quelque temps, et, le 1er janvier, la mairie reçut ce billet d'un docteur qui s'ennuyait de ne pouvoir caser ses malades :

« Je vous prie d'envoyer lhome qui racomode le cheminer et la toit aujourdhoui à l'ancienne maison du commandant, »

L'homme fut envoyé, mais plus tard ; et

l'ambulance prit possession de la maison pour plusieurs mois.

Elle avait pour attaché un jeune artiste qui se tenait à quelque distance des batteries de Sainte-Geneviève, pendant le bombardement de Soissons, et qui me dit un jour, sur ma demande, que nos artilleurs avaient tiré *excellentement*, mais n'avaient presque pas causé mort d'hommes. Elle avait également pour attaché un outrecuidant sous-officier qui me tint ce langage alors que, fonctionnaire de la ville, je lui refusais l'exécution d'une réquisition impossible : « Mossieu, étiez pas en état, vous, de déclarer guerre à nous. Avez été vaincu. Devez à nous tout ce que nous demandons à vous. » Je me mis à rire de pitié. Il rougit jusqu'aux oreilles et n'ajouta rien.

La gare eut aussi son ambulance. Elle avait un abondant dépôt de choses destinées aux malades et blessés qui passaient et qu'elle recevait. Cela faisait envie pour nos pauvres soldats qui luttaient à outrance et qui manquaient de tout, là-bas, à l'armée du Nord et à l'armée de la Loire.

Si la mairie eût écouté les Allemands, la ville eût été pavée d'ambulances ; mais elle savait combien, à ce compte, il était fait tort à ses ressources pécuniaires, et elle opposa plusieurs fois, aux demandes qui lui furent faites, impossibilité sur impossibilité.

Le théâtre municipal faillit être pris ; mais on se borna à y faire un dépôt de provisions médicales et autres dans la grande loge des acteurs.

L'agence aux grains, elle, ne put échapper à l'envahissement ennemi. Elle reçut des monceaux de provisions, et quand vinrent les fêtes de Noël, elle fut appropriée pour une salle de festin. Les Prussiens triomphaient presque sans cesse de nos armées. Ils étaient joyeux jusqu'au délire. Noël était jour de folie pour eux. Ils s'offrirent alors un repas étourdissant. Le bouchon de vin de Champagne étoila le plafond, la bouteille vide fut jetée dans l'Aisne qui roule au pied ses eaux tranquilles, les prodigalités de toutes sortes s'épanouirent çà et là, mille lumières répandirent leur clarté, et l'on apprit en ville, ô honte achevée, que des filles, que des drôlesses du pays avaient pris part à ces orgies, sans le moindre reste de pudeur.

CHAPITRE VII

L'ATTENTAT CONTRE UN FACTIONNAIRE

Je ne sais ce qu'il y avait à garder à la petite caserne, vers la fin d'octobre 1870, mais, dans la nuit du 27 au 28 de ce mois, une sentinelle ennemie allait et venait aux abords de cet édifice. Un homme resté inconnu trouva sans doute que tuer cette sentinelle serait patriotique, quoiqu'on fût dans une place qui avait capitulé. Il s'arma, prit ses précautions, fit feu et ne parvint qu'à faire une blessure insignifiante à la main du Prussien qu'il visa.

Blessure insignifiante, soit. Mais pour la commandantur, c'était un attentat contre un factionnaire, c'était un forfait pendable, et, aussitôt, des mesures répressives furent prises par elle. La ville de Soissons fut donc condamnée à payer une contribution forcée de 40,000 francs et reçut du commandant Stülpnagel l'ordre suivant, qui fut porté par elle à la connaissance des habitants :

« On a tiré dans la nuit passée sur une sentinelle qui a été blessée grièvement.

« C'est pourquoi j'interdis aux habitants de mettre pied dans les rues, de neuf heures du soir à six heures du matin.

« Je ne le permets que dans les cas les plus pressants et sous la condition que ceux qui sortiront seront munis d'une lanterne bien allumée.

« Ceux qui agiront contre cet ordre seront arrêtés. »

L'auteur du coup de feu avait si bien pris ses précautions qu'il avait su se mettre à l'abri personnellement, et que les soupçons s'égarèrent sur des innocents.

On contesta du reste dans la ville le fait allégué. On désirait voir la victime, si victime il y avait réellement. On aurait voulu, comme saint Thomas, mettre le doigt dans la plaie. Et, quant à l'administration communale, à défaut d'exhibition du Prussien et de sa blessure, elle demanda immédiatement remise de la condamnation aux autorités allemandes ; mais ce fut en vain ; aussi, justement affligée de son insuccès, elle s'empressa, pour éviter le retour de pareilles choses, de faire publier cette proclamation :

« A nos concitoyens,

« Jusqu'ici la population soissonnaise s'est montrée calme. Et nous avons droit de compter qu'elle continuera à comprendre la situation et les devoirs qu'elle impose.

« Cependant, un malfaiteur, que nous ne pouvons croire être de notre ville, s'est livré cette nuit à un acte d'hostilité envers un factionnaire prussien.

« De tels faits ne sont pas seulement condamnables, ils peuvent amener des représailles et des rigueurs qu'il importe à tous de conjurer.

« Nous avons trop de confiance dans la loyauté de nos concitoyens et le sentiment du devoir qui les anime pour douter un instant de leur concours et de leurs efforts afin d'empêcher à l'avenir le renouvellement d'un pareil acte.

« Les membres de la commission municipale :

« H. Salleron, président ; Choron, Dumont, vice-présidents ; Suin, Perin, Em. Fossé d'Arcosse, L. Boujot, Bodelot, G. Lecercle, O. Fournier, Missa, Sieyes, Alph. Lemaire, Despierres, J. Leroy, Journeaux, Eug. Rigaux, Marcotte, Poidevin, Quint, membres. »

La commission en question s'occupa ensuite de la répartition de la contribution et annonça, le samedi 29 octobre, que, le lendemain dimanche, son travail serait porté à la connaissance de tous, pour, la somme demandée, être payée sans retard.

La situation pécuniaire des habitants fut pesée aussi vite et aussi bien que possible. Ceux que leur fortune mettait à même de faire aux charges publiques un sacrifice supérieur, eurent à supporter chacun une cotisation de 340 fr., et chaque membre de la commission s'imposa pour 145 fr. au moins. La 2e classe eut à payer 80 fr., la 3e 45 fr., la 4e 30 fr., la 5e 15 fr., la 6e 5 fr., et la 7e et dernière 1 fr.

Tout compte fait, on réunit 47,532 francs. On remit 20,000 francs à la commandantur. Je les vis emporter dans une longue sacoche, et ce fut pour moi un sujet de réflexions amères. Quant aux 20,000 francs restant dus, on fut autorisé plus tard à les employer en achats de denrées que l'on fournissait aux troupes d'occupation, conformément au fameux traité dont j'ai parlé au chapitre garnison.

Mais, le 24 décembre 1870, il parvint à Soissons un journal qui portait la date du 18 de ce mois, qui était publié à Tours et qui s'appelait *Le Moniteur universel*. C'était une feuille indépendante et qui cependant, par suite des événements, contenait, depuis le 24 septembre, les actes et documents officiels du gouvernement de Tours, Paris étant investi et ne pouvant plus répandre au dehors son journal officiel.

Le Moniteur universel, déjà cité du reste au début de ce livre, reproduisait sous le titre : « Documents communiqués », la proclamation municipale ; il l'accompagnait de remarques outrageantes, et disait notamment :

« Il importe dès à présent de signaler à la réprobation publique le nom des hommes qui se sont faits, en de pareils termes, les auxiliaires et les porte-paroles de la police des ennemis de la France. »

Ce journal fut remis à la municipalité. Profondément peinée, elle rassembla immédiatement tous ses membres, elle arrêta avec eux les termes d'une protestation, et elle chargea son président de l'adresser au rédacteur en chef du *Moniteur*.

« Quand après avoir été attaquée et investie pendant cinq semaines, bombardée pendant quatre jours et trois nuits (disait entre autres choses la protestation), la place a dû capituler parce que la défense n'était plus possible, non seulement les divers établissements militaires et civils étaient, les uns incendiés et détruits, les autres dévastés, et tous les services, même les services médicaux, rendus impossibles, mais un tiers des maisons était incendié ou abîmé, le reste plus ou moins endommagé.

« ..... Si nous recommandons le calme, si nous cherchons à éviter tout conflit, si nous rappelons à nos concitoyens la situation que nous fait la capitulation et les obligations qu'elle nous impose, nous demandons aussi qu'en ce qu'elle profite à la ville, la capitulation soit pleinement exécutée. Nous poursuivons cette exécution avec persévérance, et, croyez-le, sans complaisante faiblesse.

« ..... En nous exprimant comme nous l'avons fait, nous n'avons rien fait de contraire au vrai patriotisme ; nous n'avons pu encourir la réprobation qu'il vous a plu d'appeler sur nous. »

J'ai infructueusement cherché dans la collection du *Moniteur universel* de Tours, l'insertion de cette protestation. Un conseiller municipal l'avait cependant portée exprès à Vervins pour en assurer le départ, la poste prussienne qui fonctionnait d'ici là ne présentant pas toutes les garanties désirables. Et elle est arrivée à destination, c'est sûr ; la proclamation avait bien su d'ailleurs se frayer un chemin jusqu'à Tours et l'article injurieux arriver jusqu'à Soissons. Mais l'administration du *Moniteur*, se dégageant de toute responsabilité dans cette affaire, répondit, le 15 décembre, par la plume de M. Gustave Claudin, que c'était au gouvernement de Tours, et non à elle qu'on devait s'adresser.

Le gouvernement seul avait en effet été mal renseigné, et avait mal interprété la situation. Par contre, la municipalité avait reçu un blâme immérité. Elle se drapa alors dans sa conscience, et elle poursuivit sa tâche sans plus se plaindre par écrit.

CHAPITRE VIII

LES QUERELLES D'ALLEMANDS

Quelques habitants ont eu le rare bonheur de n'avoir pas à se plaindre de nos ennemis ; mais que d'autres ont réuni de griefs à leur charge ! Que de vexations endurées, que d'humiliations subies, que d'impudence supportée, que de violences souffertes ! Toutes les fois que la mesure fut comble, ce fut encore sur l'habitant qu'elle se répandit. La police soissonnaise fonctionnait, du consentement de la commandantur. Elle recueillit par écrit une grande quantité de faits et gestes prussiens ; ce sont les plus sérieux, les plus graves parmi ceux qui se sont produits. Nous allons les rapporter par ordre chronologique. On verra que, comme les réquisitions, ils caractérisent bien cette race tudesque qui est venue s'abattre sur la France en 1870. Et d'ailleurs, en fait d'histoire, a dit Voltaire, rien n'est à négliger.

Au 16 octobre 1870, entre autres rapines d'objets mobiliers, il est dérobé par des Prussiens, à l'hôtel du *Lion-Rouge*, 26 cuillères en ruolz, 15 fourchettes en métal semblable, et un couvert en argent.

Le 28 du même mois, rue du Mont-Revers, deux soldats ivres rentrent dans leur logement. La menace à la bouche, ils chargent leurs armes, puis ils tirent par la fenêtre ; heureusement personne n'est atteint.

Le lendemain, des Prussiens découvrent, dans la cave de la caserne de passage, des fusils, des sabres, des baïonnettes. Pleins de craintes, ils s'en prennent au propriétaire (M. Levasseur). Celui-ci déclare que sa cave était remplie d'eau au moment du siège de la ville, que les mobiles qu'il logeait, ont jeté là leurs armes, que maintenant l'eau s'est retirée, et qu'il n'a point d'intentions hostiles. Le commandant de place Stülpnagel est prévenu de ce qui se passe. Il envoie un piquet d'hommes dans cette caserne. On prend la clef de la cave, et la scène finit par des menaces.

Dans le même moment, deux Saxons et trois Prussiens sont logés rue de Panleu, maison Moussu. Un sous-officier est chargé de la distribution des vivres nécessaires à une certaine quantité d'hommes. Il possède un fusil de chasse qu'il a dû s'approprier quelque part et des revolvers que sans doute il n'a point payés. Il décharge son fusil en tirant sans prévenir, et jette l'épouvante. On accourt. On n'obtient aucune explication de lui. On constate seulement qu'il laisse perdre dans sa chambre environ deux cent cinquante kilos de pain, tandis que ses soldats en manquent peut-être. Je me trompe : ces gens-là ne mangent que de la *fleisch,* comme ils disent, et n'ont pas besoin de pain.

Le jour de la Toussaint, un autre coup de fusil est tiré rue de Panleu. Le 2 novembre, un troisième coup éclate rue du Collège, un quatrième et un cinquième retentissent rue du Commerce, et un sixième se fait entendre rue Saint-Martin. L'inquiétude gagne plusieurs personnes. On se demande ce que cela signifie et on se dit que déjà, le 28 octobre, des coups de feu ont été tirés intentionnellement sur l'avenue de la Gare.

Le 12 novembre, un sous-officier prussien rudoie chez elle une dame de la rue Neuve-Saint-Christophe. Le lendemain, il recommence ses brutalités. Un officier est appelé. Il lui donne tort, et la dame se rassure.

Dans l'après-midi du même jour, un domestique de M. Dumont, directeur de transports, est envoyé à la gare, pour exécuter une réquisition, avec deux chevaux et une voiture. Les chevaux ne peuvent ébranler la voiture, tant elle est chargée. Les Prussiens dégaînent, frappent à tour de bras et blessent un cheval à tel point que le sang jaillit abondamment.

Dix jours après, à onze heures du soir, un dragon saxon frappe à coups redoublés dans la porte et dans les volets d'un aubergiste de la rue du Pot-d'Etain, n° 28 ; il brise les vitres d'une fenêtre et casse des litres de liqueurs. Le brigadier de police de la ville passe et rappelle le perturbateur au calme ; mais celui-ci le pourchasse et reste maître de la situation.

Le 3 décembre, un Prussien du 56e régiment d'infanterie, logé dans une maison de la rue des Feuillants, n° 13, vient de frapper la maîtresse de cette maison et de la renverser sur le sol, à la suite d'une scène de gourmandise qu'il lui a faite. Relevée, cette dame s'enfuit dans une pièce voisine, où elle est défendue par sa bonne ; mais alors le Prussien s'arme d'un éclat d'obus et en menace la domestique.

Le 7, vers quatre heures du soir, un soldat prussien du 44e de ligne, entre et s'installe dans le bureau de l'abattoir, sans mot dire. L'employé du bureau essaie de lui faire comprendre qu'il ne doit point rester là. Le soldat se met en colère, sort, revient avec son fusil, le charge, menace, effraie ; puis il tire son sabre, le brandit ; ensuite une personne va chercher la garde. La garde arrive, et le Prussien est emmené au poste.

Le 16, vers une heure, trois élèves en médecine, attachés aux ambulances, rient dans la rue du Commerce, en examinant des caricatures que l'un d'eux tient dans la main. Un uhlan à cheval et un fantassin croient que ces rires sont à leur adresse. Aussitôt le uhlan dégaîne, fait faire demi-tour à son cheval, et charge, le sabre à la main, les élèves en médecine. Épouvantés, ces derniers s'enfuient ; mais l'un d'eux est rejoint dans un corridor par le fantassin, qui le blesse gravement à la main droite avec un sabre-baïonnette. D'autres soldats prussiens surviennent ; ils saisissent brutalement l'élève en médecine et le conduisent devant le commandant de place.

Le 20, chez un aubergiste, un soldat du 48e, logé rue Saint-Martin, 62, se plaint de n'avoir pas assez de vin, et en demande davantage. L'aubergiste lui en refuse. Le Prussien se fâche et se jette sur lui. La femme de ce dernier intervient. Le soldat tourne sa colère contre elle, la renverse d'un coup de pied, la tire par les cheveux, lui assène des coups de poing sur la tête et maltraite une autre femme qui veut défendre la première. Heureusement la garde se présente et met fin à cette scène scandaleuse.

Au même instant, un soldat du 56e fait tapage dans un débit de boissons de la rue Saint-Quentin, 4, à propos d'un billet de cinq thalers. Il veut de la monnaie, bien qu'on n'en ait pas à lui donner. Il tire son sabre, frappe sur les tables, sème l'effroi dans la maison et nécessite aussi l'intervention de la garde.

Dans la soirée du 21, un ouvrier nommé Léon Prévost arrive avec sa femme, en son domicile, rue de l'Echelle-Saint-Médard, n° 4, lorsqu'un soldat prussien du 56e, s'adressant à la femme, lui prend le bras et lui dit : « Madame à moi. » M. Prévost entraîne sa femme ; mais le Prussien, qui est gris, met la main à son sabre et veut frapper le mari. Celui-ci lève son bras gauche pour se garantir du coup qui lui est destiné : il est blessé depuis le tendon du muscle extérieur du pouce jusqu'au milieu de la main, et a une artère coupée. Il veut cependant rentrer chez lui avec sa femme et s'y enfermer ; mais le Prussien les poursuit, enfonce la porte, se précipite dans un escalier, monte au second étage, entre en brandissant son sabre chez un nommé Louis Paris, qui se chauffe paisiblement avec sa femme et quelques voisins, renverse ce sieur Paris sur un lit, lui donne un coup de sabre au coude gauche, lui ouvre l'articulation et lui fait une blessure de trois à quatre centimètres de largeur. Il est secouru par un sieur Cailliot, mais celui-ci est à son tour blessé par le Prussien, lequel frappe avec son sabre, coupe la couverture, tranche les draps d'un lit et entaille une couchette, une table et le plafond. Un militaire du 56e et un artilleur du 3e accourent au bruit, désarment le furieux et l'emmènent à son logis.

Le 23, encore dans la soirée, trois soldats prussiens se présentent chez un pharmacien, rue du Commerce, 10, en lui demandant du cognac et du tabac. Il leur répond qu'il n'en vend pas. Ils insistent. L'un d'eux tire son sabre et dit au pharmacien : « Vous, Français, caput. » Le pharmacien juge prudent de ne pas répliquer. Quelques instants après, le Prussien, étant sorti, ramasse dans la rue un corps dur, le lance dans une glace formant porte d'entrée à la pharmacie, brise cette glace en mille morceaux, et cause alors un préjudice de 100 francs au pharmacien.

Le 3 janvier 1871, vers sept heures et demie du soir, un ferblantier de la rue du Mouton, 6, ferme sa boutique. Deux Prussiens du 48e passent et lui demandent du tabac. Il les conduit jusqu'à la porte d'un marchand qui en débite, mais le marchand étant couché (on se couchait de bonne heure par le temps de Prussiens qui courait), les soldats entraînent le ferblantier. Ce dernier glisse de leurs mains. Ils le poursuivent. Le ferblantier tombe chez lui, dans un corridor, en trébuchant contre une barre de fer. Il se relève et s'empare de cette barre de fer. Les Prussiens croient qu'il veut leur résister énergiquement. Ils le frappent, l'emmènent au poste, et de là on le conduit en prison.

Deux ou trois heures plus tard, un cordonnier et un couvreur, sont chez un aubergiste de la rue Saint-Waast, n° 2, en même temps que deux soldats ennemis du 56e. Ils sortent, sont suivis par ces soldats, et l'un de ceux-ci, sans provocation aucune, porte alors un tel coup de poing au couvreur, qu'il le fait tomber ; il se jette ensuite sur lui et lui frappe la tête sur le pavé, à plusieurs reprises. Cependant le cordonnier s'éloigne ; mais, rejoint bientôt par l'autre Prussien, il reçoit un coup de sabre au-dessus de l'œil gauche, un coup de sabre à l'œil droit et un troisième coup de sabre sur le bras gauche.

Le 17 du même mois, à neuf heures du soir, un jeune ouvrier fait une course rue du Commerce, accompagné de sa sœur et d'un habitant de la ville. Un sergent du 48e les accoste. Pris de boisson, il va jusqu'à saisir la sœur et la serrer dans ses bras ; elle le repousse, il la soufflette ; elle se sauve, il la poursuit ; elle entre chez un confiseur, il y arrive aussi, il l'attire à lui, il lui arrache ses vêtements et bouscule le confiseur et un autre négociant.

Dans la matinée du 20, entre sept et huit heures, un soldat du 48e, logé rue des Pieds-Déchaux, entre chez un habitant de cette rue, n° 7, et lui demande du café. L'habitant, qui ne lui doit rien et qui a bien assez des Prussiens qu'il loge, ouvre sa porte et montre la rue. Aussitôt le Prussien referme la porte, se lance sur l'habitant, lui imprime sur le visage la trace de ses mains et tire son sabre. On arrive heureusement, au tapage qui se fait, et le Prussien bat en retraite en maugréant et menaçant.

Le 3 février, vers quatre heures du soir, à l'angle de la rue du Beffroi et de la rue de l'Hôtel-Dieu, un agent de police rencontre un soldat du 48e et un soldat du 56e qui s'approchent de lui, le poussent, l'injurient et lui reprochent d'avoir traité M. de Bismarck de canaille. Il proteste. Un officier passe. On le fait juge du débat, et il met fin à la scène qui se préparait.

Le soir du 1er avril, à neuf heures, des soldats saxons, au nombre de quatre, frappent à la porte d'un habitant de la rue Saint-Antoine et lui demandent à boire. L'habitant leur répond qu'il n'est pas débitant de boissons. Ils le prennent par les vêtements, le frappent avec leurs sabres et lui font perdre beaucoup de sang. Déjà une des filles de cet homme avait eu à se plaindre de la brutalité prussienne.

Le 11 juin, à huit heures du soir, deux charretiers de bateaux (l'un nommé Thiénard, l'autre appelé Boutanquoy) reviennent de Condé-sur-Aisne, montés sur leurs chevaux, lorsque, arrivés sur la route de Crouy à Soissons, ils font la rencontre d'une vingtaine de soldats allemands. Ces soldats, qui avaient stationné dans de nombreux cabarets, veulent faire rebrousser chemin aux domestiques. Les domestiques insistent pour continuer leur route. On ne s'entend pas. Une lutte s'engage. Les soldats renversent Thiénard de son cheval, le terrassent et lui portent sept coups de sabre, dont sa blouse garde des traces. Boutanquoy, également jeté à terre, reçoit deux blessures, l'une à l'oreille, l'autre au bras. A ce moment, passent en cabriolet, un meunier et sa femme ; l'un des soldats, le sabre à la main, s'approche de la voiture et lance un coup violent, qui heureusement n'atteint personne.

Cette soirée est d'ailleurs marquée par d'autres scènes encore dont on se serait certainement bien passé. Dans le faubourg Saint-Waast, dans la rue du Collège, dans la rue Saint-Martin, des soldats frappent les passants, les uns avec le sabre, les autres avec le poing.

Et puis, rue du Commerce, le brigadier de police, M. Olivier, reçoit un coup dans la poitrine, et le commissaire en chef, M. Adam, un coup en plein visage.

Le 27 juin, cinq ou six Prussiens achètent des œufs rouges chez un revendeur, vis-à-vis de la grande caserne. En même temps, une ouvrière se paie deux bagues et se les passe aux doigts.

Les Prussiens l'entourent, lui prennent les mains et lui disent : « Belle mam'selle, venir promener avec nous. » Elle refuse. Elle se place sous la protection d'un jeune commis qui ferme une maison de commerce dans le voisinage. Le jeune commis prend son rôle au sérieux. Il reçoit un soufflet. Il riposte. Les Prussiens crient, arrêtent le commis et le conduisent au violon.

Le 12 juillet, un boulanger de la rue Saint-Martin, n° 20, se promène, entre neuf et dix heures du soir, dans le faubourg de Crise. Trois soldats prussiens, dont un caporal, sont près de lui. L'un lui prend le bras et lui dit : « Bonne Française, bonne ! — Oui, oui, » répond le boulanger. Alors ils veulent l'entraîner au cabaret. Il résiste. Un Prussien lui assène un coup de poing entre le nez et le front. Il tombe. Les autres dégaînent et le frappent. Il se relève cependant ; mais on le terrasse ; il reçoit de nouveaux coups de sabre, il perd connaissance, il revient à lui, il se relève encore et gagne lentement sa demeure, couvert de contusions et courbaturé.

Depuis le 1ᵉʳ juillet, une fille de mauvaise vie demeure dans la rue du Commerce. Elle est Française, hélas ! mais elle est passée à l'ennemi sans scrupules. Elle s'appelle Mariette X..., est âgée de 20 ans, et sa désinvolture attire tous les regards. L'œil de la police surtout est blessé par sa conduite. Un procès-verbal est rédigé à sa charge le 24 juillet. Le major de place se fait son avocat et écrit : « Madame Mariette X..., rue du Commerce, va se plaindre que la police de Soissons elle fait des embarras ou elle veut défendre de rester ici. Il n'y a aucune raison de faire partir Madame X..., et j'invite la mairie de faire que la police la laisse sans troubles ici. (Signé) Heuglar. »

Le 12 août, dans la soirée, une jeune fille, aussi de la rue du Commerce, vient d'être conduite à sa chambre par sa mère. La jeune fille se met au lit et souffle la lumière qui l'éclaire. Elle entend bientôt le bruit de la respiration de quelqu'un. Elle se lève, allume une bougie et regarde. Apercevant un Prussien sous son lit, elle s'enfuit en criant. Le Prussien s'éloigne en toute hâte de son côté, et on ne peut le châtier de son équipée qu'en lui assignant un autre logement.

Le 13, dans l'après-midi, deux Prussiens sont dans une auberge. Quatre Français veulent y entrer ; mais un seul y est admis, les trois autres étant en état d'ivresse. Le Français provoque les Prussiens. L'un de ces derniers le soufflette. Il sort pour rejoindre ses camarades. Les Prussiens vont à leur rencontre. Une lutte a lieu et se termine. Les Prussiens rentrent à l'auberge. L'un d'eux tire son sabre, frappe, brise et casse. On s'éloigne ensuite. On voit un brocanteur qui, avec sa femme, rentre en sa maison divers objets. Les Prussiens s'approchent de la femme du brocanteur et la repoussent sans raison. Des observations leur sont faites. Ils mettent flamberge au vent. Ils frappent la femme et tombent sur le mari. Un idiot arrive ; il reçoit trois coups de sabre sur la tête et deux sur l'épaule droite. Enfin une jeune fille survient, et elle est également frappée.

Le 25 août, des soldats prussiens causent paisiblement (une fois n'est pas coutume), à sept heures du soir, rue de la Congrégation. Un chiffonnier ivre leur lance des quolibets. L'un d'eux l'empoigne et le renverse. Le chiffonnier se remet debout et continue ses railleries. Un soldat veut faire usage de son sabre. Un agent de police se présente. Tableau.

Le soir du 3 septembre, un couvreur et d'autres ouvriers jouent aux cartes dans le café de la *Concorde*. Le couvreur et un tourneur se prennent à la gorge. Un soldat prussien intervient, saisit le couvreur et lui fait casser un carreau. Le couvreur rentre alors chez lui, et le Prussien le suit ; mais le couvreur revient sur ses pas, se heurte contre le Prussien, et ce soldat tombe en poussant un cri. Le couvreur est aussitôt conduit au poste de la Grand'Place, et y passe la nuit.

Dans l'après-midi du 6 septembre, une misérable est recherchée au Mail par la police. La police en trouve deux, au lieu d'une, et les arrête autour d'un manège où les officiers, depuis quelques jours, font de la voltige comme des écuyers de cirque, à l'occasion de l'anniversaire de la reddition de Sedan ; mais arrivées à mi-chemin de leur destination, les femmes sont délivrées par les soldats prussiens.

Vers neuf heures du soir, une autre femme tombée est conduite au bureau de police. Quatre Prussiens veulent la saisir pour la soustraire au sort qui l'attend, mais la police réussit à la faire entrer au violon.

Une heure après, une quatrième femme est également conduite au bureau de police. Les mêmes Prussiens veulent encore la délivrer, mais en vain.

Bref, dans le même temps, rue Saint-Martin, où ils passent, le commissaire et un agent de police reçoivent la salive d'un Prussien, accoudé à une fenêtre d'un second étage. Le 12 septembre, à sept heures et demie du soir, un sieur Henri Leclerc, employé de la poste aux lettres, revient de porter des dépêches à la gare, lorsqu'arrivé à deux cents mètres de là, deux Prussiens se jettent sur lui, l'accablent de coups et lui occasionnent une effusion de sang. Le 16 octobre, au matin, il est célébré un service funèbre en la cathédrale, à la mémoire des défenseurs de Soissons morts pendant le siège de cette ville ; et la cathédrale se remplit d'habitants. Cela porte ombrage aux troupes d'occupation. Le soir, des patrouilles bavaroises sillonnant les rues, arrêtent sans rime ni raison, un ouvrier peintre donnant le bras à sa femme, un sapeur français du 31ᵉ de ligne, qui vient de Vauxrains, avec un paysan, pour se rendre au chemin de fer, et un garçon boulanger qui raconte dans une auberge avoir poursuivi des Prussiens à coups de fourche dans son pays, à Châteaudun. Enfin un officier qui avait au moins la berlue, va, dans cette soirée, jusqu'à arrêter un collégien en uniforme, qu'il prend pour un soldat français.

CHAPITRE IX

LES ARRESTATIONS

On s'étonne que la liberté et l'honneur des gens soient mis à l'entière disposition de magistrats d'environ 25 ans, n'ayant d'autre expérience que celle de leur jeune âge et remplissant les importantes fonctions du ministère public. On s'élève contre cet état de choses, en disant que placer le droit d'arrestation dans les mains d'un substitut ou d'un juge suppléant sortant du quartier latin est une énormité, et l'on se récrie aussi contre les arrestations précipitées faites par la police ou par la gendarmerie. Mais que ne doit-on dire en songeant, en se rappelant que, pendant l'invasion, le premier Prussien venu pouvait incarcérer les gens pour un oui ou pour un non, et même pour des motifs restés inconnus de l'intéressé ?

Vainqueurs toujours, ou à peu près, dans cette fatale guerre de 1870-1871, nos ennemis s'arrogeaient les droits les plus absolus. Chaque jour amenait une arrestation de leur part. Déjà dans le journal *Le Siège de Soissons* et au cours de cette *Occupation allemande*, j'ai cité plusieurs de leurs victimes sous ce rapport. Je vais en dénommer plus particulièrement un certain nombre, et les chapitres suivants en révèleront d'autres encore.

Dans la nuit du 23 au 24 septembre 1870, une sortie de trente-deux volontaires de la garde nationale eut lieu à Beugneux, où stationnaient environ vingt Prussiens (31). Au nombre des volontaires se trouvaient deux ouvriers de fonderie connaissant la langue allemande, Joseph Hencky et Georges Durenberger. Le résultat fut tout à notre avantage : on envoya plusieurs Prussiens dans l'autre monde, on fit treize prisonniers et on captura une cinquantaine de chevaux. Mais, le 20 octobre, après la reddition de la place de Soissons, les prisonniers prussiens, redevenus libres, reconnurent en ville les volontaires Hencky et Durenberger. Ils les signalèrent à l'autorité prussienne, qui les fit arrêter et les condamna, le 23, dans la salle de la *justice de paix* (ô dérision !) chacun à dix ans de réclusion à subir en Allemagne (32). C'était tout à fait contraire à l'article 2 de la capitulation de Soissons, qui disait que les gardes nationaux habitant Soissons avant la guerre n'étaient point prisonniers ; mais on invoqua vainement cet article 2 en faveur des condamnés. Ils furent donc transportés en Prusse. Là, Durenberger obtint remise de sa peine, disent les uns, s'évada, disent les autres, et on le revit alors à Soissons. Hencky, moins heureux, passa vingt mois tant à Cassel qu'à Cologne. Pendant ce temps, mille et une démarches furent faites pour lui par l'administration municipale, la sous-préfecture française et M. de Saint-Vallier ; mais jamais on ne put obtenir sa mise en liberté. Il ne devint libre que lorsque la plupart des prisonniers purent rentrer en France, laissant en Allemagne un nommé Dutour, dont le crime était d'avoir empoisonné son vin, qui diminuait tous les jours par le fait des Prussiens ; et le 25 juillet 1872, à son arrivée à Soissons, Hencky s'empressa d'opter pour la nationalité française, en vouant aux Prussiens une haine à perpétuité. En 1883 il était pensionnaire à l'Hôtel des Invalides, et, à cette époque, tous les journaux parlèrent de lui, à l'occasion d'un sauvetage qu'il venait d'opérer très habilement sur les bords de la Seine.

Nous savons que la ville de Soissons a été condamnée à payer une contribution de 40,000 francs, parce qu'un inconnu avait tiré sur un factionnaire prussien dans la nuit du 27 au 28 octobre, à la petite caserne. M. Baliziaux était portier-consigne de cette caserne avant la reddition de Soissons et portait l'uniforme militaire. Les Prussiens l'accusèrent du coup de feu, l'arrêtèrent et le conduisirent en prison le 3 novembre ; mais le lendemain, ne le trouvant pas coupable, ils lui rendirent la liberté.

Le 13, on amenait à Soissons un chef de gare. C'était M. Piquet, de Senlis. Il avait conservé ses fonctions, malgré les événements. Mais vinrent les Prussiens, et il lui fut enjoint de demeurer à son poste avec les employés ordinairement sous ses ordres Inspiré par le patriotisme, il repoussa l'injonction. On le fit prisonnier ; on le dirigea sur Chantilly ; on le condamna à être fusillé ; on demanda et on obtint pour lui une commutation de peine ; on décida qu'il serait détenu jusqu'au jour où la paix serait signée, et on le conduisit successivement dans plusieurs prisons. Il arriva ainsi dans celle de Soissons. L'administration municipale s'occupa de lui. Le sous-préfet prussien, von Parseval, dont la famille *française* habitait justement Senlis, fut mis au courant de la situation. Le roi de Prusse la connut également, et, le 21 décembre, M. Piquet fut mis en liberté, à la condition qu'il retournerait à Senlis et s'engagerait d'honneur à ne pas quitter cette ville, ce qu'il accepta.

Le 13 novembre, en même temps que pour M. Piquet, la prison s'ouvrait pour un chef cantonnier de Creil, nommé Adolphe Darragon ; soupçonné d'espionnage par les Prussiens, il ne recouvra la liberté que la veille de Noël.

Le 13 encore, un maréchal de Soissons, du

nom de Pierre Humbert, était arrêté pour un jour et sans motif connu.

Le 14, un jeune manouvrier de Bézu-Saint-Germain, appelé Frédéric Garret, était aussi conduit en prison par des Prussiens. Ce qu'il avait fait, on ne le sait pas ; mais ce que l'on n'ignore point, c'est qu'il resta sous les verrous jusqu'au 19 du même mois.

Les 26 et 27, deux jeunes ouvriers de la ville (François Pilet et Alexandre Labbez) étaient de même arrêtés pour une cause encore inconnue, mais ils rentraient bientôt chez eux.

Le 6 décembre, des Prussiens trouvant que M. de Belly de Bussy, de la rue des Framboisiers, manquait de politesse à leur égard, le conduisaient pour deux jours à la maison d'arrêt.

Le 14 décembre, M. Guillaume, imprimeur à Laon, avait le même sort. Nos ennemis l'accusaient d'espionnage et se trompaient grossièrement. N'importe, ils le retenaient ici pendant six jours et le relâchaient ensuite.

Le 16 décembre, c'était le tour de M. Léon Fautrat, sous-inspecteur des forêts, originaire de Saint-Denis-d'Anjou. Il avait, avec raison, refusé d'obéir à l'autorité prussienne. Heureusement pour lui, sa détention à Soissons ne dura que quelques heures.

Le 11 janvier 1871, les Prussiens incarcéraient encore à Soissons deux personnes. C'étaient : M. Paul Ancel, âgé de 52 ans, cultivateur à Jaulzy, et M. Jean-Louis Barbier, âgé de 68 ans, cultivateur à Courtieux. Le 13, ils emprisonnaient M. Etienne Bourdon, âgé de 77 ans, cultivateur à Cuise-la-Motte, et le 14, ils écrouaient M. Jean-Baptiste Boitelet, âgé de 59 ans, instituteur à Jaulzy, ainsi que M. Thomas Vigreux, âgé de 48 ans, cultivateur en cette dernière commune. Quel crime était imputé à ces cinq étrangers au Soissonnais ? Ils avaient, disait-on, coupé un fil télégraphique et rompu de la sorte des communications allemandes. Mais on ne put prouver qu'ils étaient coupables, et les Prussiens les relaxèrent après un séjour d'une nuit à la maison d'arrêt.

Notons encore l'arrestation, à tort et à travers, d'un marchand de chaussures nommé Maître, d'un mouleur nommé Vasset et d'un manouvrier nommé Brodin, tous trois de Soissons.

M. Charles Salleron, procureur de la République près le tribunal de première instance de l'arrondissement de Soissons, fut aussi arrêté, et c'est à la commandantur que revient l'odieux de cet abus d'autorité. Non désignés dans le traité de capitulation, les gendarmes de la ville, moins leur commandant, M. Joullié, qui eut à prendre la route de la captivité, revêtirent des habits civils dès les premiers moments de l'occupation allemande, et n'étaient pas considérés comme prisonniers, ou n'étaient prisonniers que sur parole ; mais cette situation leur étant à charge, et leurs chevaux ayant été enlevés comme faisant partie du matériel de guerre confisqué, ils partirent pour l'armée du Nord. La commandantur, et particulièrement, si je ne me trompe, le lieutenant et major Halke, accusèrent M. Charles Salleron d'avoir, comme procureur de la République, conseillé à la gendarmerie d'aller reprendre les armes contre la Prusse, et il fut conduit en prison. La ville s'émut à juste titre de cette arrestation. Une députation alla expliquer au commandant de place Stülpnagel que la gendarmerie ne relevait pas directement du procureur de la République, mais des ministères de l'intérieur et de la guerre, que les gendarmes avaient agi suivant leurs propres inspirations, et non sur les conseils de M. Charles Salleron. Alors la commandantur ouvrit les yeux, réfléchit, et ordonna la mise en liberté immédiate de M. le procureur de la République.

Un huissier de Soissons, M. Montenécourt, fut aussi enlevé à ses affaires pendant quelques heures. En passant devant un factionnaire, il s'était débarrassé d'un peu de salive qui le gênait dans la gorge. Le factionnaire s'était trouvé outragé, et de là, délit assez grave pour motiver une arrestation. Toutefois, après une enquête, l'inculpation resta sans suite.

Le brigadier-facteur de la ville, M. Lecomte, passa également plusieurs heures dans la maison d'arrêt. Les postes françaises, à Soissons, étaient supprimées et remplacées par une poste prussienne ; mais quelquefois le receveur en cette ville, M. Mougenot, les faisait fonctionner clandestinement. Or, il arriva que le brigadier fut surpris par un Prussien venant de remettre une lettre dans une maison de la rue des Cordeliers, et, immédiatement, ou à peu près, l'emprisonnement lui fut infligé (33).

Vers le 8 mai, M. Ernest Ringuier fut emmené à son tour. Il s'était exprimé vertement à l'égard d'un officier allemand qu'il logeait et qui avait, disait-il, souillé son domicile d'habitant de la ville de Soissons, en y introduisant, la nuit, une femme perdue. On trouva ses expressions blessantes au premier chef, et vite on l'arrêta. Toutefois, il obtint de subir sa détention — une quinzaine de jours, — dans une salle de l'Hôtel de Ville, en la compagnie d'une sentinelle, et pour le distraire, je lui fournis des ouvrages de la bibliothèque communale.

Furent encore privés de liberté par les Prussiens, deux ouvriers de la ville, pour avoir recherché dans des fossés de remparts, des cartouches, des boulets et des obus qui avaient été noyés par des soldats français lors de la reddition de la place.

Il faut également placer ici l'arrestation d'un charretier appelé Démont. Celui-là reçut, comme du reste la plupart des autres victimes du même genre, une nourriture à laquelle la ville sut pourvoir, et voici en quels termes la municipalité fut mise en demeure de faire quelque chose pour lui, par un officier de place qui avait succédé au lieutenant Halke :

« Commandantur de Soissons.

« La mairie est prévenue que le chartier Joseph Démon a été arrêté hier sur la route de Villers-Cotterêts et qu'il est puni de cinq jours d'emprisonnement par ordre du commandant de la place pour avoir menacé et montré le poing au cortège d'un soldat prussien mort.

« La mairie est invitée de lui fournir le pain et l'eau nécessaire et le 3'ième jour de la nourriture chaude et 1/2 litre de vin.

« HEINRICHT,

« *Lieutenant et major de place.* »

On doit aussi dire un mot de l'arrestation d'un nommé Thinot (Charles-Antoine), né à Sermoise en 1831.

Thinot avait de tous temps mené une vie d'aventures. Il avait été soldat de Garibaldi à l'époque où ce personnage faisait parler de lui. Il se fit franc-tireur quand la guerre de Prusse éclata. Le sous-préfet von Parseval le prit pour un homme hors ligne ; il le signala dans son recueil d'actes plus ou moins administratifs et dans le *Moniteur officiel* prussien du 18 novembre, comme devant être recherché par les autorités militaires et civiles. On le rechercha si bien qu'on le trouva et qu'un jour on le déposa dans la maison d'arrêt de Soissons ; mais les soldats prussiens ayant quitté la ville pour faire place aux Saxons, il fut comme oublié et il recouvra la liberté. Une autre version le rend libre par suite de la cessation de la guerre.

Parlons, en dernier lieu, d'une arrestation dont l'issue fut aussi désolante que terrible.

Il se répandit, en octobre 1870, dans la forêt de Villers-Cotterêts, quelques francs-tireurs sans uniforme, — une vingtaine, dit-on, — ayant pour chef le susdit Thinot. Achille Danger, domestique, demeurant à Montgobert, et Charles Lombard, carrier, domicilié à Saint-Pierre-Aigle, étaient du nombre. Ils tirèrent sur des Prussiens et blessèrent un officier ; mais ils furent bientôt cernés, saisis et dirigés sur la prison de Soissons. C'était le 31 octobre. Le lendemain, la salle de la justice de paix de cette ville fut transformée en salle de cour martiale, comme cela avait déjà eu lieu. Lombard et Danger furent traduits à la barre, répondirent, à l'aide d'un interprète, aux questions que leur firent des juges sans pitié, et s'entendirent condamner à la peine de mort. Le même jour, à la nuit tombante, ils furent traînés au-delà du jeu de paume, dans un fossé de rempart, accompagnés de M. le chanoine Demiselle, de la cathédrale, dont un officier avait requis le ministère, en faisant sa rencontre dans la rue des Cordeliers. A quatre heures, plusieurs détonations retentirent ; c'en était fait de ces deux malheureux patriotes ! Leurs corps furent inhumés sur place. Le commandant Stülpnagel fit immédiatement imprimer l'avis suivant, et on l'afficha dans Soissons, ainsi que dans de nombreuses communes du Soissonnais :

« Avis de l'autorité prussienne.

« Achille Danger, domestique, et Charles Lombard, carrier, tous deux sujets français, non incorporés dans l'armée, convaincus d'avoir attaqué des soldats allemands et blessé grièvement un officier dans la forêt de Villers-Cotterêts, et pris les armes à la main, ont été, par la cour martiale, condamnés à être fusillés.

« Cette sentence a été exécutée aujourd'hui, à quatre heures du soir, dans les fossés de la place.

« J'en donne connaissance à tous, pour empêcher le renouvellement de faits analogues.

« Les communes avoisinantes, convaincues de connivence en donnant asile à des assassins, seront frappées d'amende, lesquelles seront doubles en cas de récidive.

« *Le commandant de place*,

« Von Stulpnagel.

« Soissons, le 1ᵉʳ novembre 1870. »

DEUXIÈME PARTIE

L'OCCUPATION ALLEMANDE

EN DEHORS DE SOISSONS

CHAPITRE Ier

LE CANTON DE SOISSONS

Nous en avons fini avec l'occupation allemande à Soissons même ; et si l'enchaînement des choses nous a fait dire, en passant, quelques mots concernant des communes autres que Soissons, nous allons maintenant nous occuper tout spécialement de ce qui s'est passé dans le Soissonnais, en dehors de son principal chef-lieu.

Mais, au préalable, mentionnons, une fois pour toutes, qu'à peu d'exceptions près, les communes de l'arrondissement ont fourni, à l'arsenal de Soissons, du 18 novembre 1870 au

10 février 1871, pour les chevaux des troupes d'occupation, du foin, de l'avoine et de la paille représentant une somme totale de plus de 80,000 francs, et cela sur réquisitions répétées des deux sous-préfets prussiens Parseval et Geldern.

BELLEU

Le village de Belleu fut occupé par suite de l'investissement de Soissons, et, à partir du 24 septembre 1870, il logea un détachement de troupes du 13ᵉ corps d'armée dont le grand-duc de Mecklembourg avait le commandement.

Ces faits parvinrent à la connaissance de la garnison de Soissons. Notre artillerie envoya alors sur Belleu de nombreux projectiles qui, tout en ne visant que l'ennemi, atteignirent cependant la population civile dans son bien : six maisons, dont celles François Leblanc, Ambroise Debry et Painvin père, furent incendiées par des bombes et onze autres furent frappées par des obus. Le préjudice total qu'éprouva la commune, à cause de la guerre, fut fixé à 33,135 francs par une commission cantonale de vérification et d'évaluation des pertes subies, commission instituée en vertu d'une circulaire du ministre de l'intérieur, du 21 avril 1871, et présidée à Soissons par M. Deviolaine, ancien maire de cette ville.

— 317 —

Le curé de Belleu (M. Plusieurs) fut arrêté ; il subit une détention de huit jours à la Carrière-l'Evêque. Deux autres habitants furent aussi arrêtés ; on les conduisit à Reims, et ils ne rentrèrent au village qu'une quinzaine de jours après. Une veuve Arnoult avait quatre enfants ; son aîné mourut sous les drapeaux.

BERZY-LE-SEC

Du 8 octobre au 16 novembre 1870, Berzy devint le séjour de la 8ᵉ compagnie du 12ᵉ régiment d'artillerie prussienne. L'un de ses habitants reçut un coup de fusil d'un soldat d'outre-Rhin. Un incendie, causé par l'occupation, se déclara dans la commune. Des réquisitions diverses furent faites. Des projectiles, déposés au moulin de Berzy, furent transportés au camp de Courmelles et du camp de Courmelles aux batteries de Presles et de Sainte-Geneviève.

La commission cantonale de vérification et d'évaluation des pertes porta à 75,233 francs le chiffre des dommages éprouvés par Berzy, tant pour des réquisitions que pour l'occupation.

BILLY-SUR-AISNE

En fait de troupes étrangères, Billy s'est vu forcé de loger, du 24 septembre au 19 octobre 1870, des soldats du 4ᵉ régiment de landwehr et des uhlans ; il avait même reçu d'autres Prussiens dès le 14 septembre. Il a beaucoup souffert de la présence de tous ces gens-là : réquisitions, rapines, violences, tout cela lui a été prodigué, et c'est au point que la commission cantonale a évalué ses pertes à 116,927 fr. 25 c.

Deux pauvres femmes, deux veuves qui avaient eu, l'une (la dame Soyer) son mari tué par des Prussiens le 24 septembre, l'autre (la dame Montenécourt) son fils tué dans une sortie, reçurent chacune une somme de 150 fr.; mais ce ne fut pour elles qu'un léger dédommagement.

CHAVIGNY

Cette commune a subi des passages de troupes aux dates des 16 octobre, 19 novembre 1870 et 15 mars 1871. Elle a vu, par cela même, sur son territoire 1,686 Allemands et 211 chevaux.

Le 26 février, des Saxons stationnant dans le département de l'Oise vinrent présenter au maire de Chavigny une réquisition conçue en ces termes :

« La commune de Chavigny est requise de fournir pour le régiment de dragons de Saxe :
   « 800 kil. d'avoine,
   « 400 kil. de foin,
   « 500 kil. de paille,
   « Et une vache ou quatre moutons.

« Il faut que la fourniture soit à Attichy le 28 de ce mois, à dix heures, chez le chef de l'escadron roi (?)

« Choisy-au-Bac, le 16 février 1871.

« (Signé) DE HANDFEST,
« *Colonel.* »

Le maire, M. Meunier, tint conseil pour savoir si la commune devait se laisser rançonner de cette manière ; mais, menacée d'exécution militaire, elle livra en partie, et il lui en coûta 200 francs. Ses pertes, au total, s'élevèrent suivant la commission cantonale, à 13,951 fr. 85 c. Ce fut très considérable pour elle, relativement au chiffre de sa population.

COURMELLES

Un camp ou parc d'artillerie (on disait l'un comme l'autre) avait été installé par les Prussiens à Courmelles, en vue du siège de Soissons. C'est là, à Courmelles, que M. Charles Nivelle, adjoint au maire de Buzancy, fut traîné par des misérables, frappé à coups de crosses de fusils, atteint de plusieurs balles, et retrouvé mort dans un fossé.

Le 16 septembre 1870, la commune de Courmelles vit des Prussiens pour la première fois. Le 18, elle put se croire libre, car ses envahisseurs partirent ce jour-là ; mais du 29 septembre au 14 novembre, elle fut constamment occupée. Elle eut le 45ᵉ de ligne pendant douze jours, le 11ᵉ d'artillerie pendant trente-six jours, des pontonniers, des soldats du train, et d'autres détachements pendant un temps plus ou moins long. Après la capitulation de Metz, elle supporta des passages pendant quinze jours. Et comme conséquence de l'installation de son parc d'artillerie, plus de 300 voitures parcoururent journellement ses chemins. Elle exécuta des réquisitions en vivres, en bestiaux et en véhicules. Elle fut obligée de payer des impôts et des contributions. Elle supporta des dégradations et des pertes. Ses habitants et ses chevaux furent consignés pour les besoins du siège de Soissons. Et somme toute, l'invasion lui occasionna un préjudice que la commission spéciale fixa à 58,876 francs.

CROUY

Le 2 octobre 1870, un détachement du 8ᵉ régiment de uhlans occupa Crouy.

Jusqu'à l'armistice (28 janvier 1871) cette commune fut successivement envahie par des soldats du 48ᵉ d'infanterie, du 20ᵉ d'artillerie, du 12ᵉ corps d'armée saxon et du 1ᵉʳ corps d'armée prussien.

La ferme de la Perrière, située sur la crête de la montagne, fut transformée en poste fortifié dès le commencement de l'occupation. Le commandant Stülpnagel s'y trouvait avant de prendre possession de la place de Soissons. On y commit toutes sortes de déprédations. Le fermier, M. Lemoine, avait, dit-on, caché son meilleur vin dans un champ. Les Prussiens eurent un jour un mort à inhumer. Ils creusèrent le sol à l'endroit où le vin se trouvait enfoui. Alors, et de plus belle, on fit ripaille aux dépens de M. Lemoine.

Le 8e de uhlans et le 48e d'infanterie eurent à soutenir, le 3 octobre, un combat avec une forte partie du 15e de ligne, qui était sortie de Soissons. Ils furent repoussés très bravement par nos troupes et comptèrent plusieurs hommes hors de combat, tant comme prisonniers que comme blessés, ou comme morts.

Quelques canons prussiens furent installés sur la montagne de Crouy et dirigés sur Soissons ; mais ils ne portèrent pas jusque-là, et Crouy seul souffrit de leur tir le 8 octobre.

La mairie et le presbytère furent détériorés, un grand nombre d'habitations furent atteintes par des bombes et des obus, un incendie se manifesta par le fait du logement des troupes ennemies, et un poste prussien garda longtemps la gare.

Une dame Létoffé, qui avait perdu son fils sous les murs de Metz, eut son mari tué pendant le siège de Soissons, et le fils d'un nommé Paul Anger fut tué comme mobile.

Au moment de l'invasion, tous les habitants, moins dix-huit, avaient fui le pays (il en fut à peu près ainsi dans la plupart des villages). M. Ledoux, instituteur, resta courageusement à son poste. Il fut arrêté comme ôtage parce qu'un des dix-huit habitants avait fait feu sur un uhlan et parce qu'il ne voulut pas nommer cet habitant. Il fut emmené, avec un conseiller municipal (M. Létrillart), par un détachement qui allait se battre contre des troupes de la garnison de Soissons, le 3 octobre, et tous deux, placés en tête de ce détachement, eurent la vie sauve comme par miracle.

Ayant été une des plus chargées du canton, la commune de Crouy vit ses pertes fixées, par la commission de vérification des dommages, à la somme totale de 125,555 fr. 69 c.

CUFFIES

Une sortie de Soissons, faite le 6 octobre 1870, porta des mobiles sur le territoire de Cuffies. L'occasion de tirer se présenta. Un cavalier prussien fut tué. L'honorable maire, M. Emile Deviolaine, le fit inhumer, et, quelques jours après, il remit à un officier prussien une montre, un livret et de l'argent recueillis sur le défunt, donnant ainsi à cet officier une leçon de scrupuleuse probité, qui ne fut pas souvent payée de retour dans l'arrondissement de Soissons.

J'ai vu, le 9 octobre 1870, des cavaliers prussiens s'abattant sur Cuffies. C'étaient, je l'ai su depuis, des hommes du 3e escadron d'un régiment de la landwehr. Ils envahissaient cette commune, les premiers, avec les 24e et 48e bataillons, également de la landwehr.

La verrerie de Vauxrot fut aussi occupée militairement. Elle attendait deux compagnies de nos mobiles pour empêcher l'investissement de Soissons sur ce point, et ce furent des Prussiens qui arrivèrent. Ses 160 ménages, comprenant plus de 400 habitants, furent expulsés ; le travail fut interrompu ; les logements furent endommagés ; des actes de pillage eurent lieu, et la caisse, qui contenait un reliquat de 3,600 francs, fut dévalisée.

Le canon de Soissons envoya des projectiles de ce côté et y causa des commencements d'incendie que les Prussiens éteignirent, car ils n'évacuèrent la verrerie que le 17 octobre.

Des réquisitions, des impôts, des amendes frappèrent la population du pays, et, en définitive, les pertes se résumèrent, d'après la commission cantonale, au chiffre de 49,842 fr. 26 c.

JUVIGNY

Juvigny subit, comme les autres communes, des réquisitions et des contributions. Il vit trois ou quatre fois des Prussiens sur son territoire. Il en reçut à contre cœur un certain nombre à son foyer pendant près d'un mois.

Il énuméra ses dommages quand le moment fut venu, et la commission de vérification les arrêta au chiffre de 18,345 francs.

M. le lieutenant-colonel Carpentier, commandant la mobile de Soissons au moment de la guerre, et dont l'absence pendant le bombardement de notre ville fût blâmée, bien qu'elle fût parfaitement légitime et justifiée, était maire de Juvigny en 1870 ; il le fut encore depuis. Il fut aussi conseiller d'arrondissement, président de la Société de secours mutuels de son pays, et il fut inhumé dans le tombeau de sa famille, à Juvigny, le 21 mars 1894. M. Michaux, alors juge de paix de Soissons, ancien officier au 6ᵉ bataillon des mobiles de l'Aisne, prononça son éloge en présence des nombreuses personnes qui assistèrent aux funérailles.

LEURY

Ce village eut à loger environ 1,200 Prussiens les 19 et 20 novembre 1870, et il lui en coûta 2,475 francs. Les contributions pesèrent également sur lui pour 2,415 fr. 70 c., et les réquisitions le touchèrent pour 8,020 francs.

MERCIN-ET-VAUX

Le 27 septembre 1870, — un mardi, — 200 Prussiens envahissaient Mercin. Du 6 au 16 du mois suivant, 600 hommes de la landwehr l'occupèrent à leur tour. Du 22 au 26 du même mois, du 20 au 23 novembre, du 30 novembre au 3 décembre, et du 15 au 18 mars, d'autres corps militaires y stationnèrent aussi.

Pendant son séjour, une partie de tout ce monde se livra au pillage dans le château et chez un négociant en vins. Un préjudice de 2,500 francs fut la conséquence de ce pillage, selon la commission cantonale. Une somme de 5,895 francs représenta le chiffre des contributions. Une autre de 27,546 fr. 20 c. s'appliqua aux vivres et bestiaux fournis, et une troisième de 6,321 francs eut pour cause les dommages et pertes. Mais, pour indemnités de logements militaires, la commune reçut une somme de 6,177 francs, et les habitants se partagèrent cette somme.

Depuis le 8 jusqu'au 14 octobre, les Prussiens gardèrent à vue, jour et nuit, M. Desouche, maire, M. Lévêque, instituteur, et M. Lefèvre, garde-champêtre de la commune. Quels étaient les motifs précis de cette mesure ? On l'ignore encore, mais on peut les trouver dans la suspicion habituelle des Prussiens à l'égard de tout ce qui était à la tête des communes.

Un nommé Eugène Paris, âgé de 23 ans, manouvrier, fut plus que gardé à vue. Il fut emprisonné à Soissons le 3 novembre ; il ne recouvra la liberté que quatre jours après, et la cause de son arrestation demeura une énigme.

NOYANT-ET-ACONIN

La plupart des habitants de Noyant quittèrent leurs maisons à l'approche des Prussiens, pour se réfugier dans une carrière. Ceux-ci, à leur arrivée, les 13 et 28 septembre, ne trouvant presque personne dans le village, enfoncèrent les portes et enlevèrent les objets à leur convenance. Il s'ensuivit un préjudice de 5,075 francs. Ajoutez à cela une occupation du 3 au 19 octobre ; ajoutez encore pour 36,491 fr. 50 c. de réquisitions, contributions, etc., et vous connaîtrez la perte totale de Noyant-et-Aconin, soit 49,645 fr. 50 c.

Après la mention de ce préjudice, un fait reste à noter ici. Le voici tel qu'il m'a été rapporté. Le 4 octobre, l'inspecteur primaire de l'arrondissement de Soissons, — un nommé Musquin, très oublié aujourd'hui, — se trouvait à Noyant. Porteur d'une petite valise, il la confia à l'instituteur et partit pour Aconin.

A son retour à Noyant, des Prussiens avaient ouvert la valise et y avaient pris quelques objets. L'inspecteur se plaignit à un officier, et celui-ci lui fit restituer les objets. Mais le soir, comme il s'apprêtait à passer la nuit chez le maire (M. Gaillard), il fut emmené à Septmonts, devant un colonel du nom de Krown, Krohn ou Kron, et ce colonel, avec des habitudes de justice sommaire qu'on lui connaîtra bientôt et qu'on déplorera ensuite, le déclara coupable d'espionnage, l'expulsa de Septmonts et l'expédia vers la Champagne.

PASLY

Henri Martin rapporte qu'en 1813-1814, les Prussiens vengèrent en France leur longue oppression (imputable à Napoléon Ier) par toutes sortes de violences et de ravages. Il dit aussi qu'en 1815 les Prussiens portèrent dans leurs excès un sentiment de vengeance implacable. (*Histoire de France*, tome IV, p. 64 et 194).

Assurément ces cruautés se reproduisirent en 1870-1871 : on l'a déjà vu au cours de nos récits, et on va le voir encore, hélas !

Pasly avait pour instituteur M. Jules Debordeaux, jeune, courageux, dévoué, patriote par excellence, et originaire de Coucy-les-Eppes. Informé que des Prussiens se trouvaient près de Pommiers et voulaient construire un pont de circonstance pour remplacer celui de cette commune, qui avait été détruit par ordre du conseil de défense de la place de Soissons, M. Debordeaux réunit des hommes de bonne volonté, — 70 environ, — tant de Pasly que de Vaurezis, et, dans la nuit du 8 au 9 octobre, installé en qualité de sergent-major de la garde nationale, sur le côté droit de la rivière d'Aisne, à Pommiers, il tirait avec eux dans la direction du lieu où se trouvaient les Prussiens, après avoir, d'ailleurs, inutilement attendu un renfort d'hommes, promis par le commandant de place de Soissons. Mais quand le jour vint, les Prussiens avaient atteint leur but, entraient menaçants dans le village de Pommiers, faisaient une enquête avec violences et arrestations, pour savoir qui leur avait résisté, et apprenaient que c'étaient des habitants de Pasly et de Vaurezis. Immédiatement un officier supérieur (qu'on dit être le colonel Krown), déjà cité, à la tête d'un détachement d'environ cent hommes, se dirigea vers Pasly et y aborda le maire (M. Deschamps) et l'instituteur (M. Debordeaux). Après leur avoir demandé qui ils étaient et obtenu leurs réponses, cet officier souffleta l'instituteur et exigea de lui la remise d'une liste des gardes nationaux de la commune. Le maire, de son côté, fut menacé et insulté ; il fut, en même temps, sommé de livrer les armes de chaque habitant.

La liste des gardes nationaux et les armes passèrent forcément dans les mains prussiennes. L'instituteur reçut de nouveaux coups, parce que sans doute il ne révélait pas les noms de ceux qui avaient tiré à Pommiers ; et ainsi fut marqué pour Pasly le premier jour de l'invasion allemande.

Le lendemain, dans l'après-midi, un autre détachement de Prussiens, une fois plus fort que celui de la veille, pénétra dans cette commune, avec deux habitants de Pommiers, les nommés Arthur Arnould, taillandier, et Juvine Leclère, maçon. Sur la déclaration de ces deux êtres méprisables, l'instituteur Debordeaux et un maçon appelé Louis Courcy furent arrêtés comme ayant tiré sur les Prussiens. — Vous allez être fusillés, dit alors le chef du détachement (qui était encore le colonel Krown) à MM. Debordeaux et Courcy. Et sans plus de formalités, on les conduisit sur la montagne de Pasly. Là, on les sépara, on leur banda les yeux, on fit feu sur eux, et on les abandonna dans leur sang, à quelque distance l'un de l'autre. Avant la chute du jour, des habitants allèrent relever les cadavres et les inhumèrent dans le cimetière de Pasly, où repose encore Louis Courcy, mais où ne repose plus Debordeaux, car il a été exhumé pour être transporté dans son pays natal. Quant à M. le Maire de Pasly, il fut emmené à Pommiers, où on l'interrogea, puis à Mercin, où il le fut également. On le ramenait ensuite à Pommiers, tout en le brutalisant, et à Pasly, où l'on faisait une perquisition pour saisir des gardes nationaux, et où l'on pillait et se grisait. De Pasly on se rendait aux Creuttes, et des Creuttes à la ferme de la montagne, avec M. Deschamps. On effrayait tout le monde de cette ferme ; on frappait des domestiques, sous le prétexte qu'ils devaient être de la garde mobile ; on les faisait prisonniers, ainsi que le fermier ; on les dévalisait sans honte, et on outrageait la pudeur des femmes. On gagnait ensuite Vaurezis, où la nuit et le jour on commit des excès que nous dirons en leur lieu et place, et on parvenait enfin à Vauxbuin, où d'autres excès, plus graves encore, allaient se produire.

M. Deschamps resta prisonnier en nombreuse et triste compagnie, dans un des plus sombres endroits du château de Vauxbuin, jusqu'au dimanche 16 octobre.

Les dénonciateurs de M. Debordeaux et celui de M. Courcy furent justement mis en état d'arrestation lorsque le département de l'Aisne fut évacué par les troupes allemandes. Ils furent traduits en juin 1872, avec d'autres lâches, devant le 18e conseil de guerre séant à Paris, comme accusés d'avoir livré à l'ennemi le secret d'une expédition, d'avoir eu des intelligences avec lui et de lui avoir procuré des documents susceptibles de nuire aux opérations de l'armée française. Déclarés coupables, ils furent condamnés : Arnould, à la peine de mort, et Leclère à dix ans de travaux forcés. Toutefois la peine prononcée contre Arnould fut commuée en celle des travaux forcés à perpétuité, dans le courant de l'année 1872. Et aujourd'hui, sur la montagne de Pasly, entre les deux endroits où furent fusillés MM. Debordeaux et Courcy, on voit, grâce aux soins du maire de Pasly et grâce à des souscriptions s'élevant à plus de 2,000 francs, un monument commémoratif du patriotisme et de la mort de ces braves habitants, monument portant ces quatre inscriptions :

« A l'instituteur Jules Debordeaux et à Louis Courcy, fusillés le 10 octobre 1870.

« Aux martyrs de Pasly, monument élevé à l'aide d'une souscription patriotique.

« M. le Ministre de l'instruction publique et des cultes et le conseil général de l'Aisne ont participé à cette souscription.

« A cette place deux gardes nationaux ont été fusillés par la landwehr prussienne pour avoir défendu leur patrie. »

De plus, dans la cour de l'ancienne école normale de Laon, a été érigé, le 20 août 1872, par le conseil général de l'Aisne, un autre monument à la mémoire de Debordeaux, à celle de l'instituteur Poulette, de Vaurezis, dont il sera parlé plus loin, et à celle de l'instituteur Leroy, de Vendières, arrondissement voisin (34). De plus encore, un 3e monument, beaucoup plus considérable que les deux autres, a été inauguré, le 20 août 1899, à Laon, devant une nouvelle école normale. Il est l'œuvre du statuaire Carlus, est dû à la générosité publique, — des instituteurs de France surtout. Il immortalise par le bronze les traits des trois malheureux instituteurs.

Mais, indépendamment de la perte irréparable de MM. Debordeaux et Courcy, la commune de Pasly, qui faillit perdre aussi plusieurs autres de ses habitants, notamment les frères Picard et un nommé Planchard, lesquels avaient pris part à l'expédition de Pommiers, eut encore à souffrir de réquisitions, de contributions et d'impositions.

L'occupation dura chez elle du 9 au 19 octobre. Des passages y eurent lieu du 13 au 14 novembre, du 15 au 16 mars, et du 21 au 22 du même mois. 15,328 francs constituèrent son total d'allocations, suivant une décision de la commission cantonale. Et Mme Courcy, restée veuve avec deux enfants, reçut, sur des fonds spéciaux, des secours en argent dont elle avait bien besoin.

PLOISY

300 Prussiens stationnèrent à Ploisy le 15 septembre 1870. Un détachement du 11ᵉ d'artillerie occupa ce village pendant douze jours à partir du 18 octobre ; 92 hommes, plus 79 chevaux, y laissèrent leurs traces le 15 mars suivant. Des réquisitions, des contributions frappèrent cette petite commune simultanément, et quand la commission cantonale apprécia ses pertes de guerre, elle les fixa au chiffre de 8,600 francs.

POMMIERS

Nous savons déjà que, dans la nuit du 8 au 9 octobre 1870, des gardes nationaux de Pasly et de Vaurezis tirèrent sur les Prussiens qui voulaient installer un pont sur l'Aisne, à Pommiers, en remplacement de celui détruit le 8 septembre pour les besoins de la défense de Soissons, et que ces Prussiens, restés maîtres du terrain, entrèrent furieux dans Pommiers, par le pont qu'ils avaient bâti. Nous allons compléter sur le champ la page d'histoire de cette commune.

Il était environ six heures du matin, lorsque nos ennemis, au nombre de plus de 500, envahirent Pommiers. Un officier supérieur était leur chef, et ce chef était toujours le colonel Krown, de terrible mémoire. Il s'empressa d'arrêter M. Vauvillé, ancien maire, M. Mulet, curé, H. Henry, instituteur, M. Couvert, capitaine de la garde nationale, et M. Houet, membre de la commission municipale, les trouvant responsables de l'agression de la nuit précédente. Il les fit garder à vue par un poste qui surveillait le pont que l'on venait d'établir ; M. Vauvillé et M. Henry furent même battus. Le lendemain matin, à onze heures, tous cinq montèrent dans une charrette pour être conduits à Vauxbuin. A ce moment, le taillandier Arnould, le maçon Leclère et un bouvier du nom de Bertin intervinrent auprès des autorités ennemies en faveur de leurs cinq compatriotes ; ils alléguèrent que les gardes nationaux de la commune n'ayant pas d'armes, n'avaient pu tirer et qu'il ne fallait s'en prendre qu'aux gardes nationaux de Pasly et Vaurezis. Mais les Prussiens ne relaxèrent point leur capture humaine : ils se mirent en marche avec elle pour Vauxbuin, l'enfermèrent dans les endroits les moins habitables du château et ne lui rendirent la liberté que le 16 octobre, après la reddition de Soissons et après l'exécution de forfaits dont il sera parlé aux mots *Vauxbuin* et *Vaurezis*. Cependant la commune de Pommiers restait occupée, et elle le fut jusqu'au 22 octobre. Les 19, 20, 24 et 25 novembre, elle subit des passages. Du 21 au 24 janvier et du 15 au 21 mars, elle en subit encore. Elle vit en conséquence, dans ses habitations, des hommes de la landwehr, des pionniers, de l'infanterie, des sapeurs, des hussards, des artilleurs, des soldats du train, des grenadiers, un officier supérieur et presque tout un état-major.

De même que Leclère et Arnould, Bertin fut traduit en conseil de guerre pour avoir eu des intelligences avec l'ennemi ; mais, coupable à un autre degré qu'eux, il ne fut condamné qu'à cinq ans de travaux forcés.

Incident grave à noter : au cours du procès, le ministère public trouva que le conseiller municipal Houet, cité comme témoin et déjà nommé, s'était, lui aussi, compromis avec les Prussiens, et fit des réserves à son égard. Houet se crut alors perdu ; il se précipita dans la Seine le 20 juin, et on découvrit son cadavre à Aubervilliers deux jours après. Un autre témoin de Pommiers fut aussi trouvé suspect par le ministère public. On lui apprit la mort de Houet. « Je ne ferai pas une pareille bêtise, répondit-il ; j'ai la tête plus solide que ça. »

En résumé, les conséquences matérielles de la guerre s'élevèrent pour Pommiers, indépendamment de la perte de son pont, à 20,496 fr, 45 c., et ce, tant en pillages et impôts, qu'en réquisitions et obligations diverses.

SEPTMONTS

Au mois d'août 1870, vingt-cinq fusils avaient été délivrés à cette commune. Des gardes nationaux, ayant pour chef M. Jacques Leman, artiste peintre, — celui-là qui illustra d'une manière charmante et mourut depuis, une édition (alors nouvelle) des œuvres de Molière, — reçurent ces armes pour la défense du pays ; mais, un mois après, ils les restituaient à la mairie, reconnaissant qu'ils ne pouvaient en faire un usage efficace, sans s'exposer au moins à des représailles. On cacha alors les fusils dans le clocher.

Le 13 septembre, des troupes allemandes traversèrent le village. Le lendemain un grand nombre d'hommes y stationnèrent, se rendant sous les murs de Paris. Et le 15 du même mois, d'autres Prussiens vinrent piller la ferme de la Carrière-l'Evêque. Supporter l'étranger dans ces conditions fut chose impossible pour le propriétaire de cette ferme, M. Auguste Desboves. Il quitta donc le pays. Il se dirigea sur Paris, y prit un fusil et s'y conduisit en homme de cœur. C'était un colosse, et l'on citait sa force herculéenne ; néanmoins, après la reddition de Paris, il rentra malade à la Carrière-l'Evêque et y mourut le 30 août 1871, à l'âge de 55 ans.

La Carrière-l'Evêque fut encore mise au pillage à la fin de septembre. On y avait soustrait, la première fois, 11 moutons, 1 porc, 350 volailles, 1 cheval, 1 tombereau, 200 bouteilles de vin de Bordeaux et 40 kilos de pain. On y déroba, la seconde fois, 6 bœufs et une vache. Et le lendemain, ce fut une quantité de 230 litres de vin ordinaire qui disparut, en attendant bien autre chose : le 1er octobre, en effet, on enleva pour plus de 19,000 francs de vins fins et pour plus de 400 francs de cognac. Ah ! c'est que le général von Selchow, qui allait nous battre en brèche, se trouvait là avec son état-major et un grand nombre de troupes. Du 3 au 15 on s'empara d'avoine et de fourrages pour une valeur supérieure à 9,600 francs. Le général lui-même s'appropria un cheval de 800 francs. L'état-major se jeta sur la bibliothèque. Des gens d'ambulance enlevèrent des draps, des couvertures, des chemises, et, il faut bien le dire, des pendules. Les 24, 26 et 30, l'ennemi enleva encore des fourrages et de l'avoine qu'il dirigea sur le camp ou parc de Courmelles. Enfin, les 19 et 20 novembre un passage d'état-major du 8e d'artillerie se livra à son tour à une razzia dans la ferme. Et lorsque M. Desboves fit le calcul de ce que la guerre lui avait coûté, sa plume traça le total de 52,440 francs.

Mais revenons sur nos pas. Le 2 octobre des troupes qui appartenaient au corps d'armée du grand-duc de Mecklembourg s'établirent à Septmonts, ayant parmi elles le colonel Krown. Dès le lendemain, cet officier, qui devait laisser dans nos environs comme dans les Ardennes, où il avait passé, une réputation monstrueuse, savait que les fusils de la commune étaient dans le clocher, en exigeait la remise immédiate et accordait deux heures à la population pour le dépôt, à la mairie, des autres armes ; à défaut de quoi l'habitant resté en possession d'engins meurtriers serait fusillé. Il réclama de l'instituteur, M. Terny, la liste des gardes nationaux. M. Terny, en bon Français qu'il était, ne la livra pas. Le colonel s'emporta, fit enfermer l'instituteur dans un affreux réduit et le fit garder à vue ; mais le soir M. Terny s'évada, disparut du village et n'y rentra qu'après la capitulation de Soissons. Grande fut la colère du colonel et violentes furent ses menaces ; toutefois, elles restèrent sans effet.

Un nommé Joseph Marchet refusa de diriger deux uhlans vers Noyant. Appelé à la mairie par l'odieux colonel, il s'y rendit bravement ; mais il se repentit bientôt de son courage, car l'officier Krown le fit battre à outrance par des hommes de son entourage et le fit emprisonner dans un bâtiment quelconque. Là, Joseph Marchet chercha une issue, la trouva, et, heureusement, s'enfuit comme l'instituteur. Alors, en proie à cette sorte de « fureur nationale » dont parle Thiers, lui aussi, à propos des Prussiens de 1813 et que confirme Henri Martin dans les termes que nous avons rappelés, le colonel annonça qu'il ferait fusiller Marchet si on le retrouvait. Et, pour le moment, il fit brûler la maison de ce pauvre homme.

M. Leman fut consigné chez lui, à Septmonts, pendant quelques jours, comme ayant été chef de la garde nationale et comme ayant essayé de résister aux Prussiens.

Les possesseurs de chevaux et voitures furent constamment requis pour des transports au parc de Courmelles et ailleurs.

Se trouvant en pays conquis, des Prussiens, dit-on, munis d'une lumière, fouillèrent dans le grenier d'une femme appelée Angélique Lefan et incendièrent sa maison.

Une pauvre manouvrière du nom de Lévêque n'avait pour ressource qu'une vache ; elle lui fut volée.

Le maire de Septmonts (M. Basle, dont il est parlé dans le *Siège de Soissons*, page 153) subit pendant tout le temps de l'occupation, des insultes et des menaces ; il fut privé de liberté et battu. Des Prussiens ivres le jetèrent même du haut en bas de son grenier ; ce qui lui démit le poignet et le rendit infirme.

Est-ce tout pour Septmonts ? Non. La commune eut à payer 3,827 francs pour contributions, 150 francs pour les besoins des troupes prussiennes, 160 francs pour le million imposé au département à raison de l'expulsion des Allemands ; et le montant général de ses pertes atteignit, d'après la commission cantonale de vérification, une somme de 60,859 fr. 50 c., non compris une partie du lourd préjudice éprouvé par M. Auguste Desboves.

VAUXBUIN

Il s'est passé à Vauxbuin, pendant la guerre, ce qui ne s'est passé nulle part dans le Soissonnais, durant le même temps. Dans le château, et sous la protection illégale du drapeau de la convention de Genève, une sorte de cour martiale fut instituée par des Prussiens ; ils convertirent les souterrains et les tourelles en prisons ; ils prononcèrent trois condamnations à mort, et ils les firent exécuter avec un raffinement de cruautés inouïes. Au mot *Vaurezis*, on trouvera les détails nécessaires à ce sujet.

Vauxbuin fut envahi le 25 septembre 1870, par des troupes du 24e, du 48e et du 64e régiment de landwehr, et par des cuirassiers blancs. Cet envahissement se prolongea jusqu'à la reddition de Soissons. Puis, du 16 octobre au 5 décembre de la même année, des détachements d'artillerie, des conducteurs de voitures, des troupes de différentes armes passèrent successivement dans le village. Et du 13 au 14 mars 1871, 200 hommes et 250 chevaux l'occupèrent encore.

Au cours de l'invasion, il se commit à Vauxbuin des vols considérables de linge, de literie, de bois, d'outils, de vêtements, de bijoux et d'argent ; pour sa seule part, un habitant absent, — M. le comte de Gourgues, — perdit des choses d'un grand prix, et, ce qu'il faut dire, c'est que ce n'est pas seulement aux Prussiens que l'on doit imputer ces pertes, ou plutôt ces soustractions.

Pareils méfaits se produisirent du reste dans plusieurs communes. Des habitants étaient chassés par la peur ; d'autres attendaient de pied ferme ; les Prussiens survenaient et se rendaient coupables d'excès ; des paysans suivaient ces mauvais exemples, et au retour des autres villageois, on mettait le tout au compte de l'ennemi ; mais la justice française reprit un jour son cours ordinaire et frappa comme il convenait : Belleu, Rozières et Villeneuve en savent quelque chose.

M. Lemoine, maire, et M. Pestel, instituteur de Vauxbuin, furent retenus pendant neuf jours comme cautions de la commune, au moment du siège de Soissons. M. Letellier, ingénieur des mines, fut détenu deux jours comme étant sorti de sa maison pendant le bombardement de

Soissons et comme ayant pu donner en cette ville des renseignements nuisibles à nos ennemis. Un valet de chambre du château (nommé Jean Criton) fut arrêté, le 19 décembre 1870, pour une prétendue dénonciation calomnieuse, et ne fut relâché que le 17 février suivant. Le canon de nos remparts dirigea souvent sur Vauxbuin et son territoire des projectiles qui heureusement n'atteignirent aucun Français et n'occasionnèrent que très peu de dommages. Bref, la guerre terminée, on constata que la commune de Vauxbuin avait éprouvé une perte de plus de 150,000 francs. Pourtant, comme beaucoup d'autres communes, elle obtint quelques dédommagements ; elle reçut notamment 9,000 francs environ pour indemnités de logements militaires prussiens, et, riches ou pauvres, personne n'abandonna ce qui lui revenait, au profit de la caisse municipale.

VAUREZIS

De même que Pasly et Pommiers, Vaurezis devint tristement célèbre par suite des événements. On évalue à 1,500 le nombre de Prussiens que ce village eut à loger, et à 16,983 fr. 95 cent. les dommages matériels que l'invasion lui occasionna. Mais, à cause des faits que voici, son nom fut imprimé, avec ceux de Pasly, Pommiers et Vauxbuin, dans de grands et petits journaux et dans des livres et des brochures, tels que Compte rendu du procès Poittevin, Rapport Julien Deschamps, Récit Emile Picard, etc. (35).

Dans la nuit du 10 au 11 octobre, des Prussiens entraient à Vaurezis et se faisaient conduire à la mairie. D'autres, sous prétexte de perquisition, violaient le domicile d'un jeune homme appelé Charles Odot. Ce jeune homme, qui avait fait partie de la triste affaire de Pommiers, dans la nuit du 8 au 9, se levait en toute hâte. Une lutte s'engageait entre lui et les Prussiens. Deux ou trois détonations retentissaient. Des cris déchirants se faisaient entendre. Et Charles Odot n'était plus : il gisait dans son sang, comme ses voisins Debordeaux et Courcy, de Pasly.

Des investigations étant faites dans le pays, par les Prussiens, pour découvrir les auteurs de la résistance qui leur avait été opposée à Pommiers, le garde-champêtre de Vaurezis, un nommé Jean-Baptiste-Isidore Poittevin, se mit à leur entière disposition. Déjà il leur avait livré une liste des gardes nationaux. Maintenant il allait leur désigner un à un ceux qui leur avaient fait de l'hostilité.

M. Poulette, instituteur, avait distribué les armes : il fut arrêté. M. Josué Létoffé et M. Jules Déquirez (36) avaient tiré : ils furent également arrêtés. Beaucoup d'autres habitants eurent le même sort, soit comme inculpés, soit comme témoins ; mais d'autres encore échappèrent aux investigations en prenant la fuite. Puis, les Prussiens, comme s'ils avaient fait la chose la plus naturelle du monde, se firent servir une collation par la femme de l'instituteur. Ils partirent ensuite, emmenant leurs prisonniers pour le village de Vauxbuin, où siégeait l'espèce de cour martiale ou de conseil de guerre que l'on connaît. Là, le 11, MM. Poulette, Létoffé et Déquirez furent jugés par le fameux colonel Krown et les siens. On obligea les témoins, afin qu'ils ne communiquassent point entre eux, à s'étendre à plat ventre sur la pelouse humide du château. On condamna à la peine de mort les trois inculpés, on chargea le curé de Pommiers (qui était détenu depuis le 9), de les préparer, en quelques instants, au sort qui les attendait ; on les conduisit, ainsi que les témoins, en dehors du château, où des fosses étaient béantes ; un feu de peloton fut commandé, et trois patriotes, trois Français tombèrent sous les balles prussiennes ! On enjoignit alors à des individus présents de les inhumer ; puis, quand les fosses furent remplies, on les obligea à les fouler avec leurs pieds.

La journée du 11 ne fut marquée par aucune autre cruauté, quoique des craintes bien légitimes se fussent manifestées maintes fois parmi les personnes en état d'arrestation. Le 12, le 13, le 14 et le 15 eut lieu le bombardement de Soissons. Les Prussiens entrèrent vainqueurs dans cette ville le 16, et, heureux sans doute de ce nouveau succès, mirent en liberté tous les prisonniers de Vauxbuin. L'abbé Mulet reprit l'exercice de son ministère ; il le quitta pour cause de santé en 1891 ; il mourut à Cessières le 10 septembre 1897 et fut inhumé à Pommiers le 14 septembre.

En temps opportun, la veuve de M. Létoffé, — veuve avec trois enfants, — la veuve de M. Poulette, la veuve de M. Odot et la veuve de M. Déquirez reçurent des secours en argent, comme en avait reçu la veuve de M. Courcy, de Pasly.

Mais cette affaire n'était pas terminée. Après l'évacuation du département de l'Aisne, on se souvint plus que jamais, à Pasly et à Vaurezis, de la mort injuste des braves qui se nommaient Debordeaux, Courcy, Odot, Poulette, Létoffé et Déquirez. Les dénonciateurs, — ceux qui avaient eu des intelligences avec l'ennemi, — comparurent ensemble devant le 18e conseil de guerre. Comme Arnould, de Pommiers, Poittevin, de Vaurezis, fut condamné à être fusillé en sa commune, et un nommé Viéville, aussi de Vaurezis, qui était accusé du même crime d'intelligences avec l'ennemi, fut acquitté. En somme, Arnould ne fut point fusillé (sa peine fut commuée, nous l'avons dit) ; seul Poittevin le fut le lundi 23 décembre 1872, et non à Vaurezis, comme l'indiquait l'arrêt de condamnation, mais au polygone de Vincennes.

Pour tout dire sur Vaurezis, ajoutons que, dans ce village, demeurait un nommé Paris, Charles, âgé de 34 ans. Un jour, le 3 novembre 1870, les Prussiens l'incarcérèrent en la maison d'arrêt de Soissons, sans motifs connus, et, le 7 du même mois, ils lui rendirent la liberté.

VENIZEL

Des Prussiens parurent à Venizel, le 14 septembre 1870, pour la première fois. Deux jours après, quelques volontaires intrépides de Soissons allèrent en prendre une dizaine comme prisonniers. Le surplus n'en fut pas délogé. Il en vint encore du 24 septembre au 3 novembre ; et longtemps, c'est-à-dire jusqu'au 8 mars 1871, le village fut occupé. Les Allemands y avaient un poste pour surveiller un pont jeté par eux sur l'Aisne, et aussi pour garder le chemin de fer de Soissons à Reims. Trois boucheries, trois boulangeries et une ambulance y furent organisées également par eux. Une partie du territoire fut inondée par la rivière d'Aisne que refoulait un barrage militaire à Soissons. La municipalité paya aux Prussiens 1,487 fr. 50 c. pour contributions. Elle exécuta pour 2,500 francs de réquisitions en chevaux et voitures. Elle livra pour 14,000 francs d'avoine et pour pareille somme en foin. Elle perdit pour 2,500 francs d'objets mobiliers. Son inondation lui coûta 7,000 francs, et, en définitive, la commission cantonale arrêta son chiffre total de dommages à 77,056 fr. 90 cent.

VILLENEUVE-SAINT-GERMAIN

Ce fut le 24 septembre que les Prussiens firent invasion dans cette commune. Ils appartenaient au 13º corps d'armée que commandait, on le sait, le grand-duc de Mecklembourg, et restèrent à Villeneuve jusqu'au 20 octobre. Ensuite, du 1ᵉʳ novembre au 2 décembre, Villeneuve fut encore occupé. De sorte que le préjudice résultant pour lui de la guerre fut considérable.

Plusieurs maisons de Saint-Germain furent incendiées avec le faubourg de Reims (dont elles semblaient faire partie), en vertu d'ordres du conseil de défense de Soissons. L'habitation du garde-barrière, située au passage à niveau de l'avenue du château de M. de La Rochefoucauld, fut de même brûlée. Une grande étendue du territoire fut submergée par les eaux de l'Aisne qui étaient arrêtées à Soissons, au moyen du barrage, pour les besoins de la défense de la place. Des pillages, tant de la part de Prussiens que de la part d'habitants, eurent lieu chez les absents. L'instituteur, M. A. Chotin, réfugié à Soissons, y fut gravement blessé dans une maison bombardée. Des pièces de l'état-civil et d'autres papiers importants furent détruits. Les impôts prussiens atteignirent la commune jusqu'à concurrence de 8 à 9,000 francs. Des réquisitions en foin, paille et avoine lui causèrent une perte de 11,840 francs. Et, faisant le total de son préjudice, la commission spéciale trouva la somme de 115,466 francs.

CHAPITRE II

LE CANTON DE BRAINE

Nous aurions voulu faire pour toutes les communes de l'arrondissement ce que nous avons fait et ce qu'on vient de lire pour celles du canton de Soissons, c'est-à-dire la part sommaire de chacune d'elles ; mais l'impossibilité d'obtenir toujours des renseignements précis, positifs, s'étant présentée à nous, nous avons dû nous en tenir à ce que nous avons recueilli sur chaque canton en général, plutôt que sur chaque commune en particulier. Voici donc, tout d'abord, ce que nous savons sur le premier canton de l'arrondissement, après Soissons, en suivant l'ordre alphabétique.

On peut placer au 10 septembre 1870 l'envahissement du canton de Braine. Il fut effectivement traversé à cette époque par de nombreuses troupes allemandes. Braine même fut occupé dès le 10 septembre, et ce fut par un escadron de uhlans ayant pour commandant un baron du nom tout français de Durand. Le 11 il fut complètement envahi par une division de la garde royale, d'environ 5 à 6.000 hommes, sous les ordres du prince de Wurtemberg ; et alors furent lancées, sur la ville, des réquisitions de toute espèce, avec menaces de pillage pour le cas de non-exécution. Ensuite, et jusqu'au 10 mai 1871, eurent lieu de continuels passages et séjours de troupes, — de celles, entr'autres, faisant partie du corps d'armée commandé par le général Manteuffel. Et la garnison se composa de deux, de trois et même de quatre cents hommes.

La dépense totale des réquisitions que Braine subit se monta au moins à 45,000 francs. Il fut réclamé à la ville pour impositions plus de 70,000 francs ; mais le maire de Braine, l'honorable M. Lainné, combattant pied à pied ces impositions, réussit à n'en payer que pour 16,828 francs.

Un factionnaire prussien avait été placé à la gare de Braine. L'autorité allemande prétendit qu'un Français avait tiré sur ce factionnaire. Les habitants furent condamnés à payer une amende de 8,000 francs. Ils s'exécutèrent, tout en protestant contre cette condamnation et tout en doutant du fait incriminé.

La femme d'un cultivateur, Mme Boulanger, fut victime de violences ; elle fut même arrêtée, et, conduite au poste, elle y passa la nuit. Une dame Macaire eut son mari tué sous les drapeaux ; une dame Guyart perdit, au siège de Paris, son mari, qui était gendarme.

Bref, pour couvrir ses charges d'invasion, la ville de Braine fut obligée de contracter un emprunt de 24,300 francs. Et cet emprunt il fallut le rembourser. Afin de sortir d'embarras, le maire eut recours à la bienveillance inépuisable de M. le comte de Saint-Vallier, commissaire extraordinaire du gouvernement français auprès du commandant en chef des troupes d'occupation, pour qu'il intervînt en faveur de la ville de Braine ; et, par cet excellent moyen, la ville de Braine obtint du trésor allemand, au commencement de mai 1872, une restitution de 10,431 francs, dont le maire fut avisé, par M. de Saint-Vallier, en ces termes pleins de cœur et de bonté : « Je n'ai pas besoin de vous dire combien je suis heureux d'avoir réussi à obtenir gain de cause pour la ville de Braine. Outre la satisfaction que je ressens toujours quand je puis faire rentrer un peu d'argent dans notre pauvre France, je trouve ici un motif particulier de me féliciter, puisque j'ai pu rendre service à des concitoyens de ce cher département de l'Aisne, auquel je suis attaché par les liens de la naissance, de l'habitation, des épreuves partagées pendant la guerre. » Aussi, le 10 mai, M. Lainné réunit-il son conseil municipal, que déjà il avait informé officieusement de la bonne nouvelle, et le conseil, reconnaissant, vota-t-il alors, à l'unanimité, à M. de Saint-Vallier les remerciements auxquels il avait tant de droits.

Voilà pour Braine même. Parlons maintenant d'autres communes de ce chef-lieu de canton.

Un poste et une ambulance furent installés à Acy. Un autre poste fut établi à Ciry-Salsogne pour la surveillance de la gare. Diverses pertes d'animaux touchèrent les communes de Cys, de Dhuizel, de Glennes, de Jouaignes, de Lhuys, de Presles, de Cerseuil, de Paars, de Couvrelles, de Sermoise, de Saint-Thibaut, de Bazoches, de Brenelle et d'Augy. A Augy précisément, un nommé Legrand était infirme ; il avait un fils soldat et ses père et mère à sa charge. Il possédait une vache et deux porcs : on les lui enleva.

Le village de Sermoise fut le théâtre de soustractions de vivres, de vêtements, de bois, d'outils, de marchandises.

Cinq cultivateurs du canton, MM. Barbier, Labruyère, Pellot, Pottelet et Robert, furent arrêtés par des Prussiens et emprisonnés à Soissons pendant deux jours, pour avoir refusé de payer des contributions de guerre. A ce propos, nous devons dire que les impôts réclamés au canton de Braine pour les trois derniers mois de 1870 s'élevaient à 176,214 francs, et qu'il en a été payé pour 158,672 fr. 66 c. ; que les impôts demandés pour les deux premiers mois de 1871 se montaient à 176,218 francs et qu'il en a été versé pour 5,970 francs. Quant aux autres contributions, elles se traduisirent par le paiement d'une somme totale de 62,232 fr. 70 c.

CHAPITRE III

LE CANTON D'OULCHY-LE-CHATEAU

En 1870, un jeune prêtre, l'abbé Lannois, exerçait son ministère à Oulchy. Au mois d'août surgirent, en ce pays, des francs-tireurs de Bordeaux. Ils furent bien reçus. L'abbé Lannois leur fut sympathique : ils en firent leur aumônier. Or il arriva qu'un des francs-tireurs encourut une grave pénalité pour indiscipline. L'abbé sollicita la grâce du franc-tireur, obtint la commutation de sa peine en une détention dans la tour du château d'Oulchy et pourvut aux besoins du malheureux.

Pendant l'investissement de Soissons, cent mille Prussiens passèrent dans le canton d'Oulchy pour se rendre sous les murs de Paris. Il s'ensuivit un enlèvement considérable de bestiaux, de vivres, de volailles dans les communes d'Oulchy-le-Château, Ambrief, Arcy-Sainte-Restitue, Beugneux, Buzancy, Breny, Chacrise, Cramaille, Droizy, Hartennes, Loupeigne, Maast-et-Violaine, Oulchy-la-Ville, Plessier-Huleu, Saint-Remy-Blanzy, Rozières, Rozoy-le-Grand, Villemontoire, etc.

Il résulte de documents conservés à la mairie d'Oulchy-le-Château que cette commune a logé, du 14 au 18 septembre 1870, 240 officiers, 9,000 soldats et 2,345 chevaux faisant partie de la garde royale, et que du 18 au 23 novembre elle a encore supporté le logement de 109 officiers, 2,708 soldats et 408 chevaux.

Pour sa part, la population d'Oulchy a fourni à l'ennemi, indépendamment d'une grande quantité de volailles, 695 quintaux d'avoine, 20,850 bottes de luzerne, 7,900 gerbées, 14 vaches, 45 moutons, etc.

Huit chevaux lui ont été pris, et de nombreuses réquisitions lui ont été faites, entr'autres celle d'une voiture attelée de quatre chevaux qu'on ne revit, avec le conducteur, que trente-huit jours après.

Oulchy fut aussi appelé à fournir un fort contingent de voitures pour le transport, sur Paris, d'un matériel de siège considérable. Il souffrit du voisinage d'un camp d'une certaine importance. Il fut constamment occupé du 7 avril au 1er juin 1871, par le 4e escadron du 1er régiment de cavalerie saxonne, sous le commandement d'un officier dont le nom nous manque. Il supporta, du 3 mars au 26 juin, le passage de 49 officiers, 1,467 soldats et 318 chevaux. Il n'échappa à aucune des charges locales créées par l'ennemi : part dans le million pour expulsion des Allemands, fournitures de vivres à l'arsenal de Soissons, achat de couvertures, reconstruction du tunnel de Vierzy, entretien du poste de cette commune, besoins de l'armée, contributions, amendes, etc. Enfin toutes ses pertes réunies accusèrent un chiffre supérieur à 100,000 francs.

Et le maire, qui était M. Quinquet de Monjour, écrivit que d'accord avec le capitaine de la garde nationale et le commandant des sapeurs-pompiers, il avait dû abandonner les fusils qui lui avaient été demandés « avec beaucoup de menaces ». Ces fusils furent brisés à la mairie.

Après le chef-lieu de canton, ce sont les villages d'Arcy-Sainte-Restitue, Billy-sur-Ourcq, Saint-Remy-Blanzy, Rozières, Rozoy et Vierzy qui furent les plus frappés. Cette dernière commune, à cause de sa situation près de l'entrée du long tunnel qui porte son nom, eut un poste militaire dont le logement et la nourriture furent un pesant fardeau ; cependant, à partir du 23 février, et sur les ordres du sous-préfet Geldern, toutes les communes du canton furent obligées d'entretenir ce poste.

Les impôts payés par le canton d'Oulchy-le-Château furent, pour 1870, de 132,232 fr. 79 c., et pour 1871, de 6,047 francs. Les contributions de guerre s'élevèrent au total de 28,294 fr. 90 c., et les amendes se montèrent ensemble à 8,347 francs 81 c. Au moment de la paix, il restait à verser aux Allemands, par ce canton, 136,395 francs 21 c. Il lui eût fallu trouver encore cette importante somme si la guerre se fût continuée. Et les autres pays occupés n'avaient pas une situation meilleure. On a donc bien fait de traiter de la paix, si onéreuse et si déplorable qu'elle ait été.

Détail que l'on cite comme vrai : pendant le siège de Soissons, le grand-duc de Mecklembourg occupait le château de Puységur, à Buzancy. Il y avait là, parmi les glorieux souvenirs de famille, le bâton du maréchal de Saint-Arnaud ; le grand-duc le trouva à sa taille, s'en empara et laissa à la place... un récépissé !

La commune de Rozoy-le-Grand, sur le territoire de laquelle on découvrit, le 17 octobre 1870, deux soldats français tués la veille par une escorte prussienne, a, grâce à l'esprit d'initiative de son maire dévoué (alors M. Dufresnel), fait élever par souscriptions, le 18 octobre 1874, au bois des Bâtis, ou de Saint-Jean, un monument « à la mémoire des mobiles tués en ce lieu, par les Prussiens, le 16 octobre 1870 » (37).

CHAPITRE IV

LE CANTON DE VAILLY

Les Prussiens arrivèrent à Vailly le 9 septembre. Ils se casèrent dans les maisons comme ils l'entendirent. Ils se répandirent en même temps dans les communes environnantes. Les charges de guerre affluèrent alors partout. Plus tard, la ville de Vailly et plusieurs villages du canton ayant eu à loger d'autres troupes allemandes, notamment à partir du 3 mars 1871, il en résulta pour eux un dédommagement. Ce dédommagement s'éleva, pour Vailly seulement, à une dizaine de mille francs, et cette somme resta acquise à la ville, aucun habitant n'ayant réclamé la part qui pouvait lui revenir.

Le *Siège de Soissons* rapporte, page 160, la déplorable arrestation du maire et du conseiller général de Vailly, à cause de la destruction du pont suspendu de cette ville, par un détachement de troupes de Soissons.

Tout en citant les deux faits suivants, de même nature, commis dans le canton, l'un le 6, l'autre le 11 octobre, notons qu'un cultivateur d'Allemant (Etienne Lefel) fut incarcéré à Soissons, pendant six jours, pour détention d'armes de guerre ; qu'un appelé Désiré Droux, mécanicien à Sancy, eut le même sort, et qu'un sieur Jules Sauvage, de Vailly, subit aussi quelques jours d'emprisonnement :

1er *fait*. — Le 6 octobre, le pont de Missy-sur-Aisne avait été détruit par quelques français. La commune fut frappée d'une amende de 5,000 francs, et l'on conduisit, comme prisonniers, à Venizel, où se trouvait un poste de surveillance, le maire et l'ancien maire (MM. Lecurut et Rozeau). Quatre jours après, cinq notables du même village (MM. Gagnon, Turlure, Couvrot, Padoy et Thinot) furent aussi arrêtés, puis emmenés à Venizel, et ils n'en revinrent, avec les deux premiers, que le 19 octobre.

2e *fait*. — Le 11 du même mois, un détachement de troupes prussiennes fut attaqué, sur le territoire d'une commune voisine de Braye-sous-Clamecy, par quelques francs-tireurs. En représailles, M. Nouvian, maire de Braye, fut mis en état d'arrestation et rudoyé. On ne lui rendit même la liberté qu'après avoir obtenu de la commune 64 kilos de pain, 130 litres de vin, 2 vaches, et qu'après avoir communiqué aux habitants le terrible avis que voici :

« Ne sonner les cloches sous aucun prétexte.

« S'il vient des troupes françaises, prévenir au camp prussien de la Perrière (dépendance de Crouy).

« Quiconque logera un franc-tireur sera fusillé.

« Tout paysan pris les armes à la main sera pendu.

« Toute maison où on trouvera un fusil sera démolie. »

Ce n'est pas seulement par écrit que les Prussiens effrayaient les populations rurales ; ils employaient encore un autre moyen ; on ne le sait que trop à Margival. Le roi Guillaume Ier avait bien dit dans une proclamation du 8 août 1870 : « Nous ne faisons point la guerre contre les habitants paisibles du pays », et, dans une autre, du 11 du même mois : « Je fais la guerre aux soldats et non aux citoyens français » (38). Mais qu'importe ? En effet, le 7 octobre, à une heure de l'après-midi, un détachement de l'armée allemande revenait de faire une réquisition dans la commune de Margival. Arrivé au lieudit la *Couture-Fauque*, il rencontra, occupé à son travail ordinaire, un domestique de la ferme de Montgarni, nommé Honoré-Antoine Molin, âgé de 48 ans. Un Prussien le mit en joue. Une balle traversa l'épaule gauche et sortit par le cou du domestique. Le pauvre homme tomba dans son sang. Il était mort. Depuis, sa veuve, qui demeurait à Soissons, où elle vivait misérablement, reçut des secours annuels du gouvernement français.

A la même date du 7 octobre, les Prussiens pillèrent chez le garde-champêtre Rémont, de la commune de Margival. Ce garde leur fit des observations à ce sujet ; ils l'emmenèrent en le brutalisant. Arrivé près d'un bois, sous leur escorte, il leur échappa très habilement. Ils tirèrent alors sur lui ; mais par bonheur leurs balles ne l'atteignirent pas (39).

L'occupation se produisit aussi dans le canton de Vailly sous la forme d'impositions, de contributions, d'amendes et de réquisitions. Les Prussiens réclamèrent aux vingt-sept communes qui composent ce canton 125,445 francs pour les contributions des mois d'octobre, novembre et décembre 1870 ; les communes payèrent 110,637 fr. 30 c. Les Prussiens demandèrent 125,460 francs pour janvier et février ; ils reçurent 25,173 fr. 87. Au total, et avec l'impôt du million, les besoins de l'armée, les couvertures et autres accessoires, ils touchèrent du canton de Vailly 192,216 fr. 04 c.

C'est écrasant, et pourtant il faut encore ajouter à ce chiffre les réquisitions en nature semées çà et là par les Allemands sur leur passage. Il fut dû, par exemple, à une douzaine d'habitants de la petite commune de Clamecy plus de 3,200 francs pour exécution de réquisitions de chevaux et voitures. Mais ce qui l'emporte sur ce fait et sur tous les autres pour cette commune, c'est l'affaire X..., dont nous allons parler, d'après le *Journal de l'Aisne* du 30 août 1872, en négligeant celle d'un sieur Moinet (du même village), qui s'évada du poste de Soissons, où il était retenu, depuis plusieurs jours, pour injures à une sentinelle.

M. X... était cultivateur à Clamecy. Le 10 octobre, il fournit, sur réquisition, quatorze chevaux à l'ennemi. Le 14, n'étant pas encore rentré en possession de ses chevaux, il songea à aller les réclamer au camp de la Perrière. Il y alla effectivement le 15, muni d'un sauf-conduit qu'il obtint aux avant-postes. Il s'adressa à un commandant qui consentit à rendre les chevaux, mais à la condition qu'il lui en serait livré d'autres, cette fois de la commune de Terny-Sorny, et que M. X... ferait parvenir la réquisition à cet effet. X... accepta. Puis, le commandant lui ayant demandé s'il y avait des armes à Clamecy, il répondit affirmativement. Le commandant exigea alors la remise de ces armes pour le lendemain, à la Perrière. X... se fit l'écho de cet officier auprès du maire de Clamecy, et la commune rendit les armes, soit trente fusils qu'elle avait reçus deux mois auparavant.

C'était là, avec quelques autres détails aggravants, ce que la loi appelle un crime d'intelligences avec l'ennemi. X... fut dénoncé par quelqu'un de son village, après l'évacuation de l'Aisne. Il fut traduit, le 27 août 1872, devant le 2ᵉ conseil de guerre séant à Paris, et alors, quoique défendu par le célèbre avocat Lachaud, il fut condamné à cinq ans de travaux forcés et à la dégradation civique.

Vilaine fut cette affaire X... ; mais voici qui est de nature réconfortante :

Dans un intéressant travail qu'il a publié en 1900, sur Bucy-le-Long, M. Félix Brun cite plusieurs habitants de cette commune partis sous les drapeaux, aux époques de la première République et du premier Empire. Or, pour la guerre de 1870-1871, et comme pendant patriotique à la citation de M. Brun, je puis nommer ici, sinon tous les jeunes gens de ce pays, appartenant alors à l'armée, au moins, à défaut de renseignements complets, une quinzaine d'entre eux qui prirent part au siège de Soissons. Ce sont : Alfred Brodin, Marc Carbonneaux, Jules Devaux, Léon Flagellat, Edouard Hutin, Eugène et Paul Judas, Charles et Auguste Leclère, Jules et Auguste Pestel, Paul Lévêque, Charles Macadré, Eugène Tassin, Ernest Tutin, etc. Et à un second point de vue patriotique je suis en mesure et je m'empresse d'ajouter que quelque temps après le siège, c'est-à-dire en janvier, ces jeunes gens, qui étaient rentrés dans leurs foyers, les quittèrent en petits groupes pour se rendre à l'armée du Nord, avec sept ou huit mobilisés, leurs compatriotes.

CHAPITRE V

LE CANTON DE VIC-SUR-AISNE

Pour Vic-sur-Aisne le point de départ de la guerre de 1870-1871 remonte au mois d'août. Le fait est que, dans le courant de ce mois, du 10 au 20, Vic fut traversé par des habitants de l'arrondissement de Soissons et de l'arrondissement de Château-Thierry, qui émigraient, avec leur mobilier et leurs bestiaux, vers la Normandie et vers le Nord.

Le 3 septembre, la gendarmerie du département de l'Aisne, à l'état de légion, arrivait aussi à Vic-sur-Aisne. Elle se repliait sur Paris et annonçait l'arrivée prochaine des Prussiens. Elle ne se trompait pas, hélas ! car, dix jours après, le 13, le grand-duc de Mecklembourg envahissait le pays, avec 2,000 chasseurs à pied, un état-major, des employés d'administration, 120 cavaliers et 280 chevaux. Quelques pillages d'objets de consommation et de marchandises y furent commis. Des maisons abandonnées furent dévalisées. Des réquisitions de pain, vin, avoine, foin et paille furent faites. 112 fusils de gardes nationaux furent confisqués, brisés sur la place publique et jetés à la rivière. Le drapeau de la compagnie de sapeurs-pompiers fut enlevé, et le maire, M. Dubarle, fut menacé de mort pour le cas où les routes ne seraient pas libres de toute entrave.

Une proclamation à jamais fameuse et que le grand-duc de Mecklembourg avait osé signer et faire apposer, menaçait également de mort ceux qui se feraient espions des Français, ceux qui serviraient de guides aux troupes françaises, ceux qui donneraient de fausses indications de chemins aux troupes allemandes, ceux qui tueraient, blesseraient ou voleraient, par esprit de haine ou de lucre, lesdites troupes, ceux enfin qui détruiraient des ponts, canaux, chemins, télégraphes, etc. Et, en outre, aux termes de cet affreux document, qui est daté de Vouziers, 29 août 1870, tout le monde devait se soumettre aux autorités militaires, et les communes étaient rendues responsables de tous méfaits à l'adresse des Prussiens.

Les courriers de la poste de Soissons à Compiègne (Leclerc, de Soissons, et Meunier, de Vic), furent faits prisonniers et dépouillés de leurs dépêches, chevaux et voitures. Tout le service postal fut ensuite désorganisé.

Le 14 septembre passait la 6e division d'artillerie, et elle se signalait notamment par une réquisition de douze quintaux d'avoine.

Puis, tous ces Allemands : grand-duc, chasseurs, artilleurs, etc., quittaient Vic-sur-Aisne. On fit alors disparaître l'effrayante affiche, et l'on attendit la suite des événements.

Dans la nuit du 17 septembre, un détachement français de la garnison de Soissons aborda Vic. Il venait, dans l'intérêt de la défense, disait-on, et d'après les ordres de la place de Soissons, détruire, incendier le pont ; mais le soldat Coullaux (nous l'avons nommé page 105) tomba dans la rivière, s'y noya, et plus tard il fallut employer une quinzaine de mille francs à la réparation des dégâts inutilement commis au pont.

En octobre, il arriva à Vic-sur-Aisne un grand nombre de mobiles de l'arrondissement de Vervins, qui, faits prisonniers lors de la capitulation de Soissons et dirigés sur Château-Thierry, par des Prussiens, avaient pris la fuite dans les bois de Saint-Jean Ce furent les derniers soldats français que Vic reçut durant la guerre. Il lui revint ensuite des Prussiens, et d'abord ce furent des employés de postes, qui s'installèrent à la mairie ; puis, le 20 novembre, 2,000 hommes et 350 chevaux, puis encore 109 soldats d'ambulance ; puis enfin, de retour vers l'Allemagne, 2,000 à 2,500 Prussiens.

La part contributive de Vic-sur-Aisne dans le million imposé au département pour l'expulsion des Allemands fut de 1,700 francs. La charge de cette commune pour contributions directes en octobre, novembre et décembre 1870, fut de 11,943 francs. Les réquisitions de toutes sortes pour des Prussiens occupant Vic même, Soissons, La Fère, Vierzy, Choisy-au-Bac et autres endroits, s'élevèrent à 5,373 fr. 40 c., et l'ensemble de tout le préjudice matériel causé au chef-lieu de canton par la guerre dépassa 56,000 francs. On fut obligé d'emprunter 11,000 francs pour subvenir aux dépenses, et on ne put entreprendre la restauration du pont que cinq ou six mois après la paix.

Ambleny avait une route coupée pour nuire à la marche de l'ennemi ; mais les 10, 12, 13 octobre, 19, 20, 21 et 29 novembre, des Prussiens, des Bavarois et des Saxons n'envahirent pas moins ses habitations. Et du 12 au 14 novembre, de par l'autorité prussienne et sans raisons plausibles, la prison de Soissons s'ouvrit pour un des siens (Augustin Aubert, âgé de 21 ans).

Bagneux subit des réquisitions et fut occupé en septembre.

Berny-Rivière fut visité le 13 septembre, comme Vic-sur-Aisne, par des hussards rouges et par des artilleurs du grand-duc de Mecklembourg.

Bieuxy fut à peine envahi ; mais son honorable maire, M. Fontaine, eut à subir, par suite de son patriotisme tout naturel, la dureté prussienne. Le roi Guillaume Ier avait décrété, le 13 août 1870 : « La conscription est abolie dans toute l'étendue du territoire français occupé par les troupes allemandes. Les agents des autorités civiles qui contreviendraient à cette disposition, soit en opérant ou en facilitant le tirage des conscrits, soit en les engageant à s'y soumettre, ou en leur délivrant des ordres de départ, ou par tout autre moyen, quel qu'il soit, seront destitués de leurs fonctions et détenus en Allemagne jusqu'à ce qu'il soit statué sur leur mise en liberté ». Or, M. Fontaine fut emmené en Allemagne dans le courant de janvier 1871, le 10, pour avoir, contrairement à ce décret, engagé à partir, ou laissé partir des jeunes gens de sa commune que leur âge appelait sous les drapeaux ; et ces jeunes gens, au nombre de trois (Jacques Schmitt, Eugène Létoffé et Théophile Létoffé), furent également conduits en Allemagne, comme prisonniers de guerre, après avoir passé trois ou quatre jours dans la maison d'arrêt de Soissons.

Breuil se signala par quelques coups de fusil tirés la nuit sur des sentinelles gardant la route de Paris ; mais il fut maîtrisé du 13 au 19 octobre 1870 par une batterie du corps d'armée du grand-duc de Mecklembourg. Il vit aussi d'autres troupes étrangères passer sur son territoire. Un de ses habitants, Constant Dubois, âgé de 53 ans, fut incarcéré à Soissons, le 30 janvier 1871, sans motifs connus, et fut remis en liberté le 1er février.

Cœuvres fut envahi, le 20 novembre, par de l'artillerie, et les 13, 14 et 16 mars suivant, il fut encore obligé de recevoir des hommes du 100e régiment d'infanterie et du train des équipages. Il supporta pour 57,500 francs de charges. Outre les fournitures d'avoine, de paille et de foin qu'il fit, comme les autres communes, à l'arsenal de Soissons, pour les troupes ennemies, il livra à Vierzy et à Berzy du pain, de la viande, des pommes de terre, et il contribua, par des abandons de vaches, de lard et d'avoine, à l'approvisionnement d'un magasin établi pour les Prussiens à Villers-Cotterêts.

Cuisy-en-Almont eut 500 hommes à loger et à nourrir le 19 novembre.

Cutry en reçut du 10 au 13 octobre ; il en reçut encore le 20 novembre, le 16 mars ; et son maire, M. Desplanches, fut arrêté pendant quelques heures.

Dommiers fut obligé de se soumettre le 13 septembre, devant 656 uhlans du régiment n° 13. Trois de ses habitants : Prosper Leroy, âgé de 39 ans, Ernest Crochet, âgé de 27 ans, et Jules

Voiret, âgé de 15 ans, furent conduits en prison, à Soissons, le 30 octobre, pour des causes que l'on ignore. Ils furent relaxés le 4 novembre suivant.

Epagny doit avoir dans la mémoire les 1,500 Prussiens qui l'accablèrent le 16 mars 1871.

Fontenoy se souvient sans doute aussi de 1,986 soldats d'outre-Rhin auxquels il se rendit les 19 et 20 novembre 1870 et qui se dirigèrent ensuite sur Compiègne. Il avait déjà souffert dans l'explosion de son pont ; mais c'était du fait des Français.

Laversine fut traversé, le 20 novembre, par 200 hommes du 26e régiment d'infanterie et du 8e d'artillerie.

Missy-aux-Bois fut éprouvé les 15 septembre, 20 novembre, 13, 14 et 17 mars, par une invasion d'environ 1,500 hommes et 60 chevaux.

Montigny-Lengrain subit quatre passages : le premier du 13 au 14 septembre, le deuxième du 20 au 21 novembre, le troisième le 10 mars, le quatrième le 13 du même mois. Il subit, de plus, des pillages ; cependant le préjudice occasionné sous ce rapport ne s'éleva qu'à 285 fr.

Mortefontaine vit quelques Prussiens, et ce ne fut, pour ainsi dire, qu'à l'état d'apparition.

Morsain eut à loger et nourrir 1,400 hommes en deux fois : des hussards le 13 septembre, de l'infanterie le 14 novembre. 435 chevaux accompagnèrent les hussards. 250 francs d'objets furent perdus en pillages.

Nouvron-Vingré, ou plutôt le hameau de Vingré, fut conquis par un poste d'observation le 13 septembre. Quant à la commune, elle fut, dit-on, envahie le 20 novembre par 250 hommes.

Osly-Courtil eut à pourvoir, les 19 et 20 novembre, aux besoins de 350 Prussiens du 8e corps d'armée ; un de ses habitants, nommé Boudin, passa deux jours au poste prussien, à Soissons, et la ville lui procura la subsistance nécessaire.

Pernant compta 945 hommes et 390 chevaux dans ses habitations et bâtiments.

Ressons-le-Long fut chargé : le 13 septembre, de 300 hussards ; le 14 octobre, de 14 cavaliers ; le 18 novembre, de 400 fantassins ; le 19 novembre, de 1,900 hommes d'infanterie et cavalerie ; le 1er décembre, de 160 voituriers ; le 3 décembre, de 42 voituriers ; le 23 du même mois, de 14 piétons, et le 20 mars, de 300 autres Prussiens. M. Cranney était un des notables habitants de Ressons-le-Long. En septembre, deux cultivateurs de ses amis, appartenant au département de l'Oise, furent présentés chez lui, par des uhlans, à un officier supérieur, comme coupables d'espionnage. M. Cranney se porta caution des deux cultivateurs et sollicita leur mise en liberté ; mais l'officier, dur et terrible, donna l'ordre de les fusiller. M. Cranney insista de nouveau ; il alla jusqu'à offrir sa vie en échange de celle de ses amis. Alors, et seulement alors, l'officier fit grâce aux cultivateurs, qui, après tout, n'avaient rien à se reprocher ; puis, il respecta également les jours de M. Cranney, lequel, déjà, dans les affaires de juin 1848, avait reçu un coup de feu qui ne l'avait pas tué. Cependant, le 27 décembre, par un affreux temps de neige, M. Cranney fut incarcéré à Soissons, à la requête de l'autorité prussienne. Un fil télégraphique établi à deux kilomètres de Ressons avait été coupé, et une amende de 300 francs infligée à la commune. Il fallait un ôtage, ou le montant de l'amende. Cette somme ne fut pas versée ; l'ôtage fut pris. On choisit M. Cranney, quoique sa femme fût dangereusement malade ; mais heureusement on le mit en liberté le lendemain, le paiement des 300 francs ayant eu lieu alors. Quelque temps après, M. Cranney reçut une médaille de bronze, non du gouvernement (le gouvernement n'a pu récompenser tous les dévouements), mais de la société d'encouragement au bien.

Saconin faillit également avoir son martyr ; aussi, allez dans ce village, demandez aux habitants en général et à ceux de 50 ans en particulier quel est celui des longs et pénibles jours de la guerre de 1870 qui fit le plus impression dans la mémoire, on vous répondra : « C'est le samedi 8 octobre. » Et voici pourquoi :

Patriote convaincu, l'instituteur, M. Petizon, avait songé sérieusement à la résistance locale avec plusieurs braves pompiers ; mais il comprit bientôt qu'être belliqueux dans un tout petit coin du territoire français ne devait rien produire, si l'on n'agissait pas de même partout ailleurs, et qu'au contraire, pour épargner sa commune, il fallait désarmer. Les fusils, moins trois, furent en conséquence cachés dans l'église, puis sous des roches.

M. Petizon pouvait croire que sa tentative resterait ignorée ; mais il n'en fut pas ainsi : dénoncé au colonel Krown, — l'effroi des environs, — il fut obligé de livrer les armes sous peine de mort et sous menace d'incendie de l'église et de la mairie. C'était le 8 octobre, et une quarantaine de lanciers étaient venus de Vauxbuin à Saconin, ayant pour chef un officier. Ce dernier reçut les fusils. Mais, circonstances aggravantes, ils étaient chargés et il en manquait trois. Où étaient ces trois fusils ? M. Petizon le savait et ne voulut pas le déclarer. — Vous, méchant ; vous, fusillé, lui dit-on. Alors on le garda à vue dans son école ; ce qui fit fuir d'épouvante tous les hommes valides du village.

En se rendant à Saconin, les Prussiens avaient

aussi pour but de requérir des chevaux et des voitures destinés au transport du matériel d'artillerie nécessaire à l'attaque de Soissons. Ils prirent en effet dix voitures et trente chevaux ; mais, pour avoir des conducteurs, ils employèrent leurs menaces d'usage. Et l'heure de retourner à Vauxbuin étant sonnée, ils s'apprêtèrent pour le départ, avec les voituriers requis. A ce moment, M. Petizon, toujours surveillé, pensait au sort qu'on lui avait annoncé. Il vit passer non loin de lui sa femme et sa fille tout alarmées. Son affection pour elles éveilla en lui un sentiment de révolte contre les Prussiens. — Ah ! je ne veux pas, je ne dois pas mourir ainsi, se dit-il résolûment. — Il usa alors d'un stratagème. Il demanda à ses gardes la permission d'aller dans sa chambre pour changer de chaussures et pouvoir partir avec eux. On lui donna cette permission. Et aussitôt il s'enfuit avec une agilité prodigieuse, gagna des broussailles, arriva sur la montagne voisine et se trouva hors de danger. De l'endroit où il était, il put observer, sans être vu, tous les mouvements de ceux qui voulaient sa perte. Longtemps on le chercha, il le vit bien ; mais la la nuit survint ; il constata avec une grande satisfaction qu'aucun incendie ne s'allumait dans le village à cause de lui ; il se dirigea vers Ambleny, erra ensuite d'un côté et d'autre, et ne revit son foyer que vers le 20 octobre.

En me racontant son histoire, ce digne instituteur, aujourd'hui en retraite à Soissons, était suffoqué par l'émotion. J'ai rarement vu le sentiment du devoir et le patriotisme mieux compris.

Après le siège de Soissons, Saconin subit encore la présence d'Allemands. Ce fut du 13 au 20 novembre, du 1er au 2 décembre, et le 14 mars. 570 Prussiens, 350 Saxons, 50 voituriers et 245 chevaux furent logés dans les maisons et les dépendances d'habitations. Mais, disons-le en toute justice, personne parmi ces gens n'inquiéta et ne parut connaître M. Petizon. Il avait bien droit, d'ailleurs, à quelque tranquillité.

Saint-Bandry eut à recevoir une plus grande quantité d'Allemands et de chevaux aux dates des 19, 20, 21 novembre et 27 mars.

Saint-Pierre-Aigle ne fut pas épargné non plus. Il fut occupé le 15 septembre par des troupes qui avaient contourné Soissons et qui emmenèrent sous les murs de Paris, où ils restèrent une cinquantaine de jours, le personnel et les véhicules des fermes. Il fut encore occupé les 20 novembre, 14, 15 et 16 mars, par 3,500 hommes et par 1,150 chevaux. En ce village un capitaine de mobiles de Vic-sur-Aisne (M. Lambert) mourut d'une maladie gagnée au siège de Soissons, et là aussi demeurait le carrier Lombard que des Prussiens fusillèrent à Soissons le 1er novembre.

Lombard, on se le rappelle, s'était fait franc-tireur et s'était embusqué dans la forêt de Villers-Cotterêts, avec Danger, Thinot et autres. Lui et ses compagnons avaient tiré sur des Prussiens et blessé un officier. De là, arrestation, condamnation et exécution. Mais, furieux et indignés quand même, les Prussiens ne s'en tinrent pas à cet odieux résultat. Par cela seul que Lombard était de Saint-Pierre-Aigle, ils voulurent rendre cette commune responsable des actions de ce dernier, et ils inquiétèrent sérieusement le président de la commission municipale, qui était M. Achille Lemaire, dont le dévouement patriotique fut alors rudement mis à l'épreuve. Lombard avait été arrêté dans la journée du 31 octobre ; M. Lemaire fut enlevé de chez lui, avec menaces, dans la nuit suivante. On le conduisit à Soissons ; on ne le déposa pas à la maison d'arrêt, cependant ; mais on lui intima l'ordre formel de se rendre le lendemain matin à la commandantur. Le lendemain il se présenta dignement devant l'officier de place Stülpnagel, et après explications, ce commandant le condamna à verser entre ses mains une amende de 20,000 francs. — « Vous chercheriez en vain la somme de 20,000 francs dans la commune de Saint-Pierre-Aigle, lui dit énergiquement M. Lemaire. Je ne vous verserai donc rien, et vous ferez de moi ce que vous voudrez. » Devant cette réponse, le commandant réduisit le chiffre de l'amende. — Vous m'apporterez demain 13,000 francs, dit-il à M. Lemaire. — Je ne vous promets rien du tout, répliqua le chef de la municipalité de Saint-Pierre-Aigle. » Et grâce sans doute à son attitude décidée, il put retourner chez lui. Il y retrouva la population accablée : des Prussiens se livraient à des investigations pour découvrir les francs-tireurs de la forêt de Villers-Cotterêts, et les menaces de mort allaient leur train. Le 2 novembre, M. Lemaire fut appelé de nouveau à la commandantur de Soissons, et, comme il n'apportait point d'argent, le commandant lui dit qu'il s'était arrêté à une autre idée, celle de convertir ses amendes en un travail de sécurité pour ses troupes, « On abattra, dit-il en substance, entre les Vertes-Feuilles et Villers-Cotterêts, de chaque côté de la route nationale, et sur une largeur de cent mètres, la haute futaie forestière, c'est-à-dire cinq à six hectares de bois. Le travail doit du reste être commencé à l'heure qu'il est, ajouta-t-il, et votre conseil municipal est emmené prisonnier pour qu'il ne puisse s'opposer à la mesure. En outre, votre instituteur est chargé de recruter des ouvriers et de conduire l'opération. » M. Lemaire essaya de protester ; mais il ne put obtenir qu'une chose, dont il s'estima très heureux d'ailleurs, ce fut l'ordre de remettre ses conseillers en liberté. Il quitta alors le commandant, et, se dirigeant vers Saint-Pierre-Aigle, il rencontra, près de Soissons, ses collaborateurs de la commission municipale, escortés de soldats prussiens. Il exhiba sur le champ son ordre de mise en liberté, et ses compatriotes n'allèrent pas plus loin. De retour à Saint-Pierre-Aigle, M. Lemaire, qui savait que l'inspecteur des forêts en résidence à Villers-Cotterêts était parti de cette ville pour n'avoir pas à servir les Prussiens, s'empressa d'aller voir ce qui se passait dans la forêt, le long de la route nationale. Hélas ! la futaie tombait rapidement sous les coups redoublés d'ouvriers qui travaillaient, les uns par crainte, les autres par nécessité. L'endroit fut nommé depuis la *Coupe-Prussienne*. Environ deux hectares de bois furent abattus. Des gens démoralisés par l'état de guerre s'approprièrent une partie de ces bois, et M. Lemaire dut se faire conservateur de la forêt pour arrêter les déprédations : il fit appel au dévouement de cultivateurs des environs afin d'obtenir des voitures, et, à l'aide d'ouvriers, il fit placer en lieu sûr le reste des bois provenant de la coupe prussienne. L'administration forestière, à la reprise de son service, apprécia comme il convenait la conduite ferme et vigilante de M. Achille Lemaire ; elle lui remit, pour être distribuée aux ouvriers qu'il avait employés, une somme de 1,000 francs.

Saint-Christophe-à-Berry, où est né l'instituteur Poulette, fusillé à Vauxbuin le 11 octobre 1870, ne nous fournit aucun incident ; nous savons seulement qu'il ne put éviter nos ennemis aux dates des 13 septembre, 20 novembre et 20 mars.

Tartiers eut à répartir dans ses habitations 446 hommes. Il fut le théâtre de pillages qui occasionnèrent un préjudice de 546 francs. Un de ses cultivateurs (Onésime Duchemin) fut emmené comme ôtage et passa un jour sous les verrous, à Soissons. Une dizaine de jeunes gens, appelés à l'armée du Nord par le gouvernement de la défense nationale, partirent en chantant le 9 ou le 10 janvier, au lieu de s'éloigner un à un et sans bruit, comme cela se fit à Soissons, Bucy et autres lieux. Les Prussiens arrêtaient tout ce qu'ils rencontraient de conscrits : ils s'assurèrent de ceux de Tartiers et les conduisirent à la maison d'arrêt de Soissons : c'étaient Désiré Tavernier, Joseph Caron, Adonis Boudin, Remi Plessier, Ambroise Féron, Joseph Quillet, Louis Protais, Victor Duchemin, François Cornet et Jules Oudin. Ils les dirigèrent ensuite, comme prisonniers de guerre, sur l'Allemagne. Mais ce ne fut pas cet incident qui fut le plus pénible pour Tartiers. Cette commune avait pour maire un ancien cultivateur, un brave et honnête homme (M. Tassart). Comme son collègue de Bieuxy, et par patriotisme également, il avait excité au départ, ou il n'avait pas empêché le départ des jeunes gens. Les Prussiens, sans pitié pour ses 78 ans, sans égard pour sa décoration de la Légion d'honneur, et repoussant toute intervention amie, l'envoyèrent aussi en Allemagne. Le digne homme en revint péniblement affecté ; il mourut à Soissons le 21 juin 1871.

Vezaponin complète pour nous la série des communes du canton de Vic-sur-Aisne. Vezaponin eut un contingent de 444 hommes et 19 chevaux dans l'occupation allemande. Il supporta, comme toutes les autres communes, du reste, les diverses charges de guerre qui semblaient faire cortège à l'invasion et qui consistèrent pour tout le canton (quant aux impôts, contributions et amendes) en un total de 206,008 fr. 15 c.

On avait en effet demandé à ce canton 157,686 francs pour octobre, novembre et décembre. Il les paya forcément. On lui avait réclamé même somme pour janvier et février, et il ne paya que 5,874 fr. 90 c. Donc, si l'on ajoute aux deux chiffres payés, les contributions de guerre et les amendes également versées, soit 42,447 fr. 25 c., on arrive bien à la forte somme de 206,008 fr. 15 c.

Nous avons dit que Chavigny avait subi une réquisition, de la part de troupes saxonnes en station à Choisy-au-Bac (Oise). Une quantité d'autres communes, appartenant au canton de Vic-sur-Aisne, se trouvèrent dans le même cas. La municipalité de Soissons intervint alors en faveur de ces communes auprès du commandant d'étape du 8ᵉ corps d'armée, et ce commandant conseilla de ne pas exécuter ces réquisitions, qui étaient, à ses yeux comme aux nôtres, des moins légitimes.

CHAPITRE VI

LE CANTON DE VILLERS-COTTERÊTS

Dès le mois de septembre, le canton de Villers-Cotterêts ressentit les terribles effets de l'invasion. Le 13, quelques uhlans s'y montrèrent. Deux jours après on vit passer, du matin au soir, allant vers Paris, un nombre incalculable de soldats prussiens. D'autres, nombreux encore, s'arrêtèrent en ville, s'y logèrent bruyamment, demandèrent et obtinrent en vainqueurs les fusils de la garde nationale.

Relevant de la sous-préfecture prussienne de l'arrondissement de Soissons, Villers-Cotterêts eut à supporter des charges semblables à celles qui frappèrent les autres cantons du même arrondissement : logement et nourriture de troupes ; impôts et contributions ; réquisitions et déprédations.

Il me souvient d'un cafetier de Villers-Cotterêts qui se rendit à Soissons au moment où s'opérait l'investissement de cette dernière ville. Il avait les poches pleines de thalers que lui avaient remis, en paiement de consommations chez lui, de nombreux Prussiens envahissant le pays, et il se demandait quel emploi il pourrait jamais faire de cet argent.

Hélas ! un jour vint où les impôts et les contributions furent à payer aux Allemands et où le thaler put même entrer en compte plus facilement que la pièce de cinq francs.

Lorsqu'il fut question, par exemple, de payer le million imposé au département de l'Aisne, à titre d'indemnité pour l'expulsion de France des Allemands, il fallut que la ville de Villers-Cotterêts trouvât pour sa quote-part 4,705 fr. 15 c., et tout le canton, pour la sienne 17,000 francs.

Lorsqu'il fut question aussi de payer les impôts d'Etat, il fallut que la ville et les communes réunissent 36,709 francs par mois.

Et quand arriva le moment de payer la contribution pour les besoins des troupes allemandes, il fallut encore rassembler 13,480 fr.

Ce furent ensuite : la contribution pour les couvertures aux troupes, dont le total versé s'éleva à 1,527 francs ; la contribution pour la reconstruction du tunnel de Vierzy, dont le montant fut de 1,706 fr. 05 c. ; les frais d'administration de la sous-préfecture ; des livraisons de fers à cheval, des fournitures pour un magasin d'approvisionnements, et finalement les impôts de janvier et février, qui se montaient ensemble à 110,132 francs ; mais ayant reçu, à ce sujet, des diverses communes, une somme de 100,760 fr. 40 c., l'administration municipale, qui avait à sa tête M. Guay, maire, et aussi, en quelque sorte, M. Senart, ancien maire, lesquels tenaient cette somme en réserve, ne s'empressa point (et on doit l'en louer) de la verser aux Prussiens ; la paix survint alors, et les 100,760 fr. 40 c. échappèrent à l'ennemi. Gagner du temps est une chose qui avait été parfaitement comprise par plusieurs municipalités. Après les orages subis, le ciel devait s'éclaircir.

Longtemps occupée (de septembre 1870 à octobre 1871) par une garnison dont la moyenne fut d'environ 400 hommes, la ville de Villers-Cotterêts, qui avait un commandant de place, eut à exécuter particulièrement un certain nombre de réquisitions d'objets et de marchandises, de sorte que la guerre lui coûta environ la respectable somme de 115,000 fr.(40). De leur côté, la plupart des communes du canton furent en grande partie dévalisées de leurs bestiaux, de leurs fourrages, etc.

Ainsi il y eut pour Dampleux, obligation de livrer des chevaux, du foin, du bois, du lard.

Haramont perdit de l'avoine, du foin, des bœufs, des vaches. Et sa ferme de Seraine éprouva pour 1,000 francs de dégâts.

Oigny fournit des vaches et des moutons, de l'avoine et de la farine.

Retheuil se dessaisit de chevaux, vaches, avoine, foin, paille et voitures.

Soucy eut un de ses habitants envoyé en réquisition par des Prussiens, sous les murs de Paris, où il resta soixante et un jours et où il perdit deux chevaux, plus une voiture.

Taillefontaine s'exécuta pour des chevaux, des voitures, du foin et de l'avoine.

Enfin Corcy, — dernier village que nous ayons à nommer dans ce chapitre, — Corcy fournit des bœufs, des vaches et de l'avoine. Et, en outre, un appelé Ernest Coutant, qui était domicilié dans cette commune, fut incarcéré à Soissons, pendant un jour, en même temps qu'un tailleur de Villers-Cotterêts, nommé Victor Bourson, et un garçon d'écurie de la même ville nommé Choron.

Au moyen des faits relatés dans les pages qu'on vient de lire, on peut se rendre compte de ce que furent, pour l'arrondissement de Soissons, les diverses charges de l'occupation allemande, et l'on doit comprendre à quelles privations ces lourdes charges ont donné lieu. Quant aux cruautés du vainqueur et aux angoisses des populations devant lui, elles ressortent aussi de nos constatations. Nous avons donc, il nous semble, rempli notre tâche, qui était de reproduire ces tristes choses comme autant d'enseignements, et nous savons donc bien à qui nous en prendre de tout le mal qui nous a été fait.

La guerre a ses rigueurs, répondra l'ennemi.

Soit ! Mais les bornes d'usage, mais les limites du droit ont été horriblement dépassées en 1870. Et pour ne parler que de ce qui a eu lieu dans ce pays, en dehors de toute règle et à l'encontre de toute justice, pourquoi donc, ô Prussiens, pourquoi avez-vous dépouillé des caisses publiques, infligé des amendes, épuisé des communes, violé des traités, incarcéré des innocents, brutalisé des gens paisibles, brûlé tout une mairie, martyrisé celui qui l'administrait, incendié des maisons, mis le feu à des ambulances, tué des paysans inoffensifs, fusillé des instituteurs patriotes et fusillé aussi des gardes nationaux ?

Ah ! convenez-en, vos mauvais, vos terribles procédés risquaient fort d'être étalés, dévoilés au grand jour. Eh bien, il le sont maintenant, sinon en totalité, au moins pour la majeure partie, et, en vérité, il n'y a que Dieu qui puisse vous pardonner !

APPENDICE

LA PAIX ET L'ÉVACUATION

Au milieu de toutes ses misères et de tous ses déboires résultant de l'occupation étrangère, après le désarroi général et le désordre précipité de toutes choses, qui n'avaient permis, ni au gouvernement de prévenir ses préposés aux finances, ni à ces derniers de sauver au moins les fonds publics de la rapacité prussienne, le Soissonnais reçut des secours dont il est juste de fixer ici l'importance et le souvenir.

Donc, après la reddition de Soissons, un riche propriétaire de Pierrefonds, M. Sabatier, examinait les effets du siège ; puis, peiné des désastres qu'il avait vus, il déposait entre les mains du président de la commission municipale une somme de 1.000 francs, en le chargeant d'en faire le meilleur emploi possible.

Un comité du pain s'étant organisé à Bruxelles, sous le patronage de Léopold II, afin de soulager les souffrances éprouvées dans les départements français envahis, la ville de Soissons reçut 1,500 francs pour sa part.

Il se forma en Angleterre une « Société de secours aux paysans français, » et un représentant de cette société, le colonel Cox, ayant remis à la ville de Soissons 200 francs, 200 sacs d'orge et 400 sacs d'avoine, tout cela fut réparti entre des habitants de l'arrondissement qui avaient été dépouillés de leurs récoltes par les Prussiens.

Une autre société anglaise fut instituée ; M. Waddington, alors député de l'Aisne, en devint l'intermédiaire, et la ville de Soissons reçut de lui une somme de 10,000 francs qui fut distribuée dans l'arrondissement, aux victimes nécessiteuses de la guerre.

Il existait en Danemarck une société d'agriculture. Elle s'émut des malheurs de la France. Au mois d'avril 1871, elle envoya 4,000 francs qui devaient servir à l'achat de semences. Immédiatement ces semences furent achetées, et elles furent remises aux petits cultivateurs du Soissonnais.

Une association française de bienfaisance était établie à Moscou. Egalement touchée de nos revers, elle fit parvenir à la municipalité de Soissons 1,071 francs qui furent partagés entre les familles les plus éprouvées par la guerre.

A son tour, l'assemblée nationale vota, le 6 septembre 1871, une loi qui accordait cent millions pour dédommager tous ceux qui avaient subi, pendant l'invasion, des contributions de guerre, des réquisitions, des amendes et d'autres pertes matérielles. La part du département de l'Aisne dans cette somme fut de 3,748,800 francs, et celle du Soissonnais de 1,186,973 fr. 87 c. Avec cela on pansa bien des plaies et on ferma bien des blessures ; mais, les répartitions, si considérables qu'elles fussent, devaient être insuffisantes pour couvrir les pertes subies.

Une consolation restait toutefois dans l'esprit de tous, c'est qu'à l'époque de la plupart de ces distributions de secours, le pays n'était plus en guerre, mais en paix. Le 28 janvier 1871 un armistice de vingt et un jours avait été conclu à Versailles, entre M. Jules Favre, ministre des affaires étrangères, et M. de Bismarck, chancelier de la confédération germanique, afin qu'une assemblée pût se réunir à Bordeaux, dans l'intervalle, pour se prononcer sur la question de savoir si la guerre serait continuée, ou à quelles conditions la paix serait faite. L'armistice avait été prolongé jusqu'au 24 février, puis jusqu'au 26 du même mois. Le 26, les préliminaires de paix avaient été signés. Le 1er mars, l'Assemblée nationale les avait ratifiés par 546 voix contre 107, et, le lendemain, le roi de Prusse, ou plutôt l'empereur d'Allemagne, car, depuis le 17 janvier, Guillaume avait pris ce titre dans le palais de Versailles, où la guerre l'avait conduit, les approuvait à son tour.

La paix une fois signée, on eût voulu voir partir toutes les troupes ennemies qui occupaient la France ; mais il n'en devait pas être immédiatement ainsi. Le département de l'Aisne fut même mis en état de siège en vertu d'un décret du 6 avril 1871, signé Georges, duc de Saxe, général commandant le 12e corps d'armée, lequel décret retournait contre nous la loi spéciale française du 9 août 1849. Cependant, la situation ne s'aggrava point ; il n'y eut jamais lieu d'appliquer ce décret dans le Soissonnais, et cahin-caha, on arriva au milieu de septembre. A cette époque (le 16) l'Assemblée nationale adopta un projet de loi relatif à une convention passée entre la France et l'Allemagne, et devant amener, avant la date fixée par le traité de paix, l'évacuation de six départements, au nombre desquels se trouvait le département de l'Aisne. Le 17, le maire de Soissons s'empressa d'informer ses concitoyens de cette bonne nouvelle, en disant, d'après M. Waddington, député, que l'évacuation commencerait dans quelques jours. La joie s'épanouit alors sur tous les visages, et, dès ce moment, on compta pour ainsi dire les heures, tant on avait hâte d'atteindre le terme de la délivrance.

Ah ! certes, ils pouvaient bien partir, les Allemands ; ils occupaient la ville depuis un an ; ils avaient épuisé notre patience ; ils s'étaient réjoui de nos défaites ; pas un habitant ne les regretterait.

Le 27 septembre, on évacuait les environs de Paris. Il passa ici 1,500 Bavarois. A leur suite, on vit des voitures chargées de meubles français, et personne ne pensa que ces meubles provenaient d'acquisitions régulières, car les déprédations de l'ennemi avaient été bien fréquentes pendant la guerre.

Le 20 octobre suivant, l'avant-garde d'autres Bavarois occupant Soissons même, quittait à tout jamais nos foyers. Le 21 avait lieu le départ des ambulances. Le 22 s'éloignait un bataillon d'infanterie, et le même jour le maire recevait du commandant de place ce laconique billet, qui était à coup sûr le meilleur des mots de la fin :

« Monsieur le Maire !

« J'ai l'honneur de vous informer que demain lundi le 23 octobre 1871 la ville de Soissons sera quitter tout-à-fait de les truppes allemands. »

Enfin le 23, à neuf heures du matin, il ne restait plus un Prussien, plus un Saxon, plus un Bavarois, — en un mot, plus un Allemand à Soissons.

Le deuil qui enveloppait le pays depuis un an et huit jours était terminé ; les fortifications avaient été menacées de destruction, et cela par cette lettre de l'autorité ennemie à l'autorité administrative en date du 1ᵉʳ février 1871 : « Monsieur ! j'ai l'honneur de vous informer que nous ferons sauter demain à trois heures de l'après-midi une partie du *kornwerk* (ouvrage à cornes de la route de Paris). Il y aura à l'heure destinée deux explosions. L'affaire n'est pas dangereuse pour la ville, mais pour éviter que peut-être quelques carreaux de vitre soient brisés par la pression de l'air, je vous invite à faire publier que les habitants voisins aux remparts ouvrent à l'heure indiquée les fenêtres. Mais ce sera seulement nécessaire pour les habitants qui demeurent entre les remparts et les rues de l'Hôpital, de Panleu, de la Buerie et Saint-Christophe. J'ai aussi pris soin que l'on place des sentinelles à les routes de Compiègne, de Paris, etc., pour avertir les passants et pour éviter des malheurs. Nous ferons dès-à-présent encore plusieurs fois sauter les remparts par parties, mais je ne manquerai pas de vous en avertir toujours. » Toutefois elles étaient restées debout, ces fortifications, et ensuite aucune ruine n'avait été ajoutée à celles du bombardement.

Les Prussiens étant partis de Soissons, les cœurs se dilatèrent, la ville se pavoisa, les autorités et la population se rendirent gaîment à la gare, au-devant d'une compagnie française du 114ᵉ de ligne qui arrivait de Saint-Denis pour prendre possession de la place. A onze heures vingt minutes, un capitaine, un lieutenant et cinquante hommes descendirent effectivement de wagon, furent complimentés, reçurent des fleurs et entrèrent en ville aux cris souvent répétés de : « Vive l'armée, vive la France, vive la République ! » Puis, le corps municipal offrit un banquet de bienvenu aux officiers et un repas exceptionnel aux hommes du 114ᵉ (41). La population reprit ses habitudes ; elle s'empressa de faire disparaître les traces allemandes, et aujourd'hui il n'en reste plus guère qu'aux murs d'enceinte de l'ancienne abbaye de Saint-Jean.

Remplissant des fonctions municipales à Soissons lors de la première édition de ce travail, j'ai cru devoir m'abstenir de faire l'éloge mérité par les administrateurs (maire, adjoints et conseillers) de cette ville, à raison du dévouement précieux, du zèle intelligent et des connaissances multiples qu'ils ont déployés pour le pays dans les temps néfastes que nous avons traversés ; mais, aujourd'hui, devenu plus indépendant, qu'il me soit permis, au moment où je termine ce livre, de leur rendre un sérieux hommage, en disant qu'ils ont vaillamment combattu le fléau de l'occupation étrangère, et que, tout compte fait, dépenses diverses d'une part, remboursements et indemnités d'autre part, ils ont laissé la ville dans une situation financière aussi bonne qu'inespérée. Le gouvernement français, de son côté, leur a rendu justice en nommant le maire, M. Salleron, chevalier de la Légion d'honneur, distinction qui rejaillit sur tous. — Avis à M. le général baron Ambert, qui a émis sur nos édiles et la population soissonnaise, dans son *Histoire de la guerre de 1870-1871*, des appréciations d'une inexactitude manifeste, alors qu'on était en droit d'attendre de lui une opinion mesurée, éclairée et rigoureusement conforme à la vérité des faits (42).

Quelques citoyens ont aussi été récompensés, pendant le temps de l'occupation allemande, de leur belle conduite à l'époque du siège : M. Ringuier a été décoré pour avoir organisé et commandé une excellente compagnie d'artilleurs volontaires et pour avoir été blessé dans son service. MM. Denis (43) et Quemet ont reçu chacun une médaille pour s'être distingués devant l'ennemi. M. Mickel a également reçu une médaille en qualité d'aide-major aux ambulances pendant cinq mois, et MM. Drapier père, Prévost et Laforge ont été pourvus de semblable marque honorifique pour leur bon concours dans l'extinction des incendies.

D'autres, tels que M. l'abbé Dupuy, M. Bourguin père, etc., auraient dû se trouver dans des situations analogues ; mais, oubliés ou méconnus, ils se sont contentés de cette satisfaction de conscience que l'on tire du devoir accompli.

Aux termes de l'article 257 d'un décret du 13 octobre 1863, tout commandant qui n'a rendu une place forte qu'après l'avoir énergiquement défendue en homme d'honneur, reçoit, en présence des troupes, la récompense due à ses services.

M. de Noüe, on le sait bien, commandait la place de Soissons à l'époque du siège. Il était âgé de plus de 60 ans et avait le grade de lieutenant-colonel. Il mit au service du pays tout ce qu'il se sentait d'ardeur, tout ce qui lui restait de capacité et tout ce qu'il avait d'honorabilité ; mais le conseil d'enquête devant lequel il fut obligé, conformément à l'article 264 du même décret, de justifier de sa conduite, ne tint aucun compte de cela ; il formula contre lui un avis d'une sévérité extrême et qui fut livré à la publicité dans les premiers jours de mai 1872.

Cet avis est ainsi conçu (il est au moins inexact quand il dit que la brèche n'était pas praticable) :

« Capitulation de Soissons.

« Extrait du procès-verbal de la séance du 13 novembre 1871.

« Le conseil,

« Vu le dossier relatif à la capitulation de la place de Soissons,

« Vu le texte de la capitulation,

« Sur le rapport qui lui en a été fait,

« Ouï M. de Noüe, lieutenant-colonel, commandant la place de Soissons, M. Mosbach, chef de bataillon, commandant du génie (44), M. Roques-Salvaza, chef d'escadron, commandant l'artillerie, M. Denis, major du 15e de ligne, et M. Fargeon, capitaine du génie, employés à Soissons pendant le siège,

« Après en avoir délibéré,

« Considérant que si le lieutenant-colonel de Noüe, commandant la place de Soissons, a montré de l'activité pour l'approvisionnement des vivres, il n'a pas déployé assez de sévérité pour le maintien de la discipline dans les troupes placées sous ses ordres ;

«. Qu'il a manqué de prévoyance en autorisant plusieurs chefs de corps à s'absenter au moment où la place pouvait être investie, et, par cela même, a nui à la discipline et à l'esprit de corps ;

« Considérant que s'il a été fait brèche au corps de place, la brèche n'était pas praticable ; que si l'artillerie avait souffert, elle pouvait encore continuer la défense ; que les munitions de vivres et de guerre étaient abondantes ; que les pertes de la garnison ont été relativement peu considérables ; que le commandant de place est blâmable d'avoir capitulé sans avoir encloué ses canons, détruit ses poudres et ses vivres, et s'est au contraire engagé à les livrer à l'ennemi ;

« Considérant que la place a été rendue malgré l'avis du commandant du 15e de ligne et celui du commandant du génie, et que, loin de se rallier à cette opinion, le lieutenant-colonel de Noüe, contrairement à l'article 256 du décret sur le service des places, n'a su imposer sa volonté que pour la capitulation ;

« Considérant qu'il a manqué aux prescriptions du même article, en stipulant que les officiers qui donneraient leur parole de ne pas servir contre l'Allemagne seraient mis en liberté et conserveraient armes, chevaux et bagages, tandis qu'il ne devait stipuler qu'en faveur des blessés et des malades,

« Est d'avis :

« Que le lieutenant-colonel de Noüe a révélé une profonde incapacité et une grande faiblesse, et qu'il paraît au conseil impropre à exercer un commandement.

« Pour extrait conforme,

« Le président du conseil d'enquête,

« (Signé) BARAGUAY-D'HILLIERS. »

Le commandant de Noüe ne fut, par conséquent, l'objet d'aucune distinction. Mais Soissons n'aurait-il donc pas été vaincu s'il eût eu à sa tête quelque grand capitaine ? Ne devait-il pas succomber par la force des choses et à cause de son affreuse position stratégique ? Assurément si. La prise de Soissons, pour l'assiégeant, ne pouvait être et n'a été qu'une question de quelques jours. Il n'y avait du reste plus rien de possible, après la capitulation de Sedan, en fait de succès efficace et en fait de retour offensif contre les Prussiens. La France était terrassée. Elle n'avait plus qu'à traiter de la paix, et non à montrer son infériorité jusqu'au bout. Deux ou trois généraux se sont bien révélés alors ; d'autres officiers ont bien prouvé leur valeur, leur patriotisme ; mais où était toute l'armée qu'il eût fallu pour repousser l'invasion ? Où était la discipline voulue ? Où étaient les armes et les munitions nécessaires ?

Ah ! si un jour, — ce qu'à Dieu ne plaise, — il y a nécessité pour le gouvernement français d'engager une nouvelle lutte avec le gouvernement allemand, que ce soit dans de longues années, alors que notre armée sera complètement en mesure, que notre armement sera supérieur, que nos soldats seront absolument prêts et en nombre, que nos munitions seront inépuisables et que nos approvisionnements seront parfaitement assurés.

Mais bien plutôt, — et je le demande au nom

du Soissonnais, qui a su éteindre promptement ses charges d'occupation et recouvrer son état normal, — que ces temps déplorables ne reviennent jamais, et que par un travail suivi, une droiture constante et une sagesse soutenue, la France soit toujours grande, forte, heureuse ; il y aura là, pour nos populations, un résultat qui, certes, nous rendra moins amers les honneurs suprêmes qui viennent d'être faits à feu M. de Bismarck (que les Français maudissent, mais que les Allemands admirent) ; car, décédé le 29 juin 1898, ce trop fameux homme d'État est glorifié par eux au plus haut point, surtout depuis le 16 juin 1901, jour où, à Berlin, on inaugurait un monument gigantesque à sa mémoire, en présence de l'empereur Guillaume II et en chantant : *L'Allemagne, l'Allemagne au-dessus de tout.*

Patriotes français, n'oublions jamais la guerre ni l'invasion de 1870-1871, et songeons toujours à cet hymne ; il n'est pas seulement prétentieux et arrogant, il vibre comme une menace.

NOTES

DU SIÈGE DE SOISSONS

(1) Un cinquième monument s'élève, grandiose, sur la place de la République, — après celui du cimetière de Soissons, après celui de la montagne de Pasly, après celui de Vauxbuin et après celui du bois de Saint-Jean.

Ce nouveau monument est dû, pour la sculpture, à un enfant du pays (M. Auguste Hiolin), devenu statutaire de talent ; pour l'architecture, à M. Guilbert, architecte distingué de la chapelle de la rue Jean-Goujon, et pour l'élévation de la maçonnerie, à M. Pradeau, chevalier de la Légion d'honneur, l'un des constructeurs du grand palais de l'avenue Nicolas II.

(2) Le comte Benedetti est mort ancien ambassadeur de France à Berlin, le 29 mars 1900. Il était âgé de plus de 80 ans ; il était né en Corse, en 1817, et demeurait à Paris, boulevard Haussmann. Pris de suffocation rue de Berry, chez la princesse Mathilde, à laquelle il faisait visite, il reçut les soins empressés du docteur Lachapelle ; mais ce fut en vain.

A l'occasion de ce décès, on a rappelé l'intervention occulte de M. de Bismarck dans l'incident qui amena la guerre. Bismarck, de Moltke et de Roon la voulaient, cette guerre. Bismarck envenima les choses, et l'on ne sait que trop ce qui arriva.

(3) Au *Journal officiel* du 5 août 1870 on lit le rapport, signé du général Frossard, sur l'affaire de Sarrebrück, du 2 août. Il y est dit, et je n'ajoute ici ce renseignement que

parce que le 67e est présentement en garnison à Soissons :
« Le 67e n'a pas d'officier atteint ; 2 sous-officiers ont été enlevés par des boulets ; 20 hommes tués ou blessés... »

(4) Voici en quels termes le roi de Prusse annonça à la reine le combat de Wissembourg :

« Mayence, 4 août 1870.

« A la reine Augusta.

« Sous les yeux de Fritz, aujourd'hui, une brillante, mais sanglante victoire a été emportée par la prise d'assaut de Wissembourg et du Gisberg situé derrière cette ville. Nos 5e et 11e corps et le 2e corps bavarois ont combattu.

« L'ennemi en fuite ; 500 prisonniers non blessés ; un canon et les tentes du campement sont entre nos mains.

« Le général de division Douay tué. De notre côté, le général de Kirchbach légèrement atteint.

« Mon régiment et le 58e ont fait de fortes pertes.

« Dieu soit loué pour ce glorieux fait d'armes. Qu'il daigne nous assister encore !

« GUILLAUME. »

(5) Dans le *Moniteur prussien* on lit ce qui suit, touchant la bataille de Wœrth :

« 6 août 1870.

« Grande victoire de la 3e armée sous les ordres du prince royal de Prusse, remportée à Wœrth (2 milles et demi au sud de Wissembourg) sur le corps (1er) du maréchal Mac-Mahon, qui était renforcé par des divisions du corps de Failly (5e) et du corps Canrobert (6e). Du côté des Français, le général Colson, chef de l'état-major de Mac-Mahon, est tué ; le général Raoul disparu ; 6,000 Français prisonniers. »

« Les têtes de colonnes prussiennes de la 1re armée s'étant, le 5 août, approchées de la Sarre, le général de Kameke attaque (le 6) avec la 14e division le corps Frossard et deux divisions d'autres corps français, à l'ouest de Sarrebrück, dans des positions retranchées sur les hauteurs de Spicheren. Avec l'appui de détachements de la 16e division et des 5e et 6e divisions de la 2e armée, les positions ennemies sont enlevées par les troupes prussiennes sous le commandement du général de Gœben, et les Français furent forcés de battre en retraite. Le commandant de la 27e brigade d'infanterie (prussienne), général major de François, est tué. Le général de Steinmetz prend, vers le soir, le commandement général. »

« A la reine Augusta,

« Quel bonheur, cette grande nouvelle victoire remportée par Fritz ! Remercions la bonté divine ! Gagné environ 30 canons, 2 aigles, 6 mitrailleuses, 4,000 prisonniers. Mac-Mahon était renforcé par l'armée principale.
« Qu'on tire le canon pour la victoire.

« GUILLAUME. »

(6) Oui, les choses vont affreusement mal ; et les Prussiens les résument ainsi dans leur journal :

« 6 août. — Par suite de la double victoire des troupes allemandes à Wœrth et à Spicheren sur les deux ailes de l'armée française, celle-ci fait un mouvement rétrograde sur toute la ligne et se replie à l'intérieur du territoire français. En évacuant Sarrebrück, les Français lancent des bombes sur cette ville. »

« 7 août. — Combat des troupes bavaroises à Niederbronn (3 milles et demi au sud de Bistch), et de la cavalerie Wurtembergeoise à Reischoffen (entre Bistch et Haguenau) contre des détachements du corps en retraite de Mac-Mahon. »

(7) La grande caserne s'appelle aujourd'hui caserne Charpentier, en souvenir du général de ce nom.
Henri-François-Marie comte Charpentier est né à Soissons le 23 juin 1769. Il était fils de Henri-Charles Charpentier, conseiller du roi, et de Charlotte-Cécile Chatelain. Il entra au service en 1791, dans un bataillon de volontaires du département de l'Aisne, et ses compatriotes le choisirent pour capitaine en 1792. Il fut nommé adjudant général chef de bataillon en 1793, colonel en 1794, général de brigade en 1799, général de division et chef d'état-major de l'armée

en 1800. Il fut créé comte en 1809. Il fut fait grand officier de la Légion d'honneur en 1814, et il est décédé le 15 octobre 1831, à Oigny, canton de Villers-Cotterêts.

(8) M. Pillot est maintenant en retraite à Soissons. Il est commandant d'étape, officier de la Légion d'honneur, officier d'académie et vice-président de la société d'horticulture.

(9) La petite caserne et la rue dans laquelle elle est située sont actuellement baptisées du nom de Deflandre, en mémoire du général Deflandre, Pierre, né à Soissons, sur la paroisse Saint-Gervais, le 28 avril 1813, du mariage de Pierre-Antoine Deflandre, charron à Soissons, avec Constance-Julie-Joséphine Lefèvre, dont le père était également charron à Soissons.

Pierre Deflandre servit d'abord dans le 6e régiment de lanciers. Il fut ensuite sous-lieutenant au 2e bataillon d'Afrique, puis colonel de la 24e légion de gendarmerie et finalement général de brigade. Il était commandeur de la Légion d'honneur ; il fut blessé mortellement à Josnes, le 8 décembre 1870, et décéda à Tours, rue Paul-Louis-Courier, le 10 janvier 1871, laissant pour veuve dame Eugénie-Marie de Rilliet et pour fils un percepteur des contributions directes, qui était en fonctions à La Flèche en 1894.

(10) M. Ringuier avait été marchand de grains. Très intelligent, d'allure brave et décidée, il commanda la compagnie d'artilleurs volontaires. Il fut conseiller municipal, conseiller général, chevalier de la Légion d'honneur, député de l'Aisne. Il était né à Soissons le 18 mars 1825. Il mourut à Paris le 13 février 1888. Son buste, fait par Germain (de Fismes) est au musée de Soissons ; il a été donné par M. Cellier-Ringuier.

M. Quemet était un homme de bonne tenue, d'aspect distingué. On l'estimait beaucoup à Soissons, où il fut très longtemps commerçant, rue des Cordeliers. Il est mort à Paris le 30 novembre 1895 et a été inhumé à Soissons, dans une sépulture de famille.

(11) M. Duplan était le beau-père de M. Lallart, directeur du *Progrès de l'Aisne*.

(12) M. de Tugny, Adrien, est décédé à Beaurieux (Aisne) en juillet 1898. Il a longtemps demeuré à Soissons.

(13) Le commandant prussien qui nous envoya, le 14 septembre 1870, le second parlementaire, était le général Alvensleben, mort en Allemagne au milieu de l'année 1881.

(14) Lorsqu'il quitta les affaires judiciaires, M. Choron, Marie-Pierre-Gabriel-Etienne, eut pour successeur l'un de ses fils (M. Paul Choron) et fut nommé avoué honoraire.
Déjà conseiller municipal depuis 1848, il fut élu adjoint au maire en 1870, puis député en 1877, puis maire en 1878, puis membre de la commission administrative des hospices, président de la société archéologique, etc. Il était né à Puiseux, le 18 mai 1811. Il mourut à Soissons, le 26 avril 1891.

(15) M. Fortin est décédé à Soissons, le 1er mars 1876. Il était né en cette ville le 5 octobre 1789, et avait été prénommé Etienne-Victor. C'était un ancien tanneur.

(16) M. Guyot, Léon-Paul-Ernest, est décédé le 9 mars 1894, à Soissons, où il était représentant de commerce. Il a été inhumé le 12 du même mois, à Arcy-Sainte-Restitue, son pays natal.

(17) En sa qualité de garde du génie, M. Massal a naturellement pris part aux travaux de défense de la place de guerre de Soissons. Il servit sous les officiers Peaucellier, Mosbach, Chevalier, etc., et en même temps que l'ingénieur Agnellet, lequel, soit dit en passant, partit de Soissons, aussitôt après la reddition de la place, pour aller se mettre à la disposition du gouvernement de Tours, et parvint au grade d'ingénieur en chef de la compagnie des chemins de fer du Nord, à Paris, où il mourut chevalier de la Légion d'honneur le 11 août 1900, à l'âge de 55 ans.

M. Massal est présentement en retraite à Soissons. Il porte aussi la croix d'honneur. Il sait beaucoup de choses sur le siège. Et quant à sa montre, je viens de la voir ; elle est hors d'usage ; en revanche, elle est devenue tout à la fois une sorte de pièce à conviction militaire et une précieuse relique de famille.

(18) Quand, le 29 septembre 1870, on apprit que M. Vélain avait été retenu par l'ennemi, on se raconta la chose très diversement ; mais bientôt M. Vélain prit le soin de faire lui-même dans l'*Argus* un long récit de son aventure. Il avait quitté la ville avec plusieurs ambulanciers, dont M. Mickel ; il portait le drapeau prescrit par la convention de Genève, et parvenu près du château de Villeneuve, il se trouva en présence d'un poste prussien auquel il demanda la permission de relever nos blessés ; mais les Prussiens de ce poste ne parlaient pas notre langue ; toutefois, ils parurent comprendre que M. Vélain était un parlementaire. Alors ils lui bandèrent les yeux et le conduisirent à Villeneuve, devant un officier supérieur, leur chef. Là cet officier et M. Vélain s'entendirent plus ou moins facilement ; puis, après de longues heures d'attente et d'appréhensions, M. Vélain fut tiré d'embarras ; il fut même chargé par l'officier prussien d'une petite mission pour le commandant de Noüe, mission qu'il remplit fidèlement.

(19) M. Ed. Wolff appartenait au 17e régiment de marche, comme lieutenant du 2e bataillon des mobiles de l'Aisne. Il se conduisit fort bravement au siège de Soissons ; il fut mis à l'ordre du jour ; il fut même blessé dans la nuit du 13 au 14 octobre.

Il a écrit, en 1872, ses « Souvenirs du siège de Soissons ». C'est, dit-il, une « simple narration » ; mais c'est plus que cela, c'est tout un travail qui mérite de sincères félicitations.

M. Wolff fut commissaire-priseur à Soissons et capitaine de la compagnie de sapeurs-pompiers de cette ville. Il est maintenant inspecteur de la comptabilité de l'Exposition universelle de 1900 et chevalier de la Légion d'honneur.

(20) M. Achille Picard était originaire de Berrieux, canton de Craonne. Il y avait vu le jour en 1847, le 14 janvier, et y

avait fréquenté l'école communale jusqu'à l'âge de onze ans. Il partit de bonne heure pour Paris, et grâce à sa belle intelligence et à sa ferme volonté, il y fit bien vite sa trouée. Employé chez un grand entrepreneur de démolitions, il s'y fit remarquer très avantageusement ; mais la guerre ayant éclaté, il revint au pays natal et fut incorporé dans la garde mobile. Lors du siège de Soissons, envoyé ici, il se montra intrépide et fut bientôt nommé caporal. Il prit part à l'engagement du 28 septembre, et de telle façon qu'il fut cité à l'ordre du jour. Après le siège de Soissons, il concourut à la défense de La Fère, et, après la guerre, il retourna à Paris, devint à son tour gros entrepreneur de démolitions, et un beau jour, en récompense de son passé militaire et de son honorabilité dans les affaires, il obtint la croix. Toujours il sut faire la joie des siens et jamais il n'oublia son village ; aussi, quand en janvier 1894, il fut inhumé à Berrieux, eut-il à ses obsèques toute la population et l'honneur de deux discours.

(21) Il convient d'ajouter aujourd'hui :

Le cadavre de M. Nivelle fut reconnu et recueilli. Il reçut ensuite la sépulture à Buzancy. Mais, en 1884, on songea, dans le village, à l'exhumer pour lui donner un autre et dernier asile, plus en rapport avec les services municipaux que l'homme avait rendus. Le conseil communal concéda en conséquence un terrain à perpétuité dans le cimetière. Le 23 avril on exhuma les restes du martyr, et le 24, après un service religieux, on les réinhuma dans ce terrain. Un discours fut prononcé devant la population, par le maire (M. Aubry), lequel rappela la cruauté de nos ennemis et annonça qu'un monument serait élevé là, dans le cimetière, en l'honneur de la victime. Une souscription fut ouverte pour permettre l'érection de ce monument, et, grâce aux dons de la commune et de personnes généreuses, le monument est construit depuis des années.

(22) Le sous-préfet d'Artigues disparut de Soissons. Il y était resté un petit mois. Ce qu'il devint ensuite, je ne saurais le dire ; mais le *Figaro* du 18 juin 1892 a l'air de le savoir, et voici ce qu'il a imprimé :

« Un ancien préfet, le baron Paul d'Artigues, qui comptait de nombreuses parentés et de grandes sympathies dans la société parisienne, s'est tué hier dans son hôtel de la rue d'Olfémont.

« Le baron d'Artigues avait décidé de quitter cet hôtel ; les meubles en avaient été enlevés il y a quelques semaines, et un écriteau placé à l'extérieur indiquait que l'immeuble était à vendre. Hier, cependant, à deux heures et demie, le baron se faisait ouvrir la porte et pénétrait dans une grande salle du rez-de-chaussée, où se trouvait une alcôve avec lit de camp. Quelques secondes après, une détonation retentissait : un domestique accourait et trouvait M. d'Artigues étendu sur le dos, près de l'alcôve, la tête appuyée contre le mur, un revolver dans la main droite.

« La balle ayant traversé le cœur, la mort a été instantanée.

« Le commissaire de police a trouvé dans les vêtements du baron une lettre destinée à sa famille, en ce moment absente de Paris.

« M. d'Artigues avait épousé la petite-fille de Bressant, l'ancien sociétaire de la Comédie-Française. »

(23) M. Albert Lefèvre avait 19 ans ; il était né à Juvigny le 30 mai 1851. Il s'établit en 1875, à Compiègne, comme fabricant de produits chimiques. Il sut faire prospérer son industrie et siégea au conseil municipal à partir de 1888 jusqu'à sa mort, qui eut lieu prématurément en septembre 1899.

(24) Il existe au musée de Soissons une aquarelle faite par M. Paul Laurent, qui fut professeur de dessin au collège et dans les écoles de la ville. Cette aquarelle a été donnée en 1898 par M. Edouard Labarre, ancien marchand de grains à Soissons. Elle représente la scène d'incendie de la petite caserne ; mais il est bon de noter ici que cette scène n'est pas absolument exacte, car elle a été faite, non pas d'après nature, mais d'après des souvenirs plus ou moins précis. Pour ne parler que de la rue qui était la rue des Minimesses et qui est actuellement la rue Deflandre, elle est par trop ouverte au premier plan. Ce qu'il y a de plus vrai, c'est le personnage placé contre la marge, à gauche, coiffé

d'un chapeau haut de forme. Ce personnage est le sympathique docteur Marchand et le chapeau est bien celui qu'il avait adopté.

(25) Mme Brunel, qui était une des religieuses de l'hôpital général, fit preuve d'un entier dévouement dans l'incendie du 13 octobre. Elle coopéra au sauvetage avec une activité digne d'éloges. Elle est morte à Soissons, le 26 février 1896. Elle était dans les ordres depuis 40 ans et elle était née à Rieutort (Lozère), le 7 juillet 1838.

A côté d'elle il y eut les autres religieuses de l'établissement qui s'occupèrent non moins courageusement du sauvetage. Il y eut aussi les employés qui se distinguèrent tout particulièrement, notamment le boulanger (M. Charles-Stanislas Bourguin père). Ce brave homme avait déjà échappé à l'explosion d'une bombe dans son fournil, et, du soir au matin, aidé de son fils Léon et du menuisier, M. Petizon, il transporta de l'hôpital à l'Hôtel-Dieu, de nombreux vieillards invalides, les sauvant ainsi d'une mort certaine. Néanmoins il fut un de ceux qu'on oublia de récompenser, car il est décédé le mercredi 6 mai 1896, dans sa 82e année, et aucun insigne honorifique ne lui avait été décerné.

Disons encore que la 2e compagnie de mobiles dont M. Wolff, était lieutenant, prit une grande part au sauvetage et que M. Wolff lui-même, sous les yeux du commandant de place de Noüe et du commandant d'artillerie Roques-Salvaza, se signala comme il sut si bien le faire pendant tout le cours du siège.

(26) D'après un journal allemand, il faudrait réduire à 8,400 le chiffre des projectiles lancés sur Soissons. Ce serait un peu moins que sur Verdun (8,900), plus que sur Mézières (7,000) et presque cinq fois autant que sur La Fère (1,800).

NOTES

DE L'OCCUPATION ALLEMANDE

(27) Depuis près d'un mois, et par suite d'un décret du 20 septembre 1870, on ne disait plus le conseil municipal, mais la commission municipale; de même, on ne disait plus maire, ni adjoint, mais président, vice-président. Cela dura jusqu'au mois d'avril 1872 et ne fut pas rigoureusement observé. Moi-même je me suis écarté de cette règle à l'occasion.

(28) Presque toutes les clefs des poudrières et de la ville sont maintenant au musée municipal. Elles ont échappé à l'ennemi.

(29) Voici la liste générale des victimes :

Décès de militaires à Soissons et environs pendant le siège ou par suite du siège

1 Prévost, Charles, 28 ans, né à Rethel, soldat au 15e de ligne.
2 Huet, Jules-Henri, né à La Capelle, garde mobile, du 6e bataillon.
3 Landrieux, soldat au 15e.
4 Gosse, Joseph, 21 ans, né à Vrizy, soldat au 15e.
5 Desbordes, Alfred, 21 ans, né à Billy-sur-Aisne, garde mobile.
6 Boulanger, Jules, 22 ans, né à Frimbole, soldat au 15e.
7 Valantin, Nicolas, soldat au 15e.

8 Chauvey, Georges-Jules, 18 ans, né à Reims, soldat au 15e.
9 Un soldat du 8e d'artillerie, immatriculé n° 61.
10 Flouques, Michel, artilleur mobile du Nord.
11 Masson, soldat au 8e d'artillerie.
12 Bécret, Ernest, garde mobile.
13 Danglot, Léon, 23 ans, caporal de la garde mobile.
14 Wicart, maréchal des logis chef à la 14e batterie d'artillerie de la mobile du Nord.
15 Guénion, 32 ans, né à Rigédy, soldat au 15e.
16 Vincent, Charles, 24 ans, né à Seraucourt, soldat au 15e.
17 Martin, Louis, sergent au 15e.
18 Morelle, Florentin-Adrien, 23 ans, né à Menneville, garde mobile.
19 Godart, soldat...
20 Brassart, Eugène-Joseph, 21 ans, né à Faucoucourt, garde mobile.
21 Un militaire du 15e, resté inconnu.
22 Un boulanger militaire, inconnu.
23 Parisse, garde mobile.
24 Un soldat du 15e, inconnu.
25 Un autre du 15e, inconnu également.
26 Nicodeau, 32 ans, caporal au 15e.
27 Maroteaux, Edouard, 22 ans, garde mobile.
28 Un sergent du 15e, immatriculé n° 3334.
29 Collignon, Victor, 23 ans, né à Florémont, soldat au 8e d'artillerie.
30 Un garde mobile portant une tunique du 15e de ligne.
31 Fossé, Edouard-Pierre-Marie, 21 ans, né à Proviseux, garde mobile.
32 Ahmed-Ben-Sed, soldat au 1er régiment de tirailleurs algériens.
33 Un soldat du 15e de ligne, resté inconnu.
34 Taurens, soldat au 15e.
35 Couilleaux, Félix-Eugène, soldat au 15e.
36 Un caporal, inhumé à Clamecy.
37 Létoffé, de Crouy, mobile.
38 Anger, Paul, de Crouy, mobile.
39 Crant, Jules-Dagobert, 23 ans.
40 Soldat inconnu, âgé d'environ 25 ans, portant chemise marquée J. T.
41 Montenécourt, de Billy, mobile.

Civils des environs de Soissons, fusillés par suite du siège

1 Soyer, Arthur, 27 ans, domestique à la Chaumière.
2 Nivelle, Charles, 35 ans, adjoint faisant fonctions de maire à Buzancy.
3 Molin, Honoré-Antoine, 48 ans, domestique à Montgarni.
4 Odot, Charles, de Vaurezis.
5 Debordeaux, Jules-Denis, né à Coucy-les-Eppes, instituteur à Pasly.
6 Courcy, Louis, maçon à Pasly.
7 Poulette, Louis-Théophile, instituteur à Vaurezis.
8 Déquirez, Jules, manouvrier à Vaurezis.
9 Létoffé, Josué, à Vaurezis.
10 Danger, Achille, domestique à Montgobert.
11 Lombard, Charles, carrier à Saint-Pierre-Aigle.

Décès de civils à Soissons, par suite du siège

1 Daudigny, Pierre-Louis-Michel, 56 ans, né à Vauxbuin, jardinier.
2 Dumont, Joseph, domestique à Soissons.
3 Bigorne, Marie-Louise, 30 ans, épouse de Jules-Alfred Aubert.
4 Leclère, Jean-Baptiste, 69 ans, originaire de Soissons.
5 Leriche, Pierre-Joseph-Amant, chapelier, 47 ans.
6 Juvigny, Léon-Adolphe, ouvrier peintre, 28 ans.
7 Lévêque, Victoria, 24 ans, blanchisseuse à Soissons.
8 Dudon, Félicité, 78 ans, épouse Charlemagne Charly, née à Osly.
9 Bonnard, Sophie-Clotilde, 74 ans, veuve de Claude-Auguste Oudoux.
10 Foy, Alphonse, dit *Joinville*, 43 ans, manouvrier à Soissons.
11 Judas, Louis-Stanislas, 54 ans, né à Villeneuve.
12 Sea, Marie-Eugénie, 25 ans, blanchisseuse à Soissons, épouse Lévêque.
13 Collière, Jean-Louis, 70 ans, domestique, né à Inaumont.
14 Lévesque, Charles-Nicolas, 84 ans, président honoraire du tribunal civil de Soissons.
15 Carpentier, Xavier-Joseph, 59 ans, né à la Beuvrière.
16 Lucas, Benjamin, 78 ans, né à Paris.
17 Courant, Ernest-Constant, 17 ans, de Soissons.
18 Dubreuil, Louis-Auguste, 15 ans, né à Ciry-Salsogne.

19 Demontier, rue de la Petite-Poterne, Soissons.
20 Guéroult, tourneur en fer, Soissons.
21 Huyart fils...

RÉCAPITULATION

Décès de militaires à Soissons et environs, pendant le siège ou par suite du siège. 41
Décès de civils des environs de Soissons fusillés par suite du siège 11
Décès de civils à Soissons par suite du siège 21

Total, sauf erreur ou omission. . . 73

(30) Le 21 octobre 1870 le public fut informé qu'à partir de ce jour un service des postes était ouvert, *par les Prussiens*, pour la France et pour l'étranger. Le taux des lettres fut de 30 centimes pour les pays non occupés et de 10 centimes pour les pays occupés et pour l'étranger. Afin de rémunérer le service des facteurs de ville et des facteurs ruraux, il fut perçu par eux un droit de 10 centimes pour chaque lettre remise.

Le 5 mars 1871 la municipalité informa ses concitoyens que le service des *postes françaises* serait réouvert à partir du lendemain 6 ; mais les Prussiens s'opposèrent à la reprise de ce service, et il ne put être rétabli que le 16 mars.

(31) Pour les détails de l'affaire de Beugneux, voir pages 113, 114 et 115 du *Siège de Soissons*.

(32) On a dit et écrit que Hencky avait été condamné à la peine de mort ; mais cela n'est pas exact. Si Hencky avait été l'objet d'une pareille condamnation, il eût été fusillé immédiatement, comme c'était l'usage de la part des Prussiens. Je connais d'ailleurs tout le passé de cet homme, et je puis affirmer que la peine de mort n'a pas été prononcée contre lui, mais bien une détention de dix ans en Allemagne, détention qui fut même réduite à vingt mois, dont trois à Cassel et dix-sept à Cologne. Parti le 23 octobre 1870 de Soissons, Hencky y est rentré le 25 juillet 1872.

(33) M. Lecomte (Auguste-Amédée) est décédé en sa demeure, à Soissons, rue de la Congrégation, n° 39, le 28 février 1901, dans sa 75ᵉ année. Il était en retraite et médaillé.

(34) Le *Moniteur officiel du gouvernement général à Reims*, du 29 janvier 1871, rapporte ainsi les causes, très contestables assurément, de l'exécution de l'instituteur Leroy : « Le 11 du mois courant, plusieurs personnes, hommes et femmes, munies d'une voiture chargée de marchandises et d'effets, ainsi que d'une somme de 820 thalers, furent arrêtées près de Montmirail, par des individus armés, furent dépouillées de toute leur propriété, toutes illégalement arrêtées et transportées plus loin. On enleva aux hommes jusqu'à leurs vêtements ; les femmes durent subir le dernier des outrages.

« 1° Jacques-Nicolas, manouvrier de Vieilles-Maisons ; 2° Auguste Chéron, maçon de Verdelot, convaincus de participation à ce brigandage et à l'enlèvement de ces personnes ; 3° François-Maria Lecourtois, manouvrier de Vieilles-Maisons ; 4° Jules-Attalas Leroy, maître d'école de Vendières, convaincus d'avoir participé à main armée au vol des effets ; — tous ces précités n'étant pas incorporés à l'armée française — ont été traduits devant un conseil de guerre, reconnus coupables d'actes de trahison et d'hostilité à main armée contre des personnes attachées à la suite de l'armée allemande, et condamnés à la peine de mort.

« Cette sentence a été exécutée ce matin.

« Châlons-sur-Marne, le 22 janvier 1871.

« *Le major commandant,* »

(Pas de signature.)

(35) A propos d'Émile Picard, disons qu'il était domicilié à Pasly et qu'il publia son Récit comme ayant coopéré, avec son frère, au fait d'armes de Pommiers.

Après la guerre, il occupa, pendant quelques années, l'emploi de piqueur des travaux de la ville de Soissons. Décédé le jeudi 2 octobre 1890, à Pasly, il y fut inhumé le samedi 4. Il était dans sa 49ᵉ année.

— 418 —

(36) Jules Déquirez était un pauvre diable qui avait autrefois été sévèrement condamné pour coups à son père. Marié, venu à Soissons avec sa femme, il y resta depuis 1865 jusqu'au 6 octobre 1870, jour où il partit pour Vaurezis, parce qu'il n'avait pu assurer son approvisionnement de bouche à Soissons.

A partir de 1871 sa veuve reçut annuellement quelques secours de l'Etat, comme il a été dit au mot VAUREZIS.

(37) On a trouvé deux morts, le 17 octobre 1870, dans le bois des Bâtis. Cela est précisé par le registre de l'état civil de Rozoy-le-Grand ; mais, en lisant le discours que M. le maire de cette commune a prononcé lors de l'inauguration du monument, on est porté à croire que beaucoup plus d'hommes sont tombés là. Jusqu'à preuve du contraire, cependant, il faut s'en tenir au chiffre de deux, constaté par l'état civil.

(38) Voici le texte complet de ces deux proclamations royales ; elles sont tirées du *Moniteur officiel du gouvernement général à Reims*, du 8 janvier 1871 :

« ORDRE A L'ARMÉE

« Quartier général, Hombourg, le 8 août 1870.

« Soldats !

« La poursuite de l'ennemi forcé à la retraite après de sanglants combats, a déjà fait franchir la frontière à une grande partie de notre armée. Plusieurs corps entreront aujourd'hui et demain sur le territoire français. J'attends que la discipline qui vous a distingués jusqu'ici se maintienne particulièrement sur le territoire ennemi. — *Nous ne faisons point la guerre contre les habitants paisibles du pays ;* c'est le devoir au contraire de tout soldat jaloux de son honneur de protéger la propriété privée et de ne pas souffrir que la bonne renommée de notre armée reçoive aucune atteinte, ne fût-ce que par des exemples isolés d'indiscipline. Je compte sur le bon esprit qui anime l'armée, mais en même temps aussi sur la sévère attention de ses chefs.

« GUILLAUME. »

« PROCLAMATION

« Nous, Guillaume, roi de Prusse, faisons savoir ce qui suit aux habitants des territoires français occupés par les armées allemandes :

« L'empereur Napoléon ayant attaqué par terre et par mer la nation allemande, qui désirait et désire encore vivre en paix avec le peuple français, j'ai pris le commandement des armées allemandes pour repousser l'agression et j'ai été amené par les événements militaires à passer les frontières de France. *Je fais la guerre aux soldats et non aux citoyens français.* Ceux-ci continueront, par conséquent, à jouir d'une complète sécurité pour leurs personnes et leurs biens, *aussi longtemps qu'ils ne me priveront pas eux-mêmes, par des entreprises hostiles contre les troupes allemandes, du droit de leur accorder ma protection.* Les généraux commandants des différents corps détermineront, par des dispositions spéciales qui seront portées à la connaissance du public, les mesures à prendre envers les communes ou les personnes qui se mettraient en contradiction avec les usages de la guerre ; ils régleront de la même manière tout ce qui se rapporte aux réquisitions qui seront jugées nécessaires pour les besoins des troupes, et ils fixeront la différence des cours entre les valeurs allemandes et françaises, afin de faciliter les transactions individuelles entre les troupes et les habitants.

« GUILLAUME. »

(39) Dans le *Courrier de l'Aisne* des lundi 4 et mardi 5 janvier 1875 le garde Rémont a raconté lui-même son histoire. Elle est assez intéressante pour trouver place ici :

« Tous les habitants de Margival, dit-il, fatigués des nombreuses réquisitions que les Allemands étaient venus faire dans la commune, finirent par ne plus vouloir rien leur donner ; mais on sait que nos ennemis n'étaient pas embarrassés en pareille circonstance : ils allèrent dans chaque maison et prirent tout ce qui leur convenait. Par deux fois, ils vinrent piller chez moi ; je voulus leur faire des objections ; comme je tenais un couteau à la main, ils crurent que je les menaçais. Ils accourent alors sur moi, me mettent leurs baïonnettes sur la poitrine et me conduisent sur la place publique, où arrive bientôt un officier prussien qui ordonne à ses soldats de me garder. Je demande alors à avoir une explication et ils me répondent en me mettant le pistolet sous la gorge. C'est en vain que M. le baron de Courval, alors maire de Margival, essaie d'obtenir mon élargissement. Durant deux heures je restai là, en but aux menaces et aux insultes continuelles des Allemands chargés de me surveiller.

« Tout-à-coup, les Prussiens se disposent à quitter la commune ; un soldat me frappe alors sur l'épaule et me fait signe de suivre le détachement. Il fallut partir ; je n'obtins pas même la permission de dire adieu à ma femme et à mes bons vieux parents ; c'était à fendre le cœur.

« Cependant, chemin faisant, je repris courage et je méditai un plan d'évasion en pensant au triste sort qui m'était réservé.

« Me sauver en plaine, c'était m'exposer à une mort certaine, le détachement se composant de quarante cavaliers et de quarante fantassins. Je songeai alors à profiter d'un petit bois situé entre Margival et la fabrique de Pont-Rouge, le seul endroit favorable pour accomplir mon dessein.

« Déjà on apercevait ce petit bois à quelque distance ; je n'avais pas un moment, pas une minute à perdre. Aussi, arrivé là, je m'élance et en un clin d'œil je disparais au milieu du petit bois. Les branches d'acacia qui me labourent la figure, les épines qui m'arrachent les mains et les jambes, rien ne m'arrête...

« Comme vous pensez, les Prussiens s'étaient mis à ma poursuite en tirant sur moi force coups de fusil et en poussant des cris effrayants. Les cavaliers, qui étaient en avant et qui ne se doutaient nullement de cette alerte, crurent que c'étaient des francs-tireurs qui tiraient sur leurs hommes. Heureusement pour moi, leur méprise me donna le temps de poursuivre ma course. Tandis qu'ils se hâtaient d'entourer ce petit bois et de se mettre à ma recherche, je gagnai un bois voisin où j'arrivai épuisé, haletant, mourant de peur. Combien fut grande mon anxiété pendant que durèrent leurs investigations : le bruit des feuilles, le cri des oiseaux qui voltigeaient autour de moi, tout me glaçait d'épouvante, je m'attendais à chaque instant à voir paraître nos ennemis. Je ne pouvais aller plus loin, j'étais décidé à mourir...

« Enfin, n'entendant plus rien, je me hasardai de sortir du bois, et après avoir pris un long détour, je rentrai à Margival où personne n'espérait plus me revoir.

« Quelques jours après, j'appris avec peine que les Prussiens, après m'avoir vainement cherché, avait fusillé, non loin du petit bois où j'étais, un domestique qui travaillait et qui s'était refusé à les suivre (Molin, page 361). Il leur fallait une victime...

« Plus tard, je sus de M. le baron de Courval, qu'auprès de leurs chefs, les Prussiens avaient cru que j'avais été leur victime...

« Eugène RÉMONT.
« *Garde champêtre actuellement à Laffaux,*
« *âgé de 57 ans.*

« Laffaux, le 31 décembre 1874. »

(10) On cite M. Senart, qui fut longtemps notaire et maire et qui mourut à Villers-Cotterêts le 24 mai 1894, comme ayant, maintes et maintes fois, patriotiquement secondé M. Guay, le maire de la ville de Villers-Cotterêts, dans le temps de la guerre. Tous deux combattirent à qui mieux mieux les exigences prussiennes et encoururent plus d'une fois les plus violentes menaces de l'ennemi ; il arriva même un jour que la vie de M. Guay fut réellement en danger, mais M. Senart intervint ; M. l'abbé Angot, qui était curé doyen de Villers-Cotterêts, se montra également, et l'un et l'autre se dévouant dans ce moment suprême, dirent hautement que si M. Guay devait périr, alors qu'il ne faisait que son devoir de maire, eux aussi devaient être sacrifiés. L'ennemi hésita et n'alla pas plus loin.

(11) Voici le menu du banquet :

Soissons, le 23 octobre 1871.

BANQUET

*Offert à l'Armée française
par le corps municipal de Soissons*

HORS-D'ŒUVRE

Beurre, Radis, Thon mariné, Bouchées à la reine.

RELEVÉS

Brochet sauce câpres.

ENTRÉES
Gigue de chevreuil sauce poivrade, Perdrix aux choux.
ROTIS
Dindonneaux truffés, Salade.
ENTREMETS
Haricots flajolet, Ecrevisses à la bordelaise.
Fromage glacé, Café.
DESSERT
Pièce montée, Petites pâtisseries.
Compotiers de poires, pommes, raisin, oranges.
VINS
Bordeaux, Chablis, Madère, Vieux Bordeaux.
Richebourg, Champagne frappé.
CAFÉ ET LIQUEURS.

(42) J'ai copié et je conserve une page de l'histoire de M. Ambert. Cette page est celle qui concerne le siège que nous avons subi ; et comme elle accuse une complète ignorance des faits soissonnais, je proteste énergiquement contre son contenu ; je vais même jusqu'à dire que si les autres pages sont aussi peu exactes que celle-là, on ne doit non plus en tenir aucun cas.

M. Jules Claretie, mal renseigné, lui aussi, a lancé sa flèche sur Soissons et a touché le capitaine Lebrun, qui commandait la compagnie de pompiers ; mais, tout académicien qu'il est, M. Claretie a fait, à ce sujet, amende honorable dans l'*Argus* du samedi 19 août 1901 ; et voilà réhabilité le capitaine Lebrun, dont la conduite pendant le siège, si elle ne donna lieu à aucune distinction honorifique, fut au moins correcte, — ses hommes ayant eu, d'ailleurs, leur place et leur rôle déterminés à l'avance par l'autorité militaire. — M. Lebrun est décédé le 28 mai 1883, à Soissons, où il était né le 12 janvier 1811.

(43) M. Denis était garde national à Soissons au 1er janvier 1866, sous-lieutenant au 11 juin 1870 et lieutenant de la compagnie de volontaires le 2 septembre 1870.

Il fut cité trois fois à l'ordre du jour de la place pendant l'investissement.

Le 26 octobre, obligé de quitter Soissons à cause de la présence des Prussiens dans la ville, — Prussiens qui l'auraient envoyé en Allemagne, — il alla combattre à Briennon, à Chablis, à Pontigny et enfin à Lille, où il fut nommé, le 23 décembre 1870, capitaine au 1er bataillon des voltigeurs éclaireurs ; après quoi il fit courageusement la campagne du Nord.

(44) M. Mosbach était un de ces officiers patriotes qui poussaient à la résistance quand même. « Il faut lutter, disait-il un jour à l'Hôtel de Ville, devant un groupe de notabilités ; il faut se défendre fermement. Toul se trouve dans des conditions moins avantageuses que Soissons. Et cependant, Toul se défend, Toul résiste. Que Soissons fasse donc de même. » Le maire de cette ville l'appréciait à sa juste valeur ; il écrivait, en effet, à l'approche du bombardement : « Depuis un mois le commandant du génie a fait preuve de la plus louable activité pour mettre la place en état de soutenir un siège. »

M. Mosbach est décédé à Paris, rue Chauveau-Lagarde, 8, le 19 avril 1890, dans sa 75e année. Il était alors lieutenant-colonel du génie, en retraite, et officier de la Légion d'honneur.

TABLE DES MATIÈRES

DU SIÈGE DE SOISSONS

		Préface, pages 1 et 2.
15	juillet	La guerre, ses causes. Postes militaires.
16	—	Mariage d'un réserviste. Incident. Le *Progrès* et la guerre.
17	—	L'*Argus* et la guerre.
18	—	La garde mobile appelée à l'activité. Dîner à la sous-préfecture.
19	—	Souscription patriotique. Le Sénat à Saint-Cloud.
20	—	Départ du 15e de ligne. Conduite à la gare.
21	—	Campement. Attente de 8,000 hommes.
22	—	Examen d'animaux de boucherie. Logement de troupes. Espions ?
23	—	Souscriptions patriotiques. Habitants songeant à fuir. Arrivée de troupes.
24	—	Proclamation de Napoléon III. L'impératrice régente.
25	—	Abandon de droits d'entrée sur viandes. Agglomération de troupes. Examen des boissons.
26	—	Général Lafond de Villiers annonce troupes seront campées.
27	—	Musiques militaires. Franchise droit d'entrée sur viande.
28	—	Souscriptions. Abandon livres de prix. Patriotisme dr Marchand.
29	—	Installation et visite du camp. Proclamation de l'empereur.

30	juillet	Découverte d'un cadavre rempart Saint-Remy.
31	—	Défense militaire. Fête Saint-Christophe. L'agent Hanon. L'*Argus*. Retraite prochaine du maire. Carte du *Courrier de l'Aisne*. Proclamation Guillaume Ier.
1er	août	Départ division Lafond. Postes militaires. Conscrits.
2	—	Mesures préfectorales. Service garde nationale. Proclamation Guillaume.
3	—	Succès à Sarrebrück. L'empereur. Son fils. Arrestation d'un caporal et d'un soldat.
4	—	Concert au collège. Guerre à la politique Bismarck.
5	—	Blessés. Vote du conseil municipal.
6	—	Sarrebrück. Elections municipales.
7	—	Organisation garde nationale. Rapport Dejean à l'impératrice. Un mot de Lebœuf. Elections complétées. Wissembourg. Douay tué. Spectacle annoncé et empêché : *Les Prussiens en Lorraine*
8	—	Dépêche de l'empereur, bataille de Wœrth. Proclamation de l'impératrice. Trois dépêches de Metz. Ordre du jour garde nationale. Souscription patriotique.
9	—	Prescriptions préfectorales. Arrivée de mobiles. Leur logement. Encore élections.
10	—	Crainte d'un ami.
11	—	Souscriptions. Chute du ministère. Constitution d'un autre. Freischwiller. L'*Argus*. Exercices de la garde nationale.
12	—	Mise en état de défense. Ouvriers. Volontaires. Francs-tireurs. Suicide.
13	—	Bazaine. Travaux de défense.
14	—	Elections encore. Garde nationale rétablie.
15	—	Etat de siège. Approvisionnements. Pompiers. Fête du 15. Illuminations Kurtz. Scène.
16	—	Pain des mobiles. Pompiers. Le *Progrès*. L'*Argus*.
17	—	Bazaine annonce succès. Pompiers. Mobiles, Effectif. Nourriture. Equipement.

18	août	Instruction des hommes. Garde mobile Madelon. Conseil de recensement.
19	—	Portes de la ville. Postes. Trochu. Proclamation.
20	—	Souscriptions à Palerme et à Londres. Appel d'hommes. Drame intime.
21	—	Subsistance des habitants. Logement du 15ᵉ de ligne.
22	—	Arrivée du 15ᵉ. Appel d'anciens militaires. Arsène Bernot.
23	—	Achats pour l'armée. Décoration Pillot.
24	—	Reconnaissance de terrains autour de la ville.
25	—	Evacuation de casemates, etc. Asile aux officiers. Travaux du génie. On demande des artilleurs. Armement. Ouverture des portes. Approvisionnements. Maisons ouvertes. Ambulance petite caserne. Méprise d'un soldat. Départ de mobiles. Cri d'avertissement.
26	—	Ennemis à Châlons. Conseil de surveillance. Voies ferrées. Cartouches.
27	—	Farines et vins retenus à Soissons. Fermeture des portes. Approvisionnements. Abatage, démolition d'obstacles. Artilleurs volontaires.
28	—	L'ennemi signalé à Reims. Recherche d'anciens officiers. Armement de la garde nationale.
29	—	20,000 hommes traversent Châlons. Cavalerie marche sur Epernay. Débitants de boissons. Prescriptions. Lits offerts. L'ennemi dans départements voisins.
30	—	Décès Wateau. Proclamation Wimpffen.
31	—	Destruction 1ʳᵉ zone. Surveillance voie ferrée.
1ᵉʳ septembre		On tend les eaux de l'Aisne. Mobiles appelés à Paris. Dispositions pour la défense. Répartition des pompes. Service.
2	—	Déménagements 1ʳᵉ zone. Suppression de clôtures et d'obstacles.
3	—	Eaux. Fontaines. Panique. Souscription pour offrir épée à Mac-Mahon. Décorations.
4	—	Ordre au sujet de la panique. D'Exéa passe à Soissons. Réquisitions. Désastre de Se-

dan. Proclamation du gouvernement. Avis de la place. Attroupements défendus. Expulsion repris de justice et autres. Etrangers. Avis touchant déménagements. Destructions. Proclamation de la République.

5 septembre — Sous-préfet démissionnaire L'ennemi signalé à Reims. Population flottante expulsée. Balustrade à abattre. Appel du commandant de place. Nominations Carpentier et d'Auvigny. Proclamation du gouvernement.

6 — Destruction de ponts. L'ennemi dans le département. Circulaire J. Favre. Général de Liniers à Soissons. Fermeture débits à 8 h. 1/2 soir. Le maire demande troupes. L'*Argus* annonce République. L'ennemi se rapproche de Paris. Les troupes Vinoy.

7 — Ordre du jour Liniers. Artilleurs. Commandant de place demande confiance. Travaux de défense. Commerce. Prix modérés.

8 — Règlement sur service des places. Destruction de ponts. Ad. de Tugny au 15e. Brassard. Démission du préfet. L'ennemi à Laon. Général dans la citadelle. Echappés de Sedan.

9 — Démolition passerelle et ponts. Prussiens chez nous. Conseils de guerre et de défense.

10 — Ambulances. Premier parlementaire. Mesures en conséquence. Démolitions. Compagnie de volontaires.

11 — Communications postales. Sous-préfet d'Artigues. A Villers-Cotterêts.

12 — Citadelle de Laon. Explosion. Investissement de Soissons s'accentue. Mobile et Prussien entre Soissons et Crouy. Prussiens se rendent porte de Reims. En reconnaissance aux environs. Prussiens vus. Fuite.

13 — Ordre de la place. Prussiens déserteurs. Hommes sortis en armes. Défense du commandant de place. Coups de feu la nuit. Défense. Communications avec le dehors. Achats. Paiements en ville. Echange de

		monnaies. Circulation interdite sur remparts. Interdiction vente boissons aux soldats dans tentes et fortifications. Prussiens prisonniers.
14 septembre		Soustraction de pain ; défense d'acheter. Interdiction d'enlever bois. Prussiens à la Chaumière. Premier coup de canon. Arrivée d'un deuxième parlementaire. Place décidée à la résistance. Braconnier traître. L'ennemi lance projectiles sur Soissons. Paiement des contributions.
15	—	Interdiction de batterie ou sonnerie le jour. Retraite battue le soir. Enterrement dans le jardin de l'hôpital. Désastres à Laon au moment de la capitulation. Service télégraphique à Soissons. Manuscrits. Tableaux. Musée. Etat-civil de Soissons. Maraudage interdit. Prussiens à la Chaumière et environs.
16	—	Temps splendide. Prussiens allant vers Paris. L'*Argus* doute que Soissons subisse un siège ; son petit format. Défaut de nouvelles du dehors. Prisonniers prussiens faits à Venizel et à Laffaux. Ordre du jour du commandant d'Auvigny.
17	—	Ponts de Fontenoy sauté hier et de Vic-sur-Aisne aujourd'hui. Visite des lieux publics de Soissons. Expulsion des étrangers. Fermeture portes de la ville. Exportation de denrées défendue. Encore prisonniers prussiens. Conseil de guerre. Artilleur Humbert condamné. Mobile Painard condamné. Mobile Bocahu acquitté. Me Choron. 3e mobile (Richart) condamné.
18	—	Conduite de sous-officiers, soldats et officiers. Conduite d'habitants de la ville. L'*Argus* doute encore du siège ; annonce service postal. Rassemblement Grand'Place. Juifs. Incendie pont Vic-sur-Aisne. Homme noyé. Mobile Andrieux. Trouvaille.
19	—	Bestiaux amenés en ville. Experts. Cartes d'entrée en ville et de sortie. Circulation sur promenades.

— 430 —

20 septembre		Dissolution conseils municipaux. Le *Progrès de l'Aisne* réduit au quart. Incendie bois Sainte-Geneviève. Le commandant de place félicite hommes à propos arrestation.
21	—	Commission municipale provisoire. A Soissons, rien de nouveau. Cachettes de mobilier et valeurs. Arrestation Théry.
22	—	L'artilleur Humbert s'est pourvu. Jugement le concernant confirmé. Parade d'exécution aura lieu dimanche. Mesures à ce sujet.
23	—	Elections municipales le 25. M. Deviolaine, maire, cesse fonctions. Commission municipale. M. Fortin. M. Salleron. Le canon tonne.
24	—	La Prusse a demandé reddition de Strasbourg, Toul et du Mont-Valérien. Refus de la France. Lutte à outrance. Abatage d'arbres autour de Soissons. Engagement entre Villeneuve et faubourg Reims. Le lieutenant Denis. Le commandant Denis. M. Ringuier. Blessés. M. Quémet. Affaire de Beugneux.
25	—	Le commandant de place remercie garde nationale de son concours, félicite différents détachements. Le capitaine Ballet. Recommandations, prescriptions. Canon tiré sur la gare. Travaux sur la Crise. La montre Massal. Prussiens à Sainte-Geneviève. Châlet incendié à Villeneuve. Exécution publique du jugement Humbert.
26	—	Engagement faubourg de Reims. Morts et blessés. Domestiques de la Chaumière. Meurtre de l'un d'eux. Les maîtres dépossédés.
27	—	Incendies faubourg Reims et Saint-Christophe. Volontaires. Prussiens dans faubourg Saint-Christophe. Sortie contre eux. Déroute. Capture.
28	—	Réclamations au sujet incendies. Observations de la municipalité. Pertes. Rassemblements. Désordres. Coups de feu. Double sortie. Le jardinier Daudigny tué. Engagement faubourg Reims et à la gare. Nos

	forts. Ennemi repoussé jusqu'à Milempart. Le garde national Leriche gravement blessé. Autres blessés. Dame Aubert tuée. Le mari disparu. Enfants orphelins. Aventure Vélain. Vieillard de l'hôpital blessé. Prussiens tirant sur des femmes. Ordre de la place. Sont cités : officiers, sous-officiers, soldats. Ce qui se passe à Reims.
29 septembre	Continuation incendie faubourg Reims. Invitation de déménager. Autopsie du cadavre Daudigny. Cause de sa mort : projectile prussien. Arrivée d'un groupe soldats de Reims. Pensée de l'*Argus*. Incendie moulin Pré-Foireux. Pont de Missy. Ordre de la place. Officiers, sous-officiers et soldats cités.
30 —	Autre ordre de la place. Citations. Dépêche ennemie. Livre d'or de la démocratie. Le canon retentit. Coups de fusil Prussiens autour de nous. Démolitions à Saint-Médard. L'établissement. Intervention de l'évêque.
1er octobre	Commission municipale. Président, vice-présidents. Concours des membres.
2 —	Chemises et chaussures pour la garnison. Canon à Saint-Médard. Au sommet tour cathédrale. Ennemis vus. Tir sur eux. Dommages de guerre. Indemnités.
3 —	Mort de Leriche. Ce qu'il fut. Sortie route de Coucy. Approvisionnements protégés. Prussiens prisonniers. Soldat tué. Soldats blessés. Eclaireurs en avant porte Paris.
4 —	Vigilance. Cuirassiers à la Perrière. Cavaliers vers Bucy. Autres ennemis à Presles. Vieux terrassements de batterie. Lutte ici. Recommandations d'apaisement à Reims.
5 —	Enterrement Leriche. Encore Prussiens à la Perrière. Eloignement femmes des gardes mobiles. Ordre du jour sur sortie du 3. Citations.
6 —	Visite de chevaux. Eloignement étrangers et habitants dépourvus d'approvisionnements. Demande de chemises et chaussures pour

		soldats. Dons. Investissement complet. Le soldat Taurens tué accidentellement. Sortie sur Cuffies, Leury, Juvigny, pour protéger arrivée de 280 bœufs. M. Lefèvre père ; patriotisme.
7	octobre	Les fonds manquent. Prussiens autour de nous. M. Collaye à Rozières. Le maire, M. Basle. Pillages et brutalités à Buzancy. Incendie de la mairie. Le martyre et l'assassinat du maire Nivelle. Colonel Kron. M. Collart. L'abbé Vincelet. La schlague.
8	—	Fonds refusés. Démission du sous-préfet. Engins ennemis lancés sur Crouy et Soissons. Déprédations à la Perrière. Sortie vers Mercin. Sentinelle ennemie tuée. Un de nos volontaires (Léon Juvigny) tué. Découragement. MM. Delabeaume, Carpentier et Maudoy partis pour avoir des fonds.
9	—	Dénûment des mobiles. Dons. L'*Argus* et le *Progrès* cessent de paraître. Arrestation de MM. Menessier et Legry. Amendes infligées à la ville de Vailly. Bombes demandées à La Fère. MM. Lefèvre père et fils. Prisonniers prussiens à Saint-Léger. Evacuation sur Chauny. Rencontre ennemie. Un de nos caporaux tué. A la ferme de Beaumont. Encore M. Lefèvre père.
10	—	M. Delabeaume échoue. Préparatifs de bombardement. Vauxrot occupé par l'ennemi. Pillages.
11	—	Mauvais état de défense de Soissons. Pont prussien à Venizel. Efforts pour sa destruction. Fermes Bomal et Maison-Rouge incendiées. Ambulances à l'Hôtel de Ville. Préservation de ce qui s'y trouve. Fonds demandés par la ville. Prussiens tirent sur arracheurs pommes de terre. Prussiens fourmillent tout près de nous. Forces militaires devant défendre la ville : 4,893 hommes.
12	—	Bombardement. Soissons succombera-t-il ? Les projectiles. Dommages. Désastres. Morts. Blessés.

13	octobre	Nos terrassements détériorés. Nos artilleurs trop peu nombreux. Blessés : M. de Monery, M. Rhimbold. Petite caserne incendiée dans les combles : c'était une ambulance. Parlementaire. Le commandant Roques-Salvaza. Malades et blessés de la petite caserne transportés à Saint-Léger. Brèche au rempart Saint-Jean. L'hôpital général en flammes. Le concierge gravement blessé. 300 hospitalisés sauvés. Morts d'hommes et de femmes. Blessés.
14	—	Exposé de la situation envoyé au commandant de place. Encore trois décès enregistrés état-civil. M. d'Auvigny en permission.
15	—	Depuis le 12 le canon retentit Monuments mutilés. Habitations détruites. Artilleurs blessés. Bravoure. On enterrait les morts à l'hôpital ; depuis cinq jours on enterre dans un fossé de rempart. Démarche tendant à capitulation. Malades de l'Hôtel-Dieu. Ambulances. Soins des médecins et autres. Dr Billaudeau. La mairie fonctionne sans relâche. L'esprit militaire laisse à désirer. Incendies. Habitants dévoués. Décès. Murs criblés projectiles. Pertes matérielles. Pourparlers pour armistice ou capitulation. Rentrée Carpentier et Maudoy. Retour d'Auvigny après congé. 11 h. du soir. Capitulation. Traité.

TABLE DES MATIÈRES

DE L'OCCUPATION ALLEMANDE

PREMIÈRE PARTIE

L'OCCUPATION ALLEMANDE A SOISSONS

			Pages
Chap.	I.	La prise de possession de la ville	199
Chap.	II.	La commandantur	219
Chap.	III.	La garnison	229
Chap.	IV.	Les réquisitions	241
Chap.	V.	La sous-préfecture	259
Chap.	VI.	Les ambulances	273
Chap.	VII.	L'attentat contre un factionnaire	281
Chap.	VIII.	Les querelles d'Allemands	287
Chap.	IX.	Les arrestations	303

DEUXIÈME PARTIE

L'OCCUPATION ALLEMANDE EN DEHORS DE SOISSONS

Chap.	I.	Le canton de Soissons	315
Chap.	II.	Le canton de Braine	349
Chap.	III.	Le canton d'Oulchy-le-Château	355
Chap.	IV.	Le canton de Vailly	359
Chap.	V.	Le canton de Vic-sur-Aisne	365
Chap.	VI.	Le canton de Villers-Cotterêts	383

APPENDICE

La paix et l'évacuation	389
Notes du siège	403
Notes de l'occupation	413

AUTRES OUVRAGES DU MÊME

L'Ancienne Boucherie de Soissons.
L'Explosion de la Poudrière de Soissons en 1815.
Les Principales Inondations de Soissons.
Plats attribués à Bernard Palissy.
Biographies du docteur Godelle, de Brayer-Willesme, de Luc-Vincent Thiéry, de Benjamin Lhotte, de Louis-Gilbert Cahier.
Les Armoiries de la Ville de Soissons.
Les Clés de la Ville de Soissons.
La Lyre d'Amphion.
Fonctions et Gages d'un Maître d'Ecole en 1793.
Installation d'un Maître d'Ecole en 1807.
La Communauté des Marchands drapiers, merciers, joailliers, quincailliers et épiciers de la Ville de Soissons, aux siècles derniers.
Les Dernières Bénédictines de Braine.
Deux Emigrés du village de Tannières.
La Cure et les Curés de Tannières sous la Révolution.
La Fin de l'Abbaye de Saint-Yved.
L'Abbaye de Saint-Paul lors de sa suppression.
Comptes du Chapitre de Berzy, du Chapitre de Saint-Gervais de Soissons, et des Religieux de Saint-Jean-des-Vignes.
Le Tombeau de saint Drausin.
Fêtes nationales sous la Première République dans le Soissonnais : Fêtes du Quatorze-Juillet, de la Fondation de la République, de la Jeunesse, des Epoux, de la Reconnaissance et des Victoires, de l'Agriculture, de la Liberté, des Vieillards, du Dix-Août, de la « Juste Punition du dernier Roi des Français », de la Souveraineté du Peuple, du Dix-Huit Fructidor ; fêtes en mémoire des Plénipotentiaires de Rastadt, du Général Hoche, du Général Joubert, et Fêtes décadaires.
Mobilier d'Eglises et de Monastères dans le canton de Villers-Cotterêts, sous la Révolution.
L'Abbé Houllier devant le Concordat.
Découvertes gallo-romaines et mérovingiennes à Soissons.
Catalogue des Peintures du Musée de Soissons.
Etc., etc.

SOISSONS

IMPRIMERIE-LIBRAIRIE Eug. EBEL, ÉDITEUR

Place Saint-Gervais

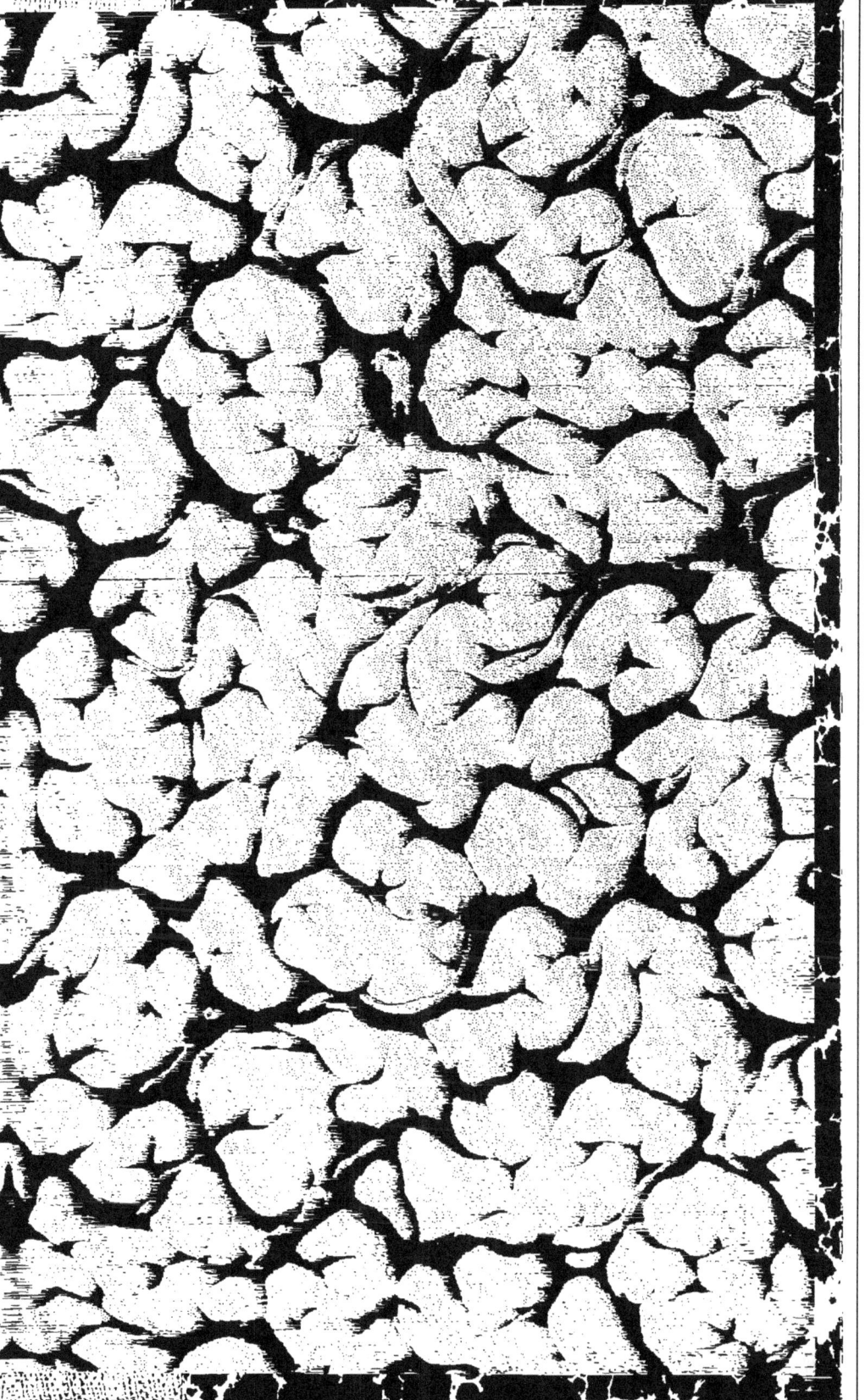

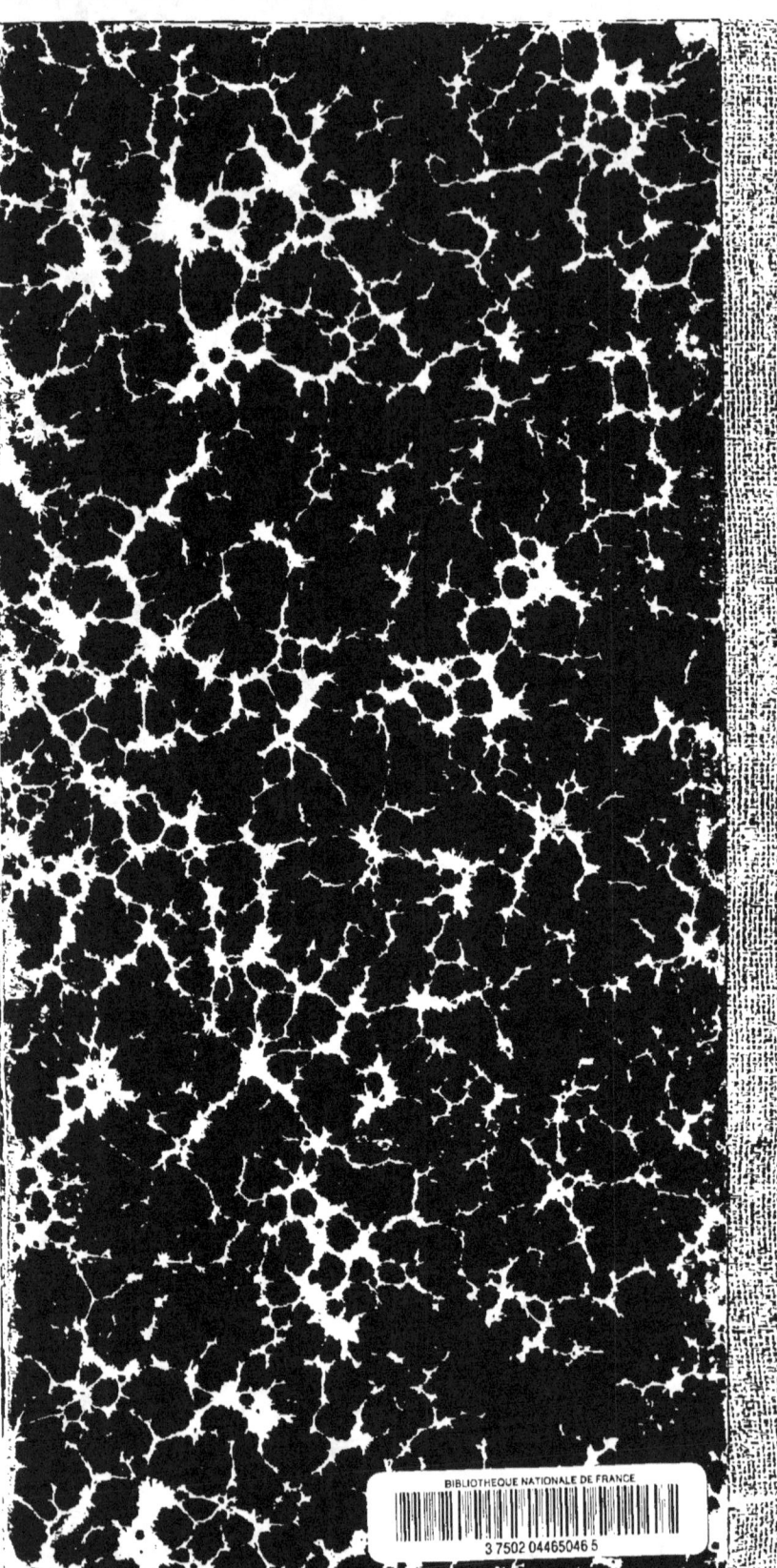

www.ingramcontent.com/pod-product-compliance
Lightning Source LLC
Chambersburg PA
CBHW070543230426

43665CB00014B/1798